广联达工程造价软件应用丛书

广联达审核软件 GSH4.0 和对量软件 GSS2011 应用及答疑解惑

富　强　主编

中国建筑工业出版社

图书在版编目（CIP）数据

广联达审核软件GSH4.0和对量软件GSS2011应用及答疑解惑/富强主编. —北京：中国建筑工业出版社，2016.3
（广联达工程造价软件应用丛书）
ISBN 978-7-112-18279-4

Ⅰ.①广… Ⅱ.①富… Ⅲ.①建筑工程-审计-应用软件-问题解答 Ⅳ.①F239.63-39

中国版本图书馆CIP数据核字（2015）第156890号

本书为广联达工程造价软件应用丛书之一。全书总结、整理了审核软件GSH4.0和对量软件GSS2011应用的基本操作与技巧提高方法，结合所总结的软件应用的问答，对审核和对量软件给予清晰全面的解析和释疑。在总结本套丛书陆续编写出版过程中，所遇到的广大造价工作人员、高等院校建筑专业师生最为关心的问题的解决方式的同时，继续延续了本丛书的阶梯性、实用性、全面性。

* * *

责任编辑：刘瑞霞
责任设计：张　虹
责任校对：张　颖　刘梦然

广联达工程造价软件应用丛书
广联达审核软件GSH4.0和对量软件GSS2011应用及答疑解惑
富　强　主编

*

中国建筑工业出版社出版、发行（北京西郊百万庄）
各地新华书店、建筑书店经销
霸州市顺浩图文科技发展有限公司制版
北京市书林印刷有限公司印刷

*

开本：787×1092毫米　1/16　印张：12　字数：296千字
2016年6月第一版　　2016年6月第一次印刷
定价：**35.00**元
ISBN 978-7-112-18279-4
（27522）

本书编委会

主　　审：吴佐民

策　　划：王　勇

主　　编：富　强　王　莉

副 主 编：马镱心　孙信仲

参编人员：富　强　王　莉　孙信仲　马镱心

汤茂之　董振雷　蒋亚军　李小琳

咎红育　于　健　姚　飞　徐　波

侯　杰　边香丹　陈长春　张　乐

倪兰花　陈浩浩　顾家优　唐　成

郑凯旋　蒋　文　张志才

序　一

最近，我收到了华春建设工程项目管理公司王勇董事长和“华春杯”全国广联达算量大赛第五届算量大赛辽宁区总冠军富强先生的邀请，邀请我为其策划的《广联达工程造价软件应用丛书》作序。当时还以为是一本企业宣传的书籍，便放在了案头。几天后，又接到富强先生的电话，带回了家，翻阅了一遍，顾虑释然。原来这是一套介绍算量的工具书，可贵的是编写得具体、精细、准确，尤其针对问题和技巧进行了剖析。因感到作者的勤奋，以及对细节的把握，相对于市面过多的东拼西凑的书籍，我认为非常值得鼓励与推荐，所以令我欣然命笔，答应了作者的请求。

2011 年住房和城乡建设部发布了“工程造价行业发展‘十二五’规划”。规划提出的战略目标之一是：“要构建以工程造价管理法律、法规为制度依据，以工程造价标准规范和工程计价定额为核心内容，以工程造价信息为服务手段的工程造价法律、法规、标准规范、计价定额和信息服务体系”。这说明工程造价信息体系不仅是工程造价管理体系的重要组成部分，也是提高工程造价管理和服务水平的重要手段。

我本人认为：工程造价信息化就是在传统的建设工程造价管理知识的基础上，应用 IT 技术为工程造价管理，包括以工程造价管理为核心的多目标项目管理、工程造价咨询、承包商的成本管理等提供服务的过程。工程造价信息化管理任务就是通过现代信息技术在工程造价管理领域的应用，提高工程造价管理工作的效率，使工程造价管理工作更趋科学化、标准化，使工程计价更具高效性。工程造价信息服务的内容应包括：工程计量、计价工具软件（包括：服务于业主项目管理的费用控制、工程咨询业工程计价、承包商成本控制）服务，各类工程造价管理软件（如：全过程造价管理软件、具体项目管理软件等）服务，以及各阶段工程计价定额、各类工程计价信息和以往或典型工程数据库等信息服务。希望广大的造价工作者，在以国家法律、法规为执业前提，在满足工程造价管理的国家标准、行业标准具体要求下，充分应用好自身收集和市场服务的大量的工程计价定额及工程计价信息，先进的工程计量与计价工具软件，以及各类管理软件，高效地完成工程的计价和全方位的工程造价管理工作。

富强先生的书不是什么工程造价信息化的理论专著，但就工程计量而言精细、具体，有针对性。其本人能在大赛的众多赛手中拔得头筹自有其过人之处，更可贵的是其善于总结，并能写出来与大家分享，令我欣慰。我真心地希望广大的造价工作者，从点滴做起，在各自的岗位善于总结，并与大家交流与分享，那样的话，我们的工程造价管理的专业基础、行业标准就会很快建设起来，我们第六届理事会提出的“夯实技术基础”就不会空谈。

在此也感谢华春建设工程项目管理公司王勇董事长对本书的策划与支持！也愿广大工程造价专业人员从中获益。

中国建设工程造价管理协会

秘书长：吴佐民

2014 年 6 月

序　　二

这几天，在我的案头，堆放着即将出版的《广联达工程造价软件应用丛书》的清样稿。

看着这内容丰富详实，具有实战、实效、实操作用的专业书籍，作为连续三次冠名的华春公司董事长，作为亲身操持了三次大赛的负责人，作为四十多年来长期在建设工程行业摸爬混打的老造价工作者，不免突生太多感慨、感悟和感叹。

不计工本、不辞辛劳连续三年冠名第五届、第六届、第七届广联达“华春杯”全国算量软件应用大赛、造价软件全能擂台赛、安装算量应用大赛，其中付出的精力、花费的财力、投入的人力，都彰显了华春人要“为中国建设工程贡献全部力量”的使命和追求。

倾注热情，奉献关怀，动员、感召、鼓劲、支持包括华春公司员工在内的全国各地一切有志于从事建设工程造价工作者，让他们站在当代科学技术崭新的平台上，学习新知识，操练新技能，从基础和整体上提高工程量计算电算化水平，更显示了华春人胸怀高远、不计私利、为中华复兴而努力的坚定决心。

今天，在三届“华春杯”全国广联达造价大赛成果汇集成册即将付梓出版之际，大赛中，一幕幕充满激情与感动的场面，一张张追求新知识渴望的眼神，仍然常常不经意地浮现在我的眼前，激动着我的心。

我衷心感谢所有为此书奉献了智慧和精力的同行们，我更想和他们一起，把这本书献给一切有志于为中国建设工程造价奉献青春和毕生精力的年轻朋友们，愿这本书能成为你们前进道路上的铺路石。

华春建设工程项目管理有限责任公司

董事长：

2014 年 6 月

序　三

收到第五届算量大赛全国亚军、辽宁赛区总冠军富强先生的邀请为《广联达工程造价软件应用丛书》作序，深感荣幸。通读此套丛书，不禁让我回想起第五届、第六届、第七届“华春杯”全国广联达算量大赛颁奖大会上，一幕幕充满激情与感动的画面。这套沉甸甸的书，是大家通过比赛获得认可和成长的升华，更是这样一群专注于造价行业的精英们智慧和经验的结晶。

这些，与广联达连续六年面向全国造价从业人员每年举办软件应用大赛的宗旨不谋而合——通过为从业人员搭建一个展示软件应用技能的平台，帮助大家提高业务技能和综合素质，从而推动整个行业工程量计算电算化水平的发展进程。不仅如此，广联达自2007年起还针对全国高职高专、高等院校开展一年一度的算量软件应用大赛，促进了高校实践教学的深化，并进一步提升在校学生的软件操作能力。

广联达之所以如此重视造价系列软件（特别是算量软件）的深入应用，源于我们十余年来对建筑行业信息化的研究和积累，无数成功与失败的例子，让我们领悟到行业信息化“以应用为本”的解决之道——唯有将信息化产品和服务真正应用起来，方能提高从业人员的工作效率、帮助业内企业赢得时间和利润。

如今，我们非常高兴地看到来自国内特级总承包施工单位、知名地产公司、造价事务所等单位的一线造价精英们，结合多年的实践经验，为大家呈现这样一套集基础知识、应用技能和实际案例为一体的专业书籍。我们相信，在本套丛书的专业引导下，您将更加熟悉和了解广联达系列造价软件的应用，从而更好地解决在招标投标预算、施工过程预算以及完工结算阶段中的算量、提量、对量、组价、计价等业务问题，使广大造价工作者从繁杂的手工算量工作中解放出来，有效提高算量工作效率和精度。

本套丛书付梓之际，全国的各类建设工程项目又将进入新一轮的建设中，我们真心希望本套丛书能够成为您从事算量工作的良师益友，为您解决更多工作中的实际问题。同时，也衷心感谢各位读者对本书以及广联达公司的支持与关注。感谢富强先生和各位作者坚持不懈的努力，谢谢你们！

未来，作为建设工程领域信息化介入程度最深、用户量最多、具备行业独特优势的广联达，将继续秉承“引领建设工程领域信息化服务产业的发展，为推动社会的进步与繁荣做出杰出贡献”的企业使命，依托完整的产品链，围绕建设工程领域的核心业务——工程项目的全生命周期管理，深入拓展行业需求与潜在客户，推动行业整体工程项目管理水平的提升，与广大同仁共同创造和分享中国建设领域的辉煌未来！

广联达软件股份有限公司

总裁：贾晓平

2014年6月

前　言

2011 年 7 月经过全体编写人员两年多的辛苦努力，“广联达工程造价软件应用丛书”的第一本《GCL 2008 图形算量软件应用及答疑解惑》终于在中国建筑工业出版社正式出版发行了。在当当网、京东商城、亚马逊、淘宝网、建筑伙伴网（原七星造价网）上本书获得无数好评后，更加坚定了我们努力总结编写一套整体应用水平较高的造价软件学习和使用的工具书的信心和决心。我们夜以继日地总结，将多年的软件应用技巧与实际的大型工程项目中的应用经验相结合，并将典型的问题给予详尽的答疑解惑。

2012 年 8 月在中国建设工程造价协会秘书长吴佐民先生的鼓励下，在第五届“华春杯”全国算量大赛主办单位“华春建设工程项目管理公司”、“广联达股份有限公司”的支持下，本套丛书的第二本《广联达 GBQ4.0 计价软件应用及答疑解惑》和第三本《广联达 GBQ4.0 计价软件热点功能与造价文件汇编》陆续出版。

在本套丛书的出版过程中，由于编写人员全部是历届广联达全国大赛的各地获奖选手和广联达的资深研发和应用人员。所以每本书的编写和出版时间都为广大读者所关注。为了更好地为本套丛书服务，我们将专业交流答疑网站七星造价网升级为建筑伙伴网 www.buildparter.com。

建筑伙伴网上齐聚了全国建筑行业的 300 多位专家，为同行们提供实时的在线回答，并可以更准确地向专家提问。能让国内造价同行的精英们相互交流，提高共进。

在本套丛书第一本出版三周年之际，我们感谢全国造价工作同行的支持、鼓励和帮助，我们也继续为提高造价软件应用人员的软件使用水平，不断地提高工作精准度和工作效率，来回答软件应用者所提出的各种问题。我们同时希望这样一个交流共进的平台能成为大家学习、应用、成长的好帮手。

我们诚挚地向所有“华春杯”全国广联达算量大赛的参赛与获奖选手表示感谢。同时在本书的写作过程中，感谢所有对本书的编写提供帮助的同行们、同事们、朋友们，你们辛苦了。随着造价信息化行业中选价软件的不断升级与发展，更新更好的应用方法也将层出不穷，欢迎广大造价工作者提出宝贵意见和建议，专业交流答疑网址：www.buildparter.com，在此感谢建筑伙伴网的大力支持。大赛为我们提供了竞赛、学习、交流、提高的平台，我们谨以此书献给全国所有的造价工作者！

富强

2014 年 6 月　于北京

目　录

上篇　广联达审核软件 GSH4.0 应用及答疑解惑

下篇　广联达对量软件 GSS2011 应用及答疑解惑

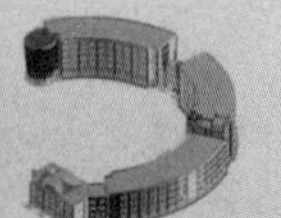

上篇

广联达审核软件 GSH4.0 应用及答疑解惑

第 1 章

广联达审核软件 GSH4.0 基础应用

1.1 GSH4.0 审核软件简介

广联达审核软件 GSH4.0 是广联达建设工程造价管理整体解决方案中一款全新的审核产品。GSH4.0 以审核业务为核心完成业务需求分析及软件设计，支持送审基础上审核和对比审核两种模式，紧扣合同相关约定、海量数据分析、快速输出结果报告，帮助工程造价人员在建设工程各个阶段快速、准确地完成审核工作。

1.2 审核工程编制流程

1.2.1 确定审核方式，判断送审文件格式，选择新建方式

软件支持两种审核模式：

（1）在送审的基础上修改审核；

（2）审核方做一份预结算文件，再与送审方的文件进行对比审核。

软件支持多种送审文件格式：广联达计价 GBQ4.0 单位工程、广联达计价 GBQ4.0 项目工程；广联达计价 GBQ3.0；广联达审核 GSH4.0 工程；Excel 文档。

审核软件流程

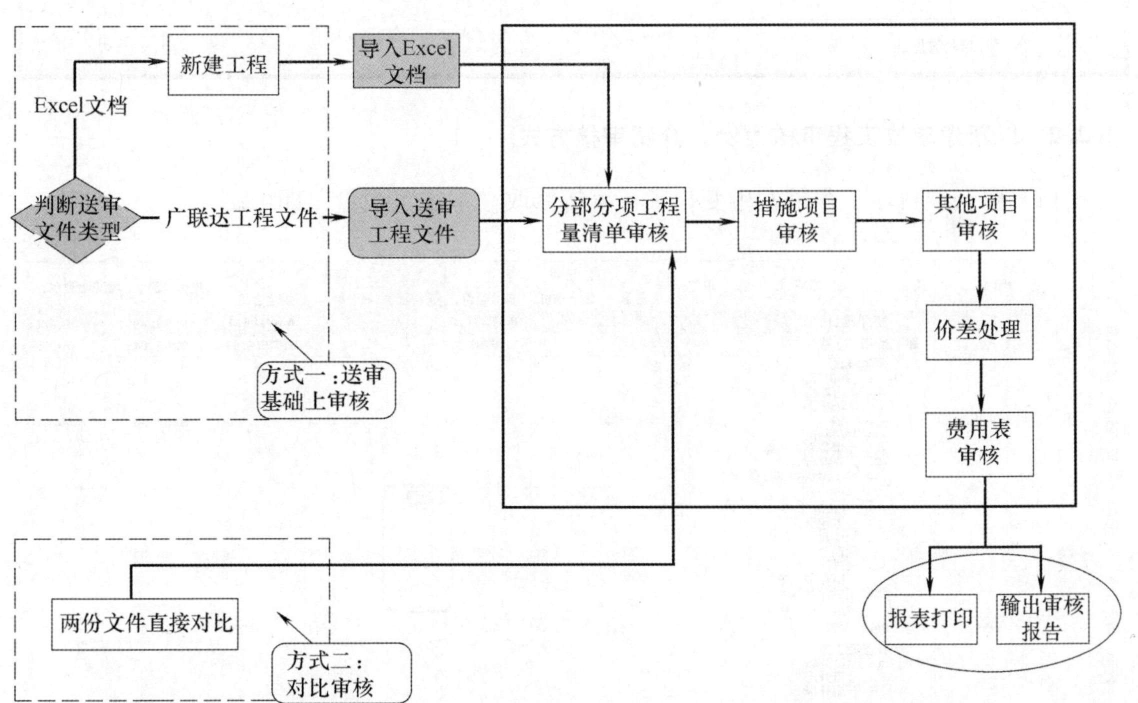

审核软件的工程文件管理，如下图所示，使用时先选择蓝色框中的审核方式，再选择红色框中的文件格式，完成新建。

广联达审核软件GSH4.0 [工程文件管理]

新建单位工程 | 新建项目 | 对比GBQ3.0工程 | 打开文件 | 显示方式 | 注册 | 帮助 | 版本号

工程类型：新建审核 | 多级审核 | 对比审核

地址(D)：工程文件

名称	大小	类型	修改日期
北京		文件夹	2011-4-7 16:13
广西		文件夹	2011-5-19 15:12
黑龙江		文件夹	2011-4-26 16:17
山东		文件夹	2011-4-26 13:44
陕西		文件夹	2011-5-17 15:04

☑启动时显示　　关闭

1.2.2 以新建单位工程审核为例，介绍审核方式

（1）原有项目，工程量发生变化了，直接修改“审定工程量”即可。

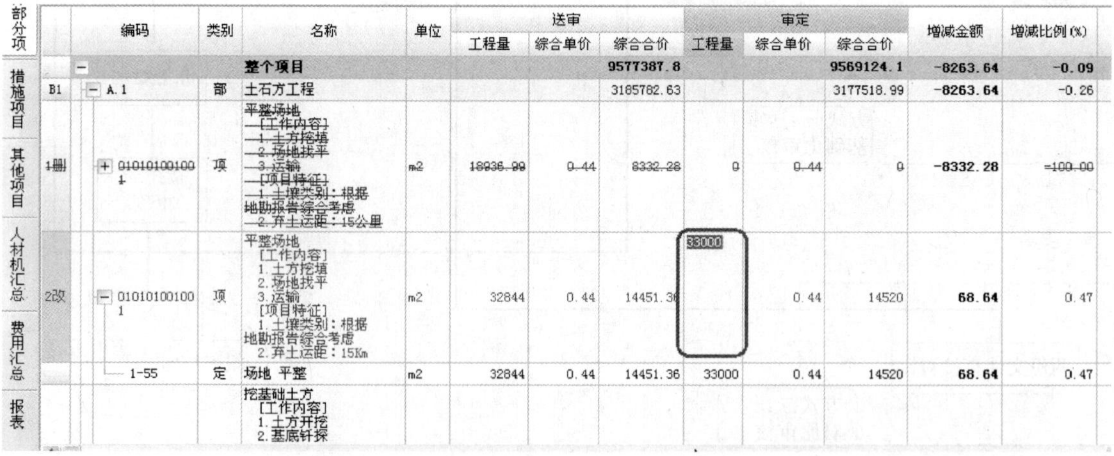

部分项 | 措施项目 | 其他项目 | 人材机汇总 | 费用汇总 | 报表

	编码	类别	名称	单位	送审			审定			增减金额	增减比例(%)
					工程量	综合单价	综合合价	工程量	综合单价	综合合价		
	−		整个项目				9577387.8			9569124.1	-8263.64	-0.09
B1	− A.1	部	土石方工程				3185782.63			3177518.99	-8263.64	-0.26
1删	+ 010101001001	项	平整场地 [工作内容] 1.土方挖填 2.场地找平 3.运输 [项目特征] 1.土壤类别：根据地勘报告综合考虑 2.弃土运距：15公里	m2	18936.99	0.44	8332.28	0	0.44	0	-8332.28	-100.00
2改	− 010101001001	项	平整场地 [工作内容] 1.土方挖填 2.场地找平 3.运输 [项目特征] 1.土壤类别：根据地勘报告综合考虑 2.弃土运距：15Km	m2	32844	0.44	14451.36	33000	0.44	14520	68.64	0.47
	1-55	定	场地 平整	m2	32844	0.44	14451.36	33000	0.44	14520	68.64	0.47
			挖基础土方 [工作内容] 1.土方开挖 2.基底钎探									

（2）如果清单项经审核后，是需要重新组价的，可选中此清单项，点击“重新组价”，可对清单项重新组价，调整材料含量及价格。

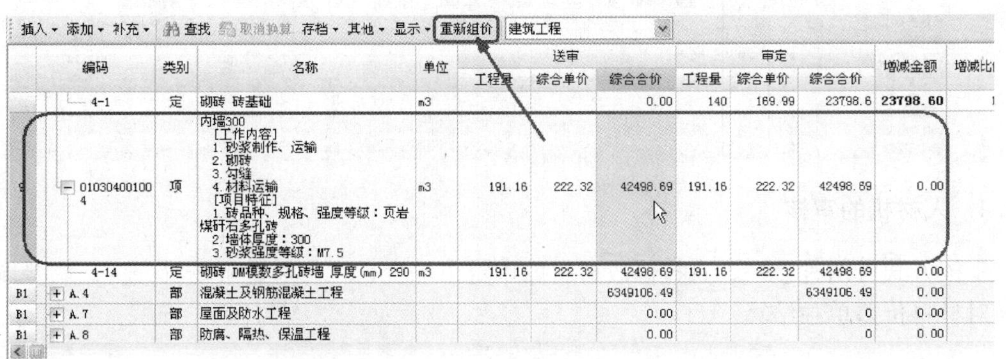

插入▾ 添加▾ 补充▾ 查找 取消换算 存档▾ 其他▾ 显示▾ 重新组价 建筑工程

	编码	类别	名称	单位	送审			审定			增减金额	增减比例
					工程量	综合单价	综合合价	工程量	综合单价	综合合价		
	4-1	定	砌砖 砖基础	m3			0.00	140	169.99	23798.6	**23798.60**	1
9	010304001004	项	内墙300 [工作内容] 1.砂浆制作、运输 2.砌砖 3.勾缝 4.材料运输 [项目特征] 1.砖品种、规格、强度等级：页岩煤矸石多孔砖 2.墙体厚度：300 3.砂浆强度等级：M7.5	m3	191.16	222.32	42498.69	191.16	222.32	42498.69	0.00	
	4-14	定	砌砖 DM模数多孔砖墙 厚度(mm) 290	m3	191.16	222.32	42498.69	191.16	222.32	42498.69	0.00	
B1	A.4	部	混凝土及钢筋混凝土工程				6349106.49			6349106.49	0.00	
B1	A.7	部	屋面及防水工程				0.00			0	0.00	
B1	A.8	部	防腐、隔热、保温工程				0.00			0	0.00	

（3）因变更、洽商引起新项目的增加，右键添加清单项，或者子目，输入工程量，组价，并设置相关取费即可，如下图所示。

	编码	类别	名称	单位	送审			审定			增减金额	增减比例(%)
					工程量	综合单价	综合合价	工程量	综合单价	综合合价		
B1	A.3	部	砌筑工程				42498.69			66297.29	**23798.60**	56.(
8增	01030400100	项	砖基础					140	169.99	23798.6	**23798.60**	100.(
9	010304001004	项	内墙300 [工作内容] 1.砂浆制作、运输 2.砌砖 3.勾缝 4.材料运输 [项目特征] 1.砖品种、规格、强 煤矸石多孔砖 2.墙体厚度：300 3.砂浆强度等级：M7.					.16	222.32	42498.69	0.00	0.(
B1	A.4	部	混凝土及钢筋混凝土工				6349106.49			6349106.49	0.00	0.(
B1	A.7	部	屋面及防水工程				0.00			0	0.00	0.(
B1	A.8	部	防腐、隔热、保温工程				0.00			0	0.00	0.(
B1	B.1	部	楼地面工程				0.00			0	0.00	0.(
B1	B.2	部	墙柱面工程				0.00			0	0.00	0.(
B1	B.3	部	天棚工程				0.00			0	0.00	0.(
B1	B.4	部	门窗工程				0.00			0	0.00	0.(
B1	D.2	部	道路工程				0.00			0	0.00	0.(

插入 ▸ 插入清单项 Ctrl+Ins
插入子目 Ins
插入一级分部
插入二级分部
插入三级分部
插入四级分部
添加 ▸
补充 ▸
查找 Ctrl+F
取消换算
重新组价
剪切 Ctrl+X
复制 Ctrl+C
粘贴 Ctrl+V
删除 Del
同步子目名称
插入批注
强制调整编码 Ctrl+B
页面显示列设置

查询清单库 参数指引 结算审核 查询定额库 工料机显示 查看单价构成

	编码	类别	名称	单位	送审工程量	送审综合单价	送审综合合价	审定工程量	审定综合单价	审定综合合价	增减金额	增减比例
8增	01030400100	项	砖基础	m3			0.00	140	169.99	23798.6	**23798.60**	10
	4-1	定	砌砖 砖基础	m3			0.00	140	169.99	23798.6	**23798.60**	0
			内墙300									

查询清单库 参数指引 结算审核 查询定额库 工料机显示 查看单价构成

	编码	类别	名称	规格及型号	单位	损耗率	含量	数量	定额价	市场价	合价	是否暂估
1	82002	人	综合工日		工日		1.183	165.62	28.24	28.24	4677.1088	
2	82013	人	其他人工费		元		1.1	154	1	1	154	
3	04001	材	灰砂砖		块		523.6	73304	0.177	0.177	12974.808	□
4	84004	材	其他材料费		元		1.98	277.2	1	1	277.2	□
5	81071	浆	M5水泥砂浆	M5	m3		0.236	33.04	135.21	135.21	4467.3384	□
6	84023	机	其他机具费		元		4.05	567	1	1	567	

1.2.3 措施项目的审核

一般在合同中会对措施项目进行规定，后期发生变更结算时，措施项目一般不再调整，只有个别措施可以按规定或者合同约定调整。因此，软件默认审定数据是不能修改的，且不随分部分项页面数据变化而变化。若审定数据需要修改，选中要修改的措施项，在【按实计算】列打对勾即可，勾选后，措施项目的取费基数、费率即可更改，措施的审定部分数据与分部分项页面联动。

	序号	名称	单位	按实计算	送审 计算基数(工程量)	送审 费率(%)	送审 综合单价	送审 综合合价	审定 计算基数(工程量)	审定 费率(%)	审定 综合单价	审定 综合合价	增减金额	增减比例(%)	增减说明
	−	**措施项目**						**4461.3**				**4450.54**	**-10.76**	**-0.24**	
	−一	措施费1						4021.9				4011.14	**-10.76**	-0.27	
1改	−1	安全文明施工费	项	☑	1		4021.9	4021.9	1		4011.14	4011.14	**-10.76**	-0.27	
2改	1.1	环境保护费	项	☑	RGF	1.05	401.81	401.81	RGF	1.05	400.73	400.73	**-1.08**	-0.27	
3改	1.2	文明施工费	项	☑	RGF	1.58	604.62	604.62	RGF	1.58	603.01	603.01	**-1.61**	-0.27	
4改	1.3	安全施工费	项	☑	RGF	1.05	401.81	401.81	RGF	1.05	400.73	400.73	**-1.08**	-0.27	
5改	1.4	临时设施费	项	☑	RGF	6.83	2613.66	2613.66	RGF	6.83	2606.67	2606.67	**-6.99**	-0.27	
6删	2	~~夜间施工费~~	项	☐	~~RGF~~	~~1~~	~~0~~	~~0~~	~~RGF~~	~~0~~	~~0~~	~~0~~	0	0	

1.2.4 人材机的审核

审核方式有两种：一、直接修改材料的审定市场价；二、通过市场价分析、调差取费表，对材料价差单独结算。

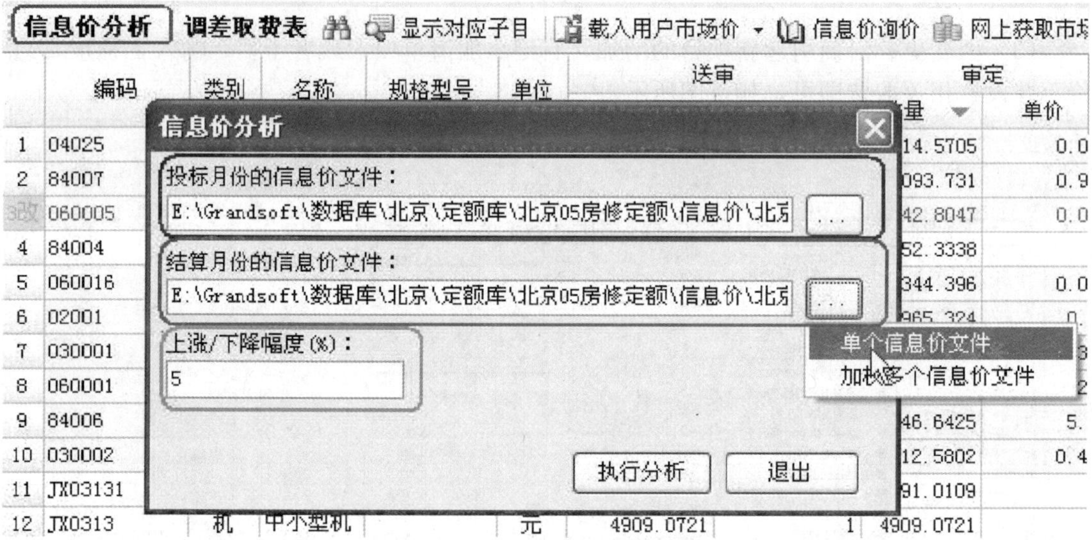

信息价分析　调差取费表　显示对应子目　载入用户市场价　信息价询价　网上获取市场

	编码	类别	名称	规格型号	单位	送审		审定 数量	审定 单价
1	04025							14.5705	0.0
2	84007							093.731	0.9
3改	060005							42.8047	0.0
4	84004							52.3338	
5	060016							344.396	0.0
6	02001							965.324	0.
7	030001								
8	060001								
9	84006							46.6425	5.
10	030002							12.5802	0.4
11	JX03131							91.0109	
12	JX0313	机	中小型机		元	4909.0721	1	4909.0721	

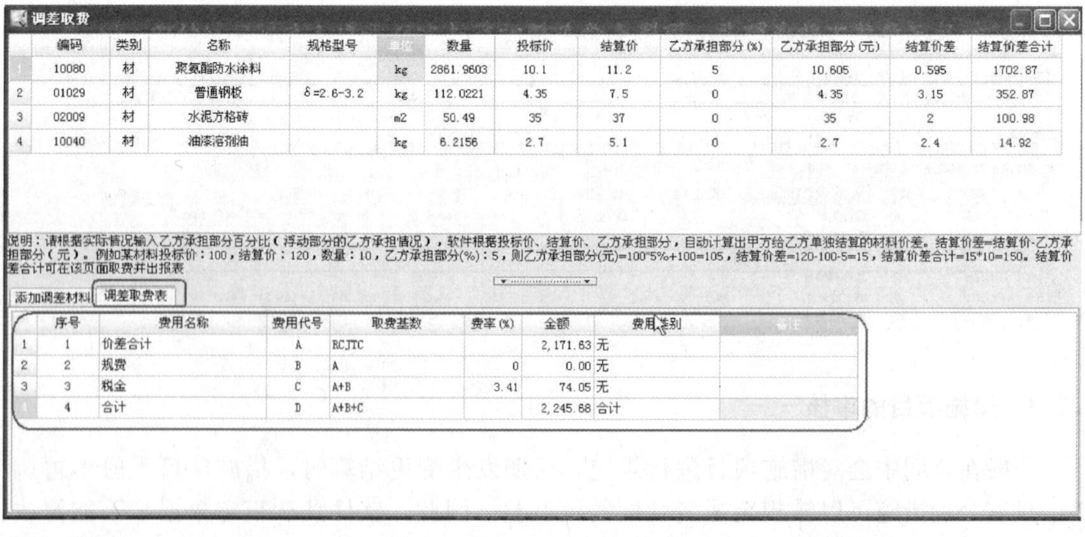

信息价分析

投标月份的信息价文件：

E:\Grandsoft\数据库\北京\定额库\北京05房修定额\信息价\北京

结算月份的信息价文件：

E:\Grandsoft\数据库\北京\定额库\北京05房修定额\信息价\北京

单个信息价文件

加载多个信息价文件

上涨/下降幅度(%)：

5

执行分析　退出

调差取费

	编码	类别	名称	规格型号	单位	数量	投标价	结算价	乙方承担部分(%)	乙方承担部分(元)	结算价差	结算价差合计
1	10080	材	聚氨酯防水涂料		kg	2861.9603	10.1	11.2	5	10.605	0.595	1702.87
2	01029	材	普通钢板	δ=2.6-3.2	kg	112.0221	4.35	7.5	0	4.35	3.15	352.87
3	02009	材	水泥方格砖		m2	50.49	35	37	0	35	2	100.98
4	10040	材	油漆溶剂油		kg	6.2156	2.7	5.1	0	2.7	2.4	14.92

说明：请根据实际情况输入乙方承担部分百分比（浮动部分的乙方承担情况），软件根据投标价、结算价、乙方承担部分，自动计算出甲方给乙方单独结算的材料价差。结算价差=结算价-乙方承担部分（元）。例如某材料投标价：100，结算价：120，数量：10，乙方承担部分(%)：5，则乙方承担部分(元)=100*5%+100=105，结算价差=120-100-5=15，结算价差合计=15*10=150。结算价差合计可在该页面取费并出报表

添加调差材料　调差取费表

	序号	费用名称	费用代号	取费基数	费率(%)	金额	费用类别	备注
1	1	价差合计	A	RCJTC		2,171.63	无	
2	2	规费	B	A	0	0.00	无	
3	3	税金	C	A+B	3.41	74.05	无	
4	4	合计	D	A+B+C		2,245.68	合计	

1.2.5 费用文件的审核

直接修改审定费率即可。

插入 | 保存为模板 | 载入模板

	序号	费用代号	名称	送审			审定			增减金额	增减比例(%)	增减说明	费用类别
				计算基数	费率(%)	金额	计算基数	费率(%)	金额				
1	1	A	分部分项工程	FBFXHJ		429,029.13	FBFXHJ		429,029.13	0	0		分部分项合计
2	2	B	措施项目	CSXMHJ		9,450.62	CSXMHJ		9,450.62	0	0		措施项目合计
3	2.1	B1	措施项目(一)	ZZCSF		4,021.90	ZZCSF		4,021.90	0	0		
4	2.1.1	B11	安全文明施工费	AQWMSGF		4,021.90	AQWMSGF		4,021.90	0	0		安全文明施工费
5	2.2	B2	措施项目(二)	JSCSF		5,428.72	JSCSF		5,428.72	0	0		
6	3	C	其他项目	QTXMHJ		131,050.50	QTXMHJ		131,050.50	0	0		其他项目合计
7	3.1	C1	暂列金额	暂列金额		20,000.00	暂列金额		20,000.00	0	0		暂列金额
8	3.2	C2	专业工程暂估价	专业工程暂估价		102,050.50	专业工程暂估价		102,050.50	0	0		专业工程暂估价
9	3.3	C3	计日工	计日工		9,000.00	计日工		9,000.00	0	0		计日工
10	3.4	C4	总承包服务费	总承包服务费		0.00	总承包服务费		0.00	0	0		总承包服务费

结算审核 | 查询合同预算 | 查询费率信息 | 查询费用代码

		名称	费用代号	计算基数	费率	费用金额	增减说明
1	送审1	安全文明施工费	B11	AQWMSGF		4021.9	
2	当前审核	安全文明施工费	B11	AQWMSGF		4021.9	

1.2.6 打印报表、审核增减原因分析、生成审核报告

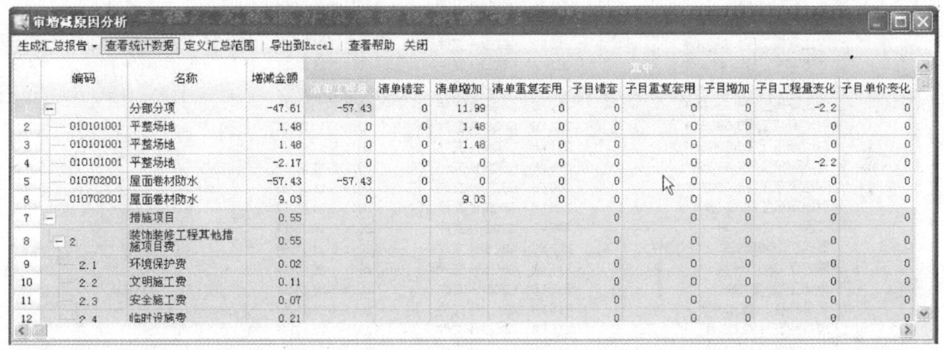

审增减原因分析

生成汇总报告 · | 查看统计数据 | 定义汇总范围 | 导出到Excel | 查看帮助 | 关闭

	编码	名称	增减金额	其中								
				清单工程量	清单错套	清单增加	清单重复套用	子目错套	子目重复套用	子目增加	子目工程量变化	子目单价变化
1	−	分部分项	-47.61	-57.43	0	11.99	0	0	0	0	-2.2	0
2	010101001	平整场地	1.48	0	0	1.48	0	0	0	0	0	0
3	010101001	平整场地	1.48	0	0	1.48	0	0	0	0	0	0
4	010101001	平整场地	-2.17	0	0	0	0	0	0	0	-2.2	0
5	010702001	屋面卷材防水	-57.43	-57.43	0	0	0	0	0	0	0	0
6	010702001	屋面卷材防水	9.03	0	0	9.03	0	0	0	0	0	0
7	−	措施项目	0.55					0	0	0	0	0
8	− 2	装饰装修工程其他措施项目费	0.55					0	0	0	0	0
9	2.1	环境保护费	0.02					0	0	0	0	0
10	2.2	文明施工费	0.11					0	0	0	0	0
11	2.3	安全施工费	0.07					0	0	0	0	0
12	2.4	临时设施费	0.21					0	0	0	0	0

1.2.7 生成审定预算文件

审核结束，部分项目需要存档审定预算文件，或发给送审方进一步核对。审核文件的审定部分可以转成 GBQ4.0 文件。软件操作：点击工具-生成审定预算文件。

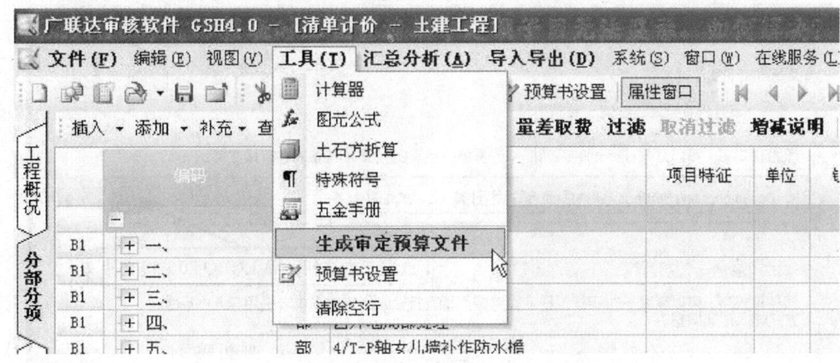

1.3 新建审核方式

1.3.1 第一种审核模式：在送审基础上修改审核

1.3.1.1 送审文件为广联达计价软件 GBQ4.0 单位工程

操作方式有两种：

方式一：使用工程文件管理

第一步：打开桌面上的审核软件；

第二步：在弹出的工程文件管理窗口做如下图所示操作：

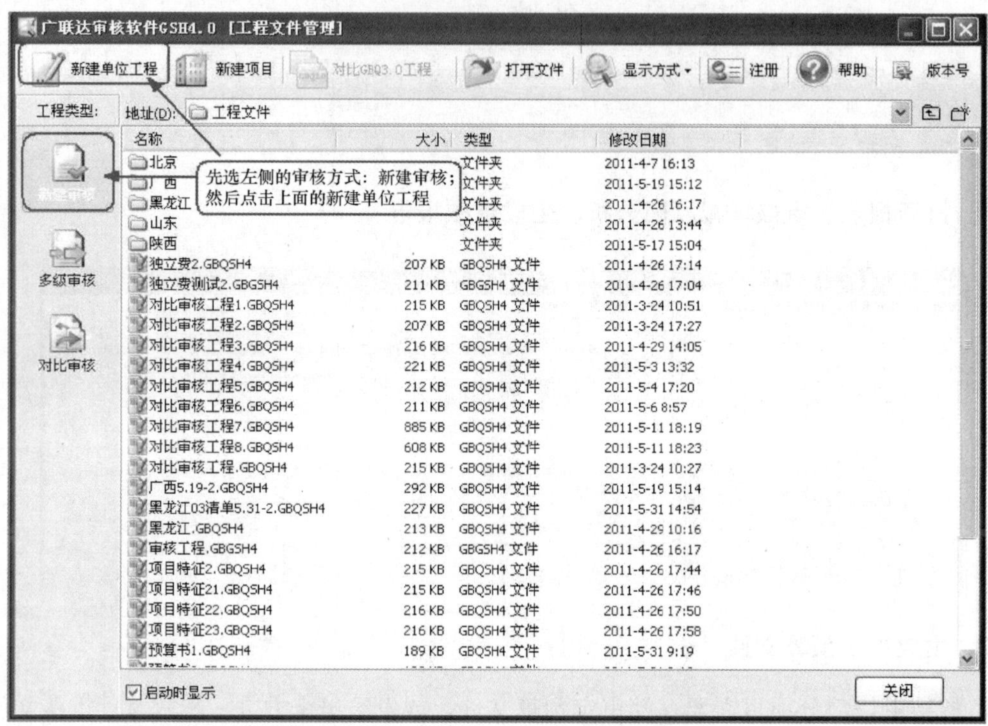

第三步：选择送审的广联达单位工程文件，导入后点完成。

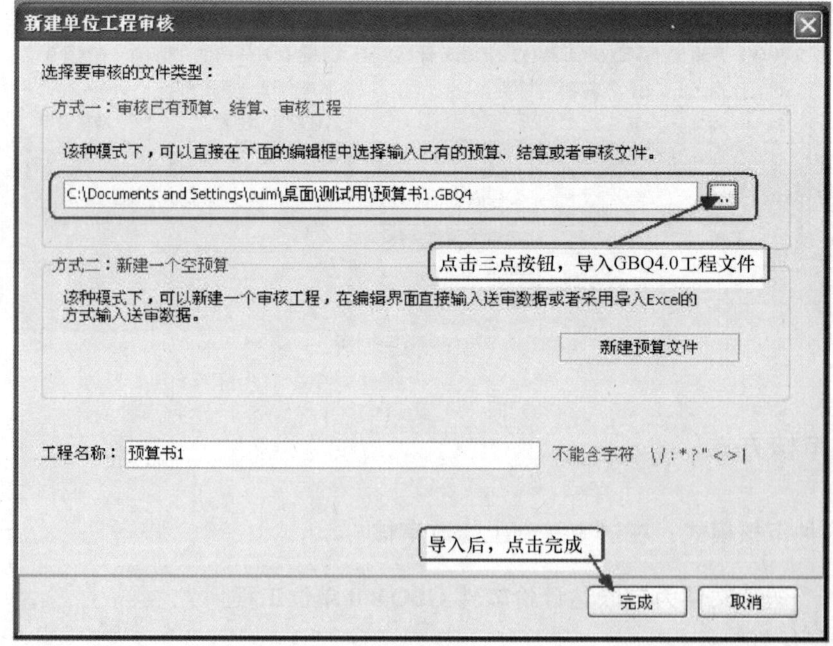

方式二：不使用工程文件管理，需要先关闭工程文件管理后，做如下操作：

第一步：打开桌面上的审核软件；

第二步：选择“新建单位”，如下图所示；

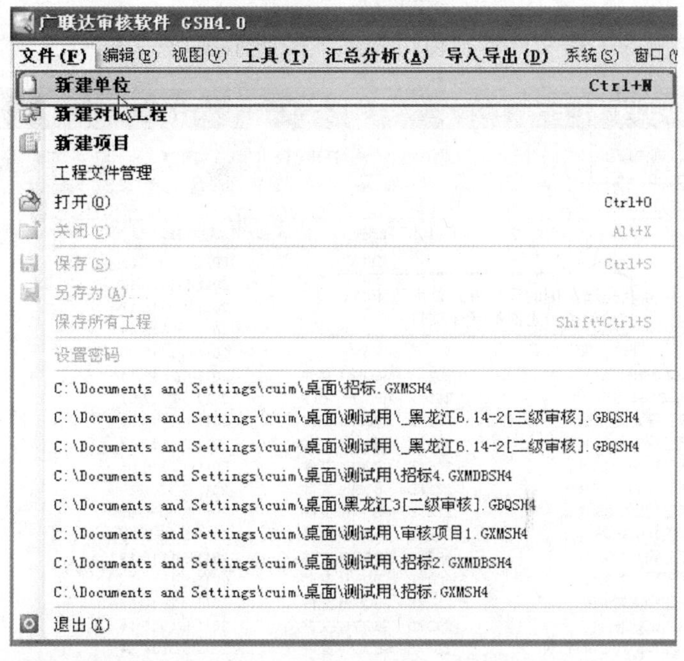

第三步：选择送审的广联达单位工程文件，导入后点完成。

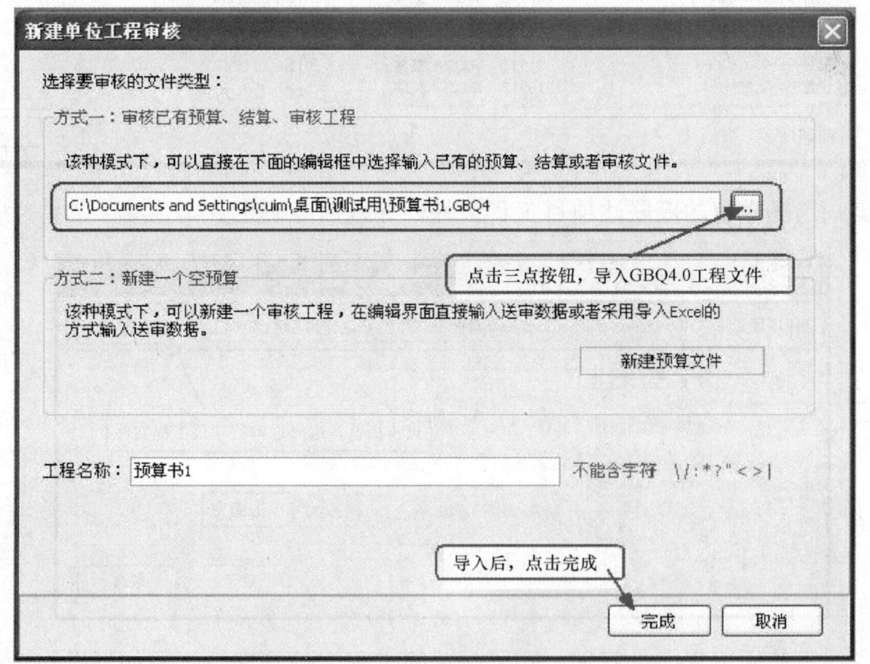

1.3.1.2 送审文件为广联达计价软件 GBQ4.0 项目工程

操作方式有两种：

方式一：使用工程文件管理

第一步：打开桌面上的审核软件；

第二步：在弹出的工程文件管理窗口做如下图所示操作；

广联达审核软件GSH4.0 [工程文件管理]

新建单位工程 | 新建项目 | 对比GBQ3.0工程 | 打开文件 | 显示方式 | 注册 | 帮助 | 版本号

工程类型： 地址(D)： 工程文件

新建审核 | 多级审核 | 对比审核

先选左侧的审核方式：新建审核；
然后点击上面的新建项目

名称	大小	类型	修改日期
北京		文件夹	2011-4-7 16:13
广西			2011-5-19 15:12
黑龙江			2011-4-26 16:17
山东			2011-4-26 13:44
陕西			2011-5-17 15:04
独立费2.GBQSH4	207 KB	GBQSH4 文件	2011-4-26 17:14
独立费测试2.GBGSH4	211 KB	GBGSH4 文件	2011-4-26 17:04
对比审核工程1.GBQSH4	215 KB	GBQSH4 文件	2011-3-24 10:51
对比审核工程2.GBQSH4	207 KB	GBQSH4 文件	2011-3-24 17:27
对比审核工程3.GBQSH4	216 KB	GBQSH4 文件	2011-4-29 14:05
对比审核工程4.GBQSH4	221 KB	GBQSH4 文件	2011-5-3 13:32
对比审核工程5.GBQSH4	212 KB	GBQSH4 文件	2011-5-4 17:20
对比审核工程6.GBQSH4	211 KB	GBQSH4 文件	2011-5-6 8:57
对比审核工程7.GBQSH4	885 KB	GBQSH4 文件	2011-5-11 18:19
对比审核工程8.GBQSH4	608 KB	GBQSH4 文件	2011-5-11 18:23
对比审核工程.GBQSH4	215 KB	GBQSH4 文件	2011-3-24 10:27
广西5.19-2.GBQSH4	292 KB	GBQSH4 文件	2011-5-19 15:14
黑龙江03清单5.31-2.GBQSH4	227 KB	GBQSH4 文件	2011-5-31 14:54
黑龙江.GBQSH4	213 KB	GBQSH4 文件	2011-4-29 10:16
审核工程.GBGSH4	212 KB	GBGSH4 文件	2011-4-26 16:17
项目特征2.GBQSH4	215 KB	GBQSH4 文件	2011-4-26 17:44
项目特征21.GBQSH4	215 KB	GBQSH4 文件	2011-4-26 17:46
项目特征22.GBQSH4	216 KB	GBQSH4 文件	2011-4-26 17:50
项目特征23.GBQSH4	216 KB	GBQSH4 文件	2011-4-26 17:58
预算书1.GBQSH4	189 KB	GBQSH4 文件	2011-5-31 9:19

启动时显示 | 关闭

第三步：选择送审的广联达项目工程文件，导入后点确定。

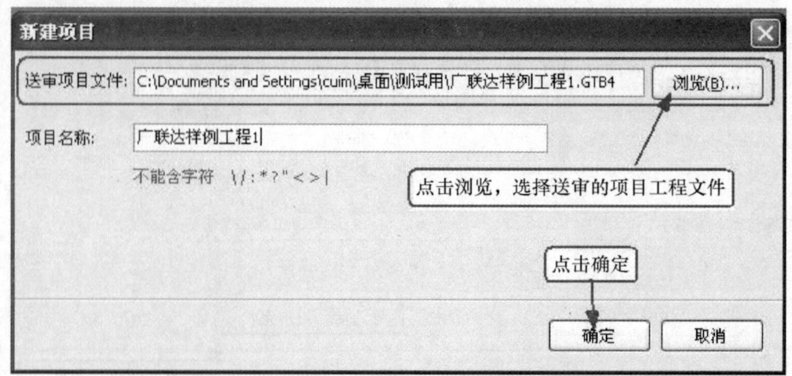

方式二：不使用工程文件管理，需要先关闭工程文件管理后，做如下操作：

第一步：打开桌面上的审核软件；

第二步：选择“新建项目”，如下图所示；

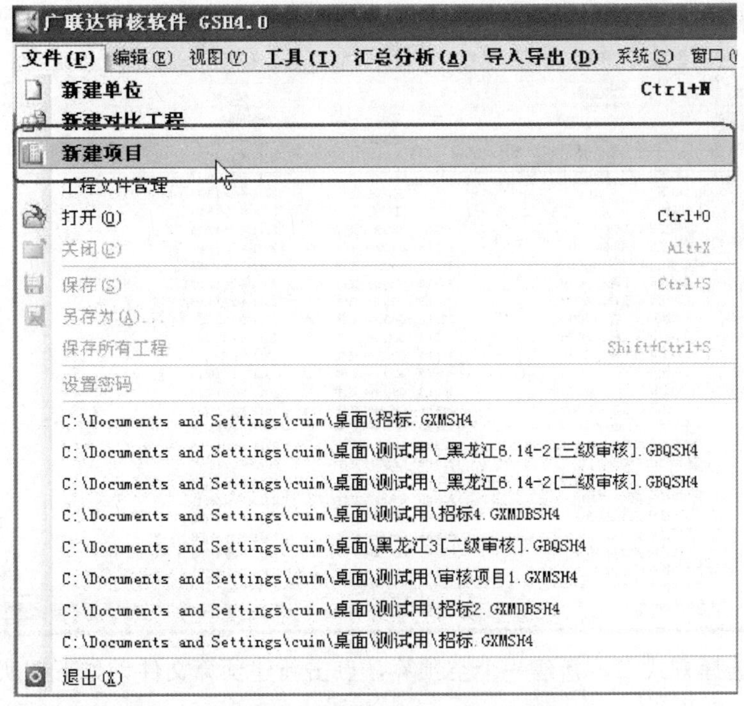

第三步：选择送审的广联达项目工程文件，导入后点确定。

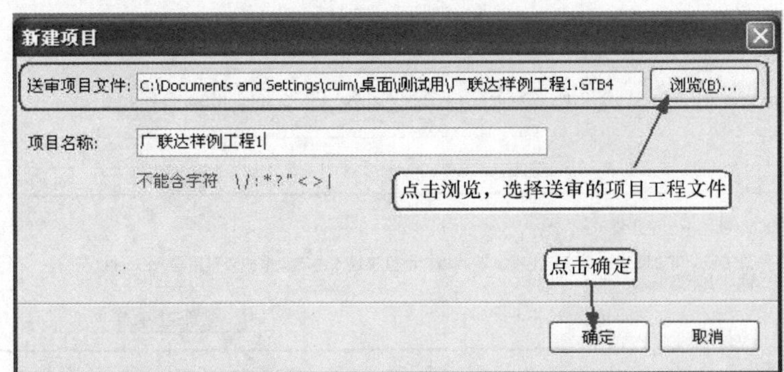

1.3.1.3 送审文件为 Excel 文档

(1) Excel 文件在导入时，必须先确定采用的清单库、定额库及专业等信息，保证与送审文件用到的一致。

(2) 送审文件提供的内容可能不一样，例如送审子目属不同专业，请按照多数子目的专业新建，软件只提供识别功能。导入 Excel 时可导入分部、清单、子目、人材机、措施、其他项目、费用文件等，需由使用者自己识别它们的关系。

操作步骤：

第一步：打开桌面上的审核软件，选择新建单位工程审核，在弹出的工程文件管理窗口做如下图所示操作；

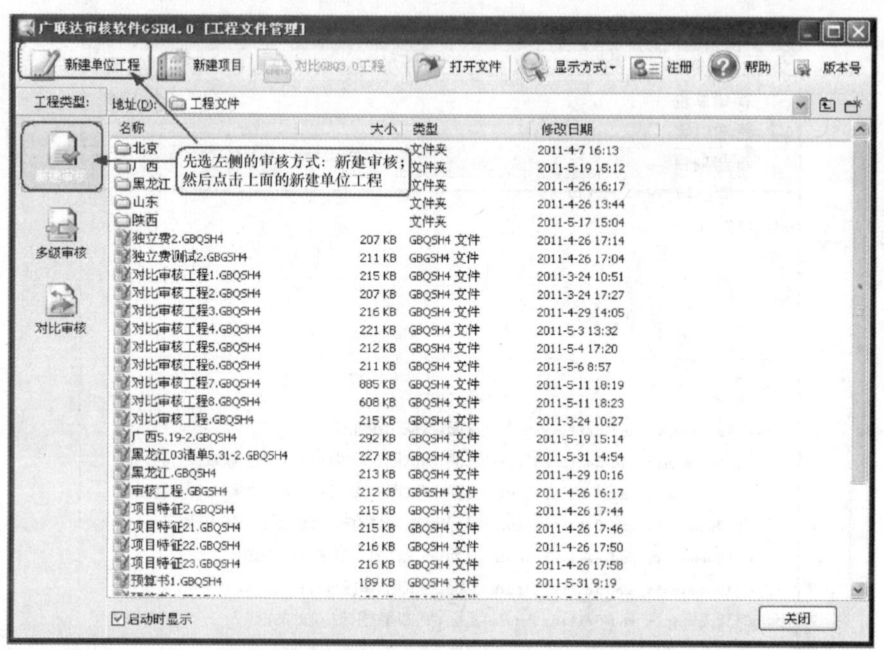

第二步：选择方式二，新建一个空预算，点击新建预算文件，如下图所示；

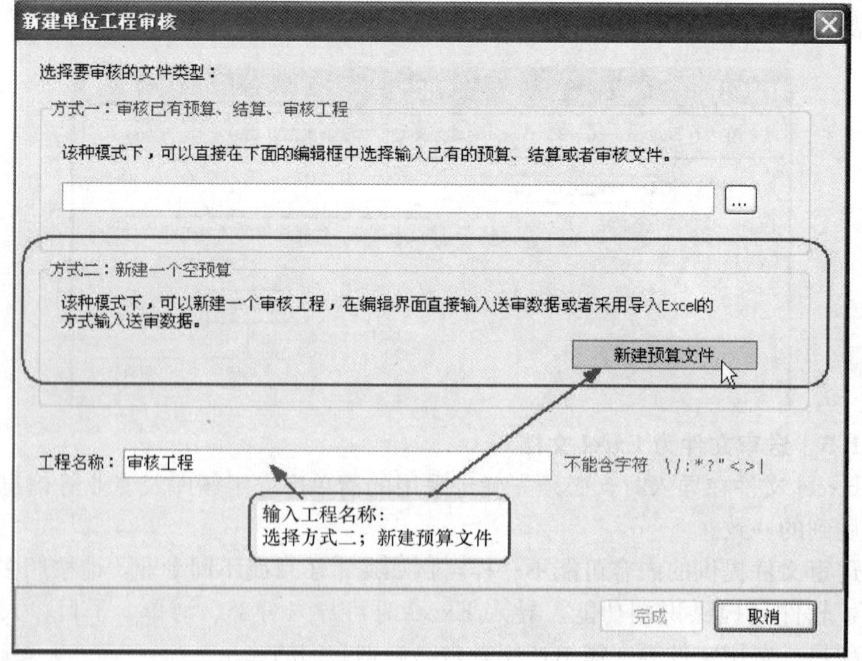

第三步：选择清单库、定额库及专业等信息；

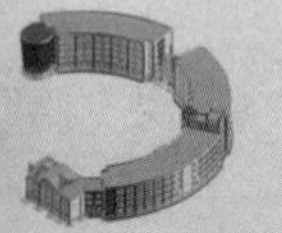

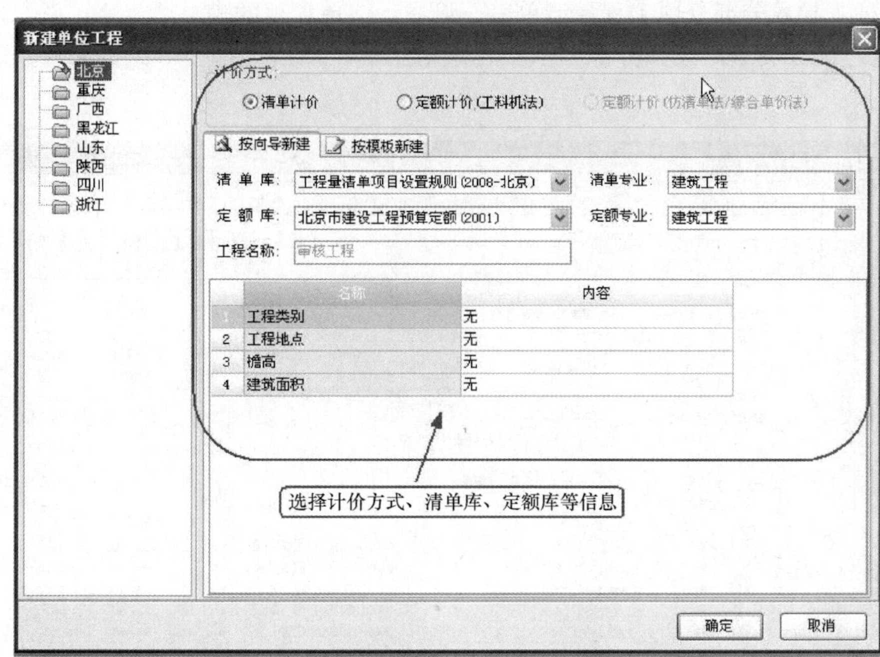

第四步：导入 Excel 文件，如下图所示；

选择菜单栏的【导入导出】——“导入 Excel 文件”。

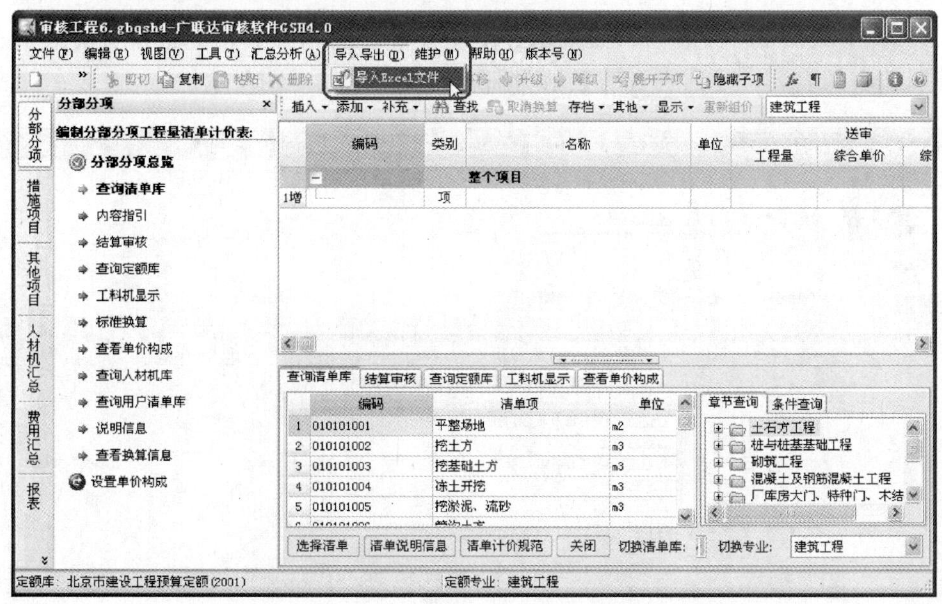

第五步：各个页面的导入详细说明（分清单计价的导入和定额计价的导入两部分）。

导入 Excel 操作说明（清单计价）由以下几部分组成：

① 分部分项工程量清单表——介绍支持导入的清单表两种格式及其规则

这张表按显示的数据分为两个，一个是分部分项工程量清单表——只显示清单项目的表，另一个是分部分项工程量清单分析表——清单与子目同时显示的表，下面分别讲解两类表导入流程：

第一种：导入分部分项工程量清单表—只显示清单项目的表

a）在左侧分类表中选择分部分项工程量清单表，然后选择要导入的 Excel 表，如下图所示。

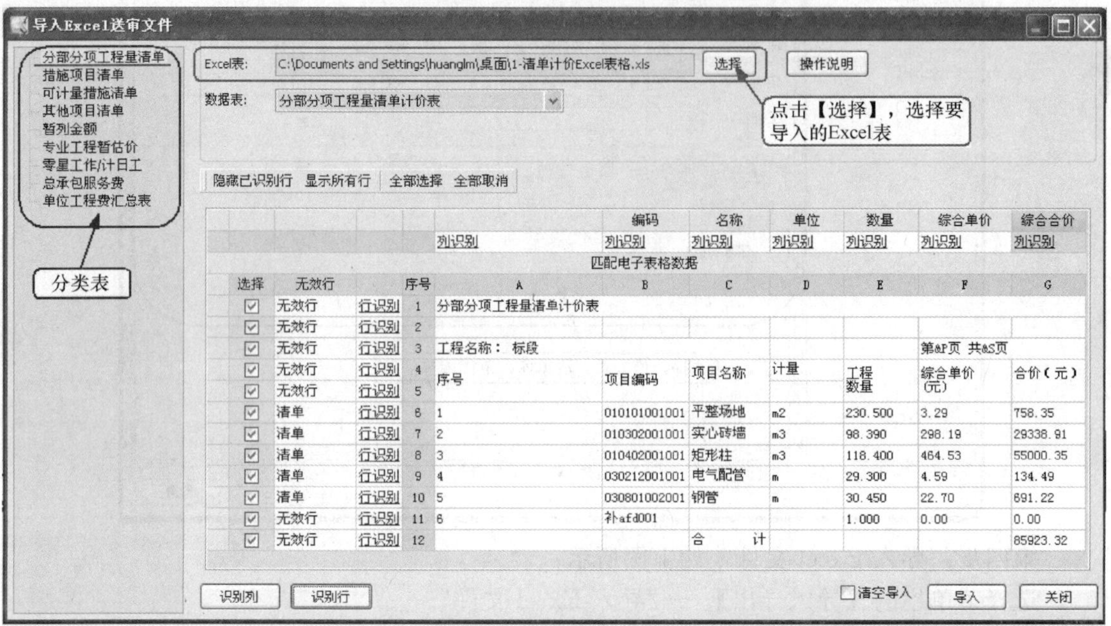

b）选择导入的 Excel 表后，如果 Excel 表有很多的明细表，会根据分类表的名称模糊匹配明细表的表名，找到则自动显示明细表的数据，如下图所示。

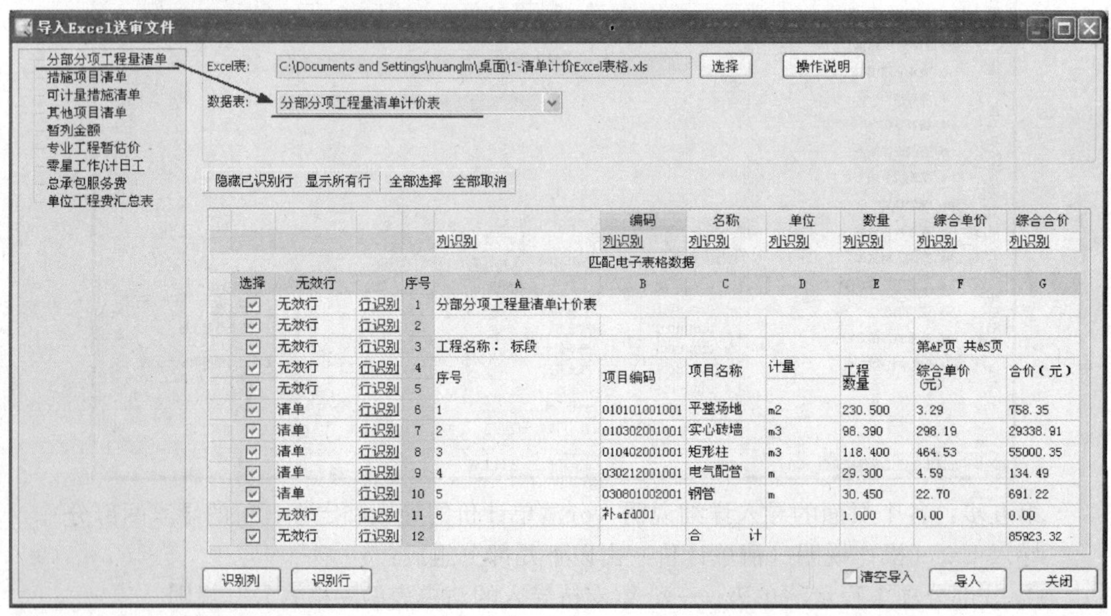

c）如果导入窗口显示的明细表，不是想要导入的表数据，则可在数据表处下拉选择明细表，选择后列表数据相应改变。

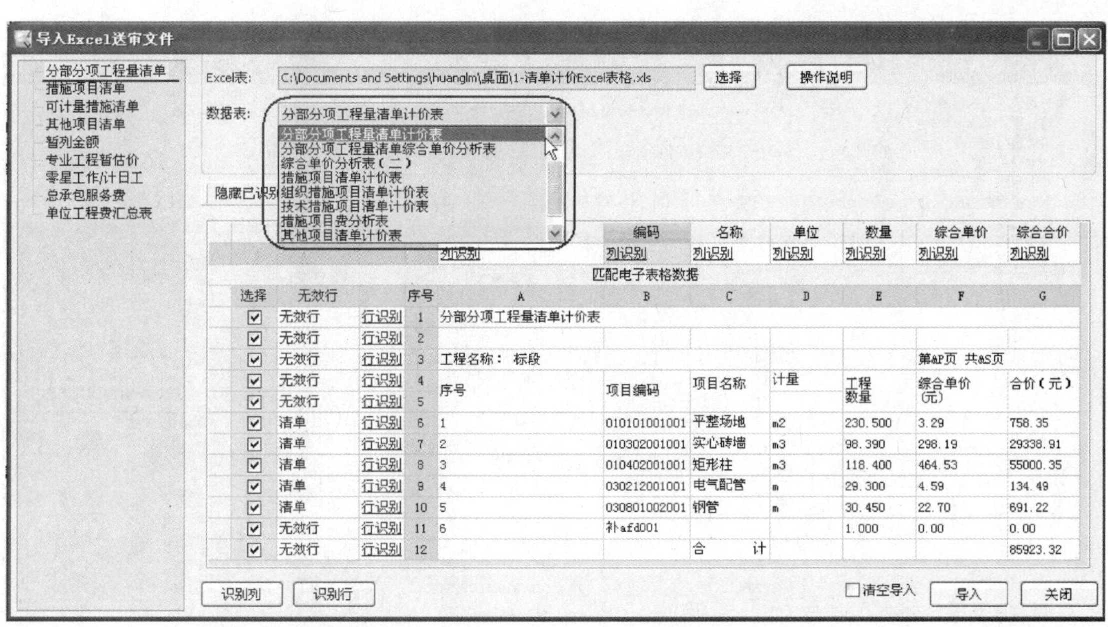

d）选定要导入的 Excel 明细表后，下面的数据列表会先进行“列识别”，会将 Excel 表中的列名称与软件中给出的列名称匹配，匹配上了则自动显示，没有匹配上则需要手动调整一下，因为行识别是根据关键列来进行，所以要先识别列，如下图所示。

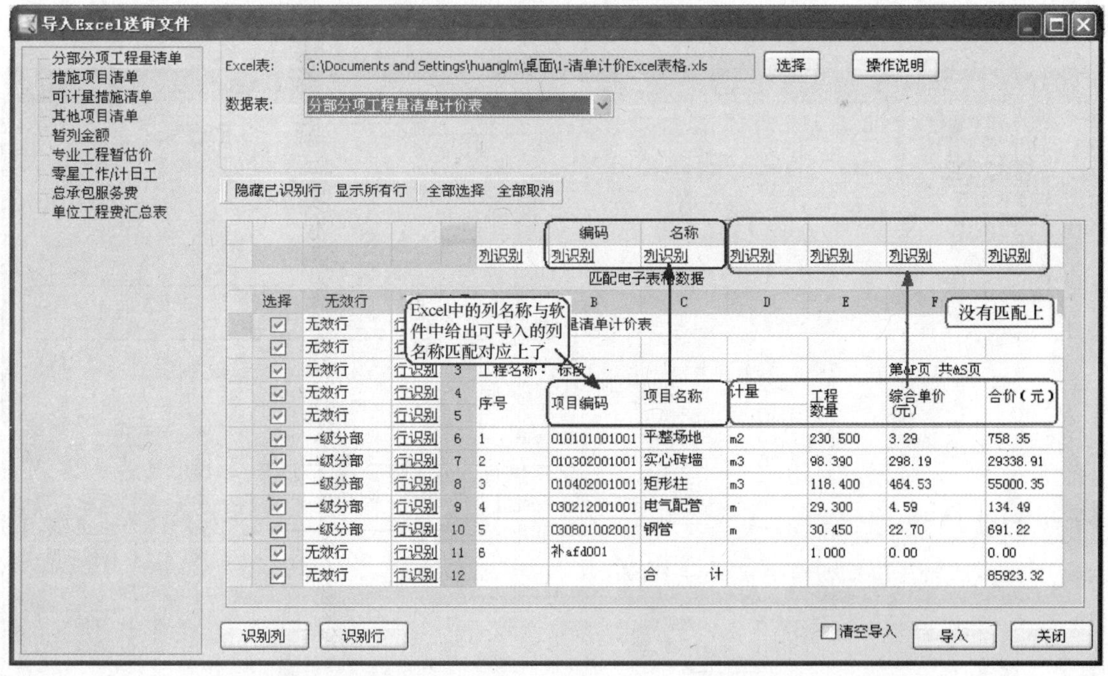

e）清单行的自动识别是根据“编码＋名称＋单位”，这三列没有识别出来，则行识别就显示的不对，所以需要点击相应“列识别”下拉选择调整一下，如下图所示。

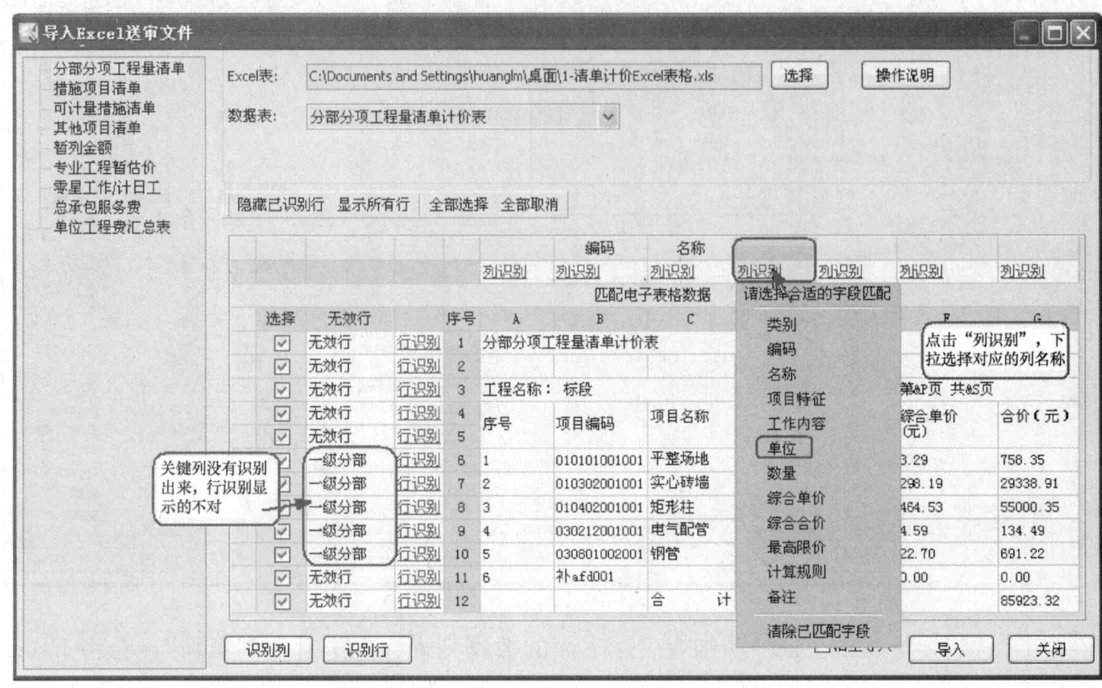

f）选择完关键列后，执行右下角的“识别行”，软件会根据规则自动识别行，如下图所示。

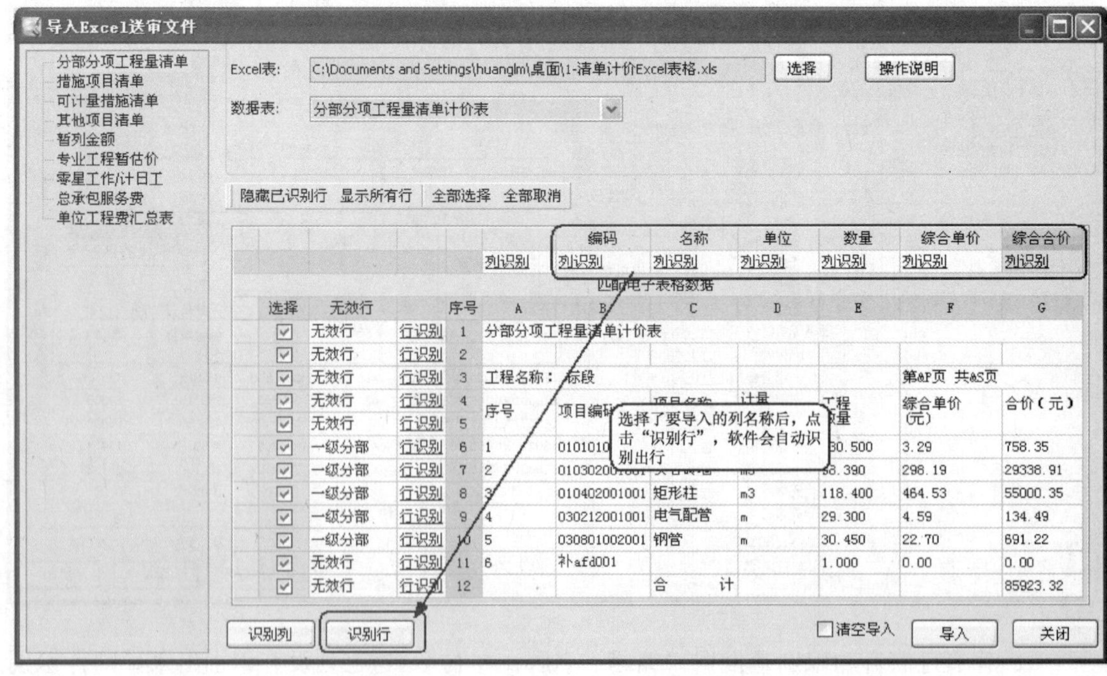

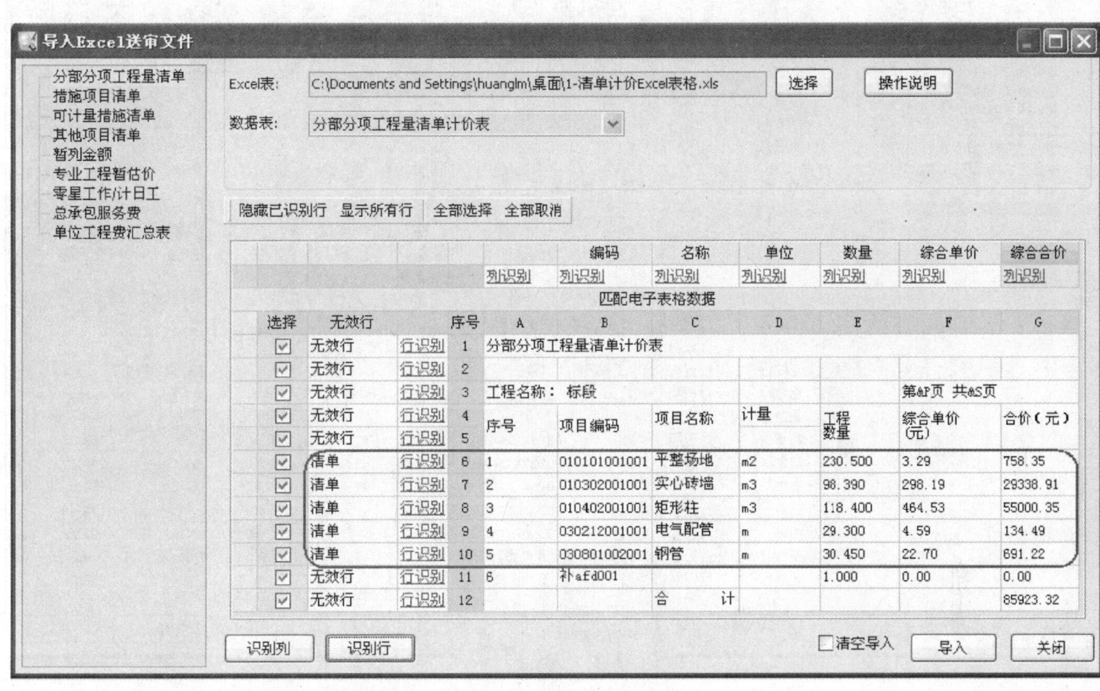

g）行识别是根据关键列来识别的，有的列 Excel 表中没有数据，这样有些行是自动识别不出来的，可以手动调整一下，如下图所示。

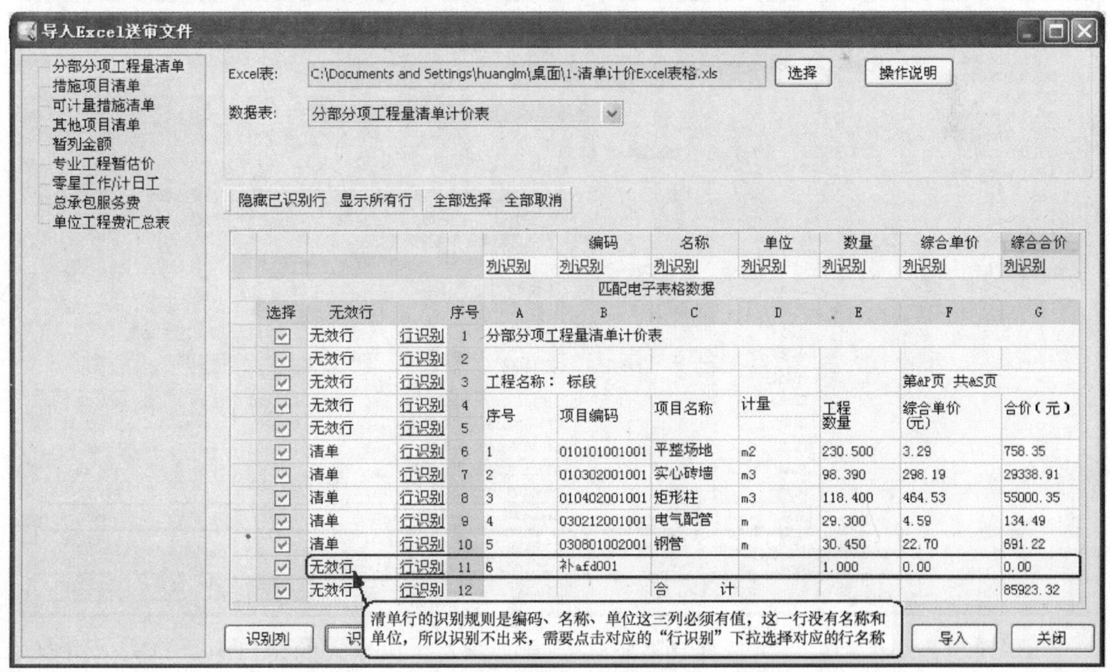

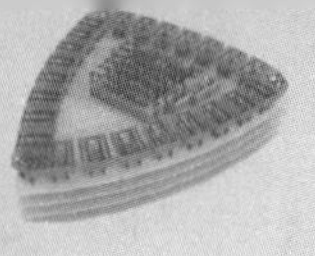

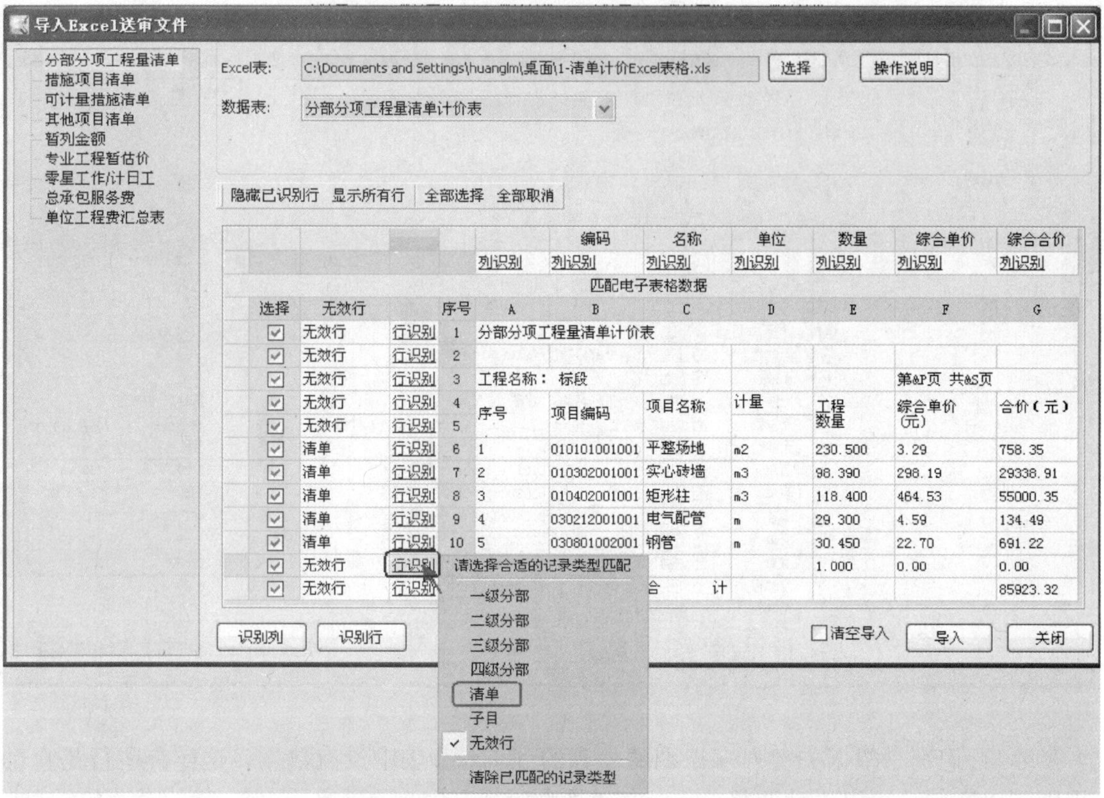

导入Excel送审文件

分部分项工程量清单
措施项目清单
可计量措施清单
其他项目清单
暂列金额
专业工程暂估价
零星工作/计日工
总承包服务费
单位工程费汇总表

Excel表: C:\Documents and Settings\huanglm\桌面\1-清单计价Excel表格.xls 选择 操作说明

数据表: 分部分项工程量清单计价表

隐藏已识别行 显示所有行 全部选择 全部取消

选择	无效行		序号	A	B	C	D	E	F	G
					编码	名称	单位	数量	综合单价	综合合价
				列识别	列识别	列识别	列识别	列识别	列识别	列识别
☑	无效行	行识别	1	分部分项工程量清单计价表						
☑	无效行	行识别	2							
☑	无效行	行识别	3	工程名称：标段					第&P页 共&S页	
☑	无效行	行识别	4	序号	项目编码	项目名称	计量	工程数量	综合单价（元）	合价（元）
☑	无效行	行识别	5							
☑	清单	行识别	6	1	010101001001	平整场地	m2	230.500	3.29	758.35
☑	清单	行识别	7	2	010302001001	实心砖墙	m3	98.390	298.19	29338.91
☑	清单	行识别	8	3	010402001001	矩形柱	m3	118.400	464.53	55000.35
☑	清单	行识别	9	4	030212001001	电气配管	m	29.300	4.59	134.49
☑	清单	行识别	10	5	030801002001	钢管	m	30.450	22.70	691.22
☑	无效行	行识别						1.000	0.00	0.00
☑	无效行	行识别				合　　计				85923.32

请选择合适的记录类型匹配
一级分部
二级分部
三级分部
四级分部
清单
子目
✓ 无效行
清除已匹配的记录类型

识别列 识别行 ☐清空导入 导入 关闭

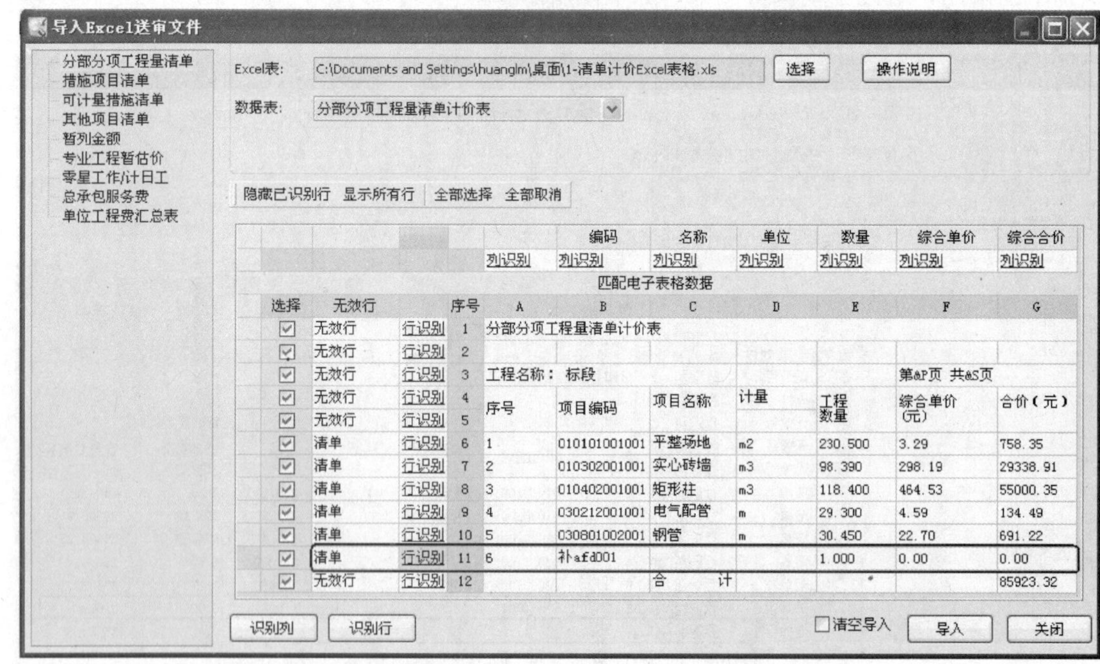

导入Excel送审文件

分部分项工程量清单
措施项目清单
可计量措施清单
其他项目清单
暂列金额
专业工程暂估价
零星工作/计日工
总承包服务费
单位工程费汇总表

Excel表: C:\Documents and Settings\huanglm\桌面\1-清单计价Excel表格.xls 选择 操作说明

数据表: 分部分项工程量清单计价表

隐藏已识别行 显示所有行 全部选择 全部取消

选择	无效行		序号	A	B	C	D	E	F	G
					编码	名称	单位	数量	综合单价	综合合价
				列识别	列识别	列识别	列识别	列识别	列识别	列识别
☑	无效行	行识别	1	分部分项工程量清单计价表						
☑	无效行	行识别	2							
☑	无效行	行识别	3	工程名称：标段					第&P页 共&S页	
☑	无效行	行识别	4	序号	项目编码	项目名称	计量	工程数量	综合单价（元）	合价（元）
☑	无效行	行识别	5							
☑	清单	行识别	6	1	010101001001	平整场地	m2	230.500	3.29	758.35
☑	清单	行识别	7	2	010302001001	实心砖墙	m3	98.390	298.19	29338.91
☑	清单	行识别	8	3	010402001001	矩形柱	m3	118.400	464.53	55000.35
☑	清单	行识别	9	4	030212001001	电气配管	m	29.300	4.59	134.49
☑	清单	行识别	10	5	030801002001	钢管	m	30.450	22.70	691.22
☑	清单	行识别	11	6	补afd001			1.000	0.00	0.00
☑	无效行	行识别	12			合　　计				85923.32

识别列 识别行 ☐清空导入 导入 关闭

h）列与行均识别后，可选择是清空还是追加导入，在导入的窗口中，勾选“清空导入”，则当前工程已有的数据会删除，然后导入当前识别后的Excel表数据；不勾选“清空导入”，则在当前工程已有数据的后面增加导入的数据。

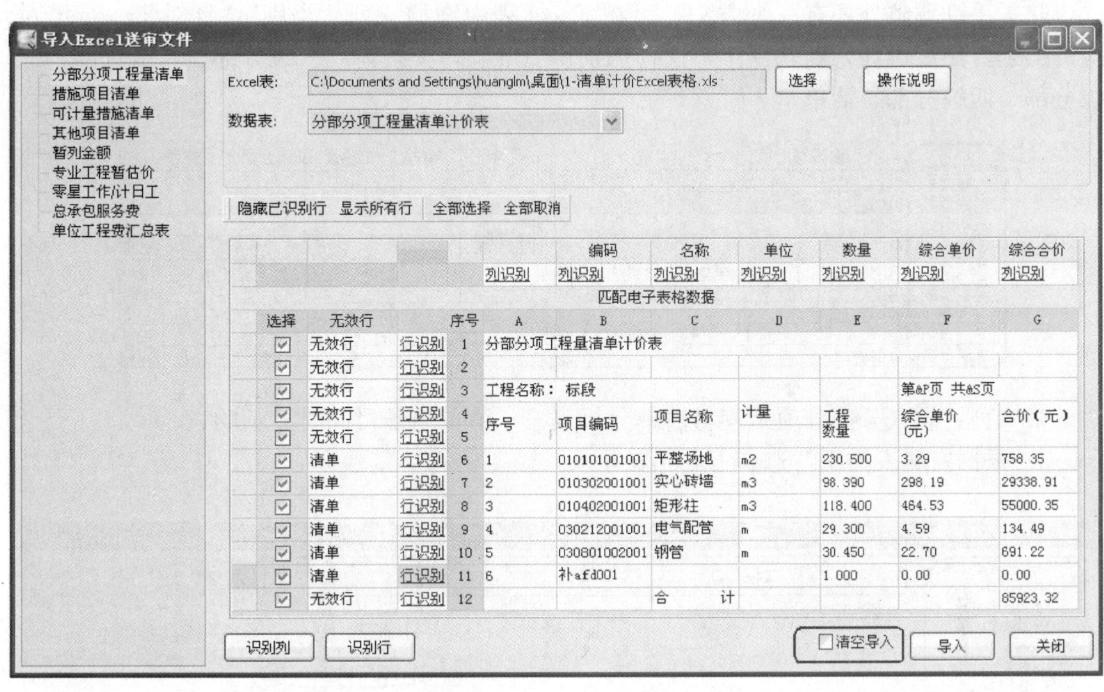

i）执行“导入”，识别后的数据导入当前工程中。

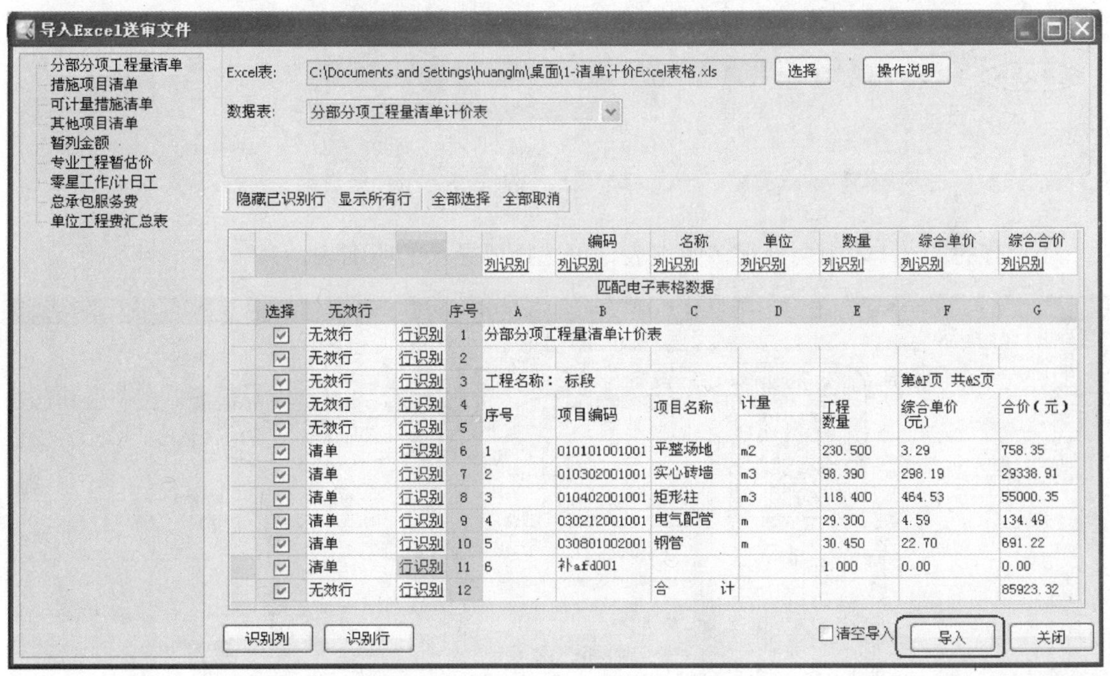

上述内容为只导入分部分项工程量清单计价表的操作流程，该表可导入清单行，也可以导入分部行，如果有分部行，软件也是会根据关键列来识别的，分部行的行识别规则为“编码＋名称＋单位为空”，如果没有自动识别，可以检查一下这一列是否需要调整，因分部行每一级均是编码、名称列有值，所以无法区分一级、二级等，软件会自动识别为一级分部，可按上述描述手动下拉行识别。

除了手动调整外还有一个方法，可在 Excel 表中增加一列"类别"，针对每一行填对应的类别，然后再导入到软件中，这样识别得更准确，类别为：一级分部、二级分部、三级分部、四级分部、清单。

类别	编码	名称	项目特征	单位	工程量	综合单价	综合合价
一级分部	01	建筑工程					13300
二级分部	0101	土石方工程					4500
三级分部	010101	土方工程					4500
清单	010101001001	平整场地	运距：3KM	m2	100	45	4500
二级分部	0104	混凝土及钢筋混凝土工程					3400
三级分部	010401	现浇混凝土基础					3400
清单	010401001001	带形基础		m3	340	10	3400
二级分部	0106	金属结构工程					5400
三级分部	010603	钢柱					5400

第二种：导入分部分项工程量清单分析表——清单与子目同时显示的表

a）根据左侧表类型，选择 Excel 表导入。

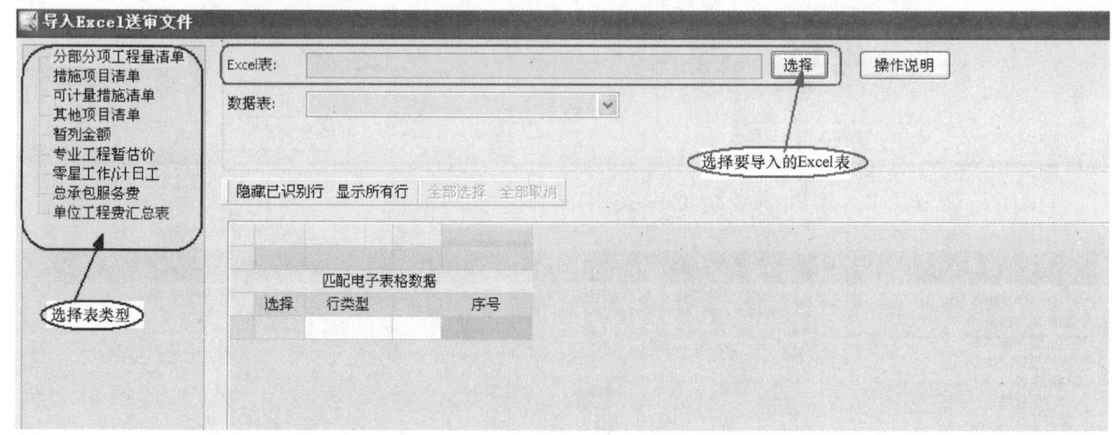

b）有的 Excel 表中会分很多明细表，可选择要导入的明细表。

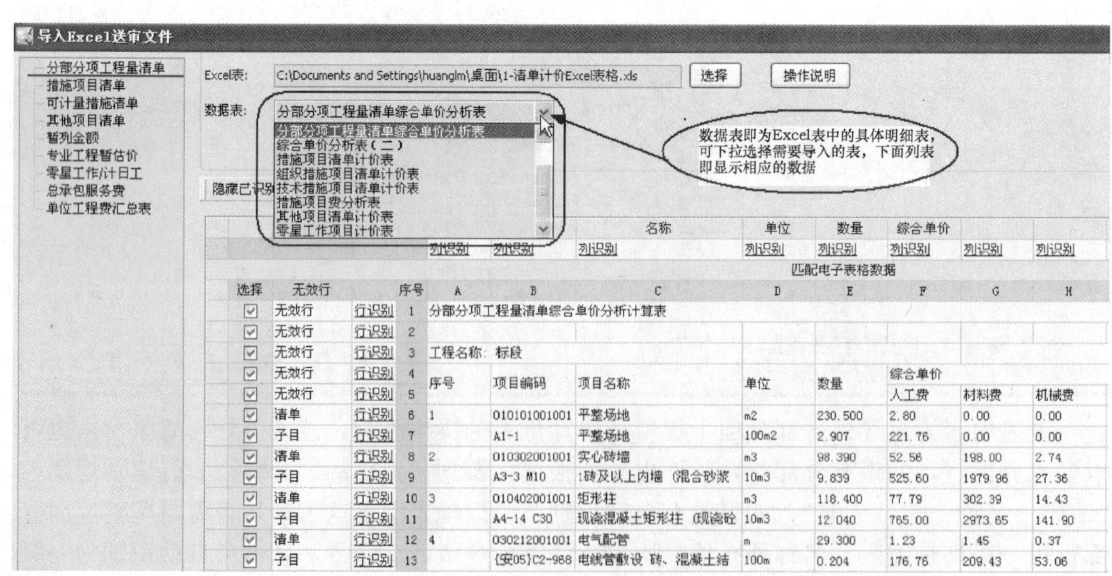

c）选择了明细表后，界面会按列识别名称与 Excel 表的列名称模糊匹配，如果是支持导入的 Excel 表格式，大部分都是自动识别的，支持的格式就是如图中所示，清单与子目的编码、名称、单位、工程量等均在一列显示。

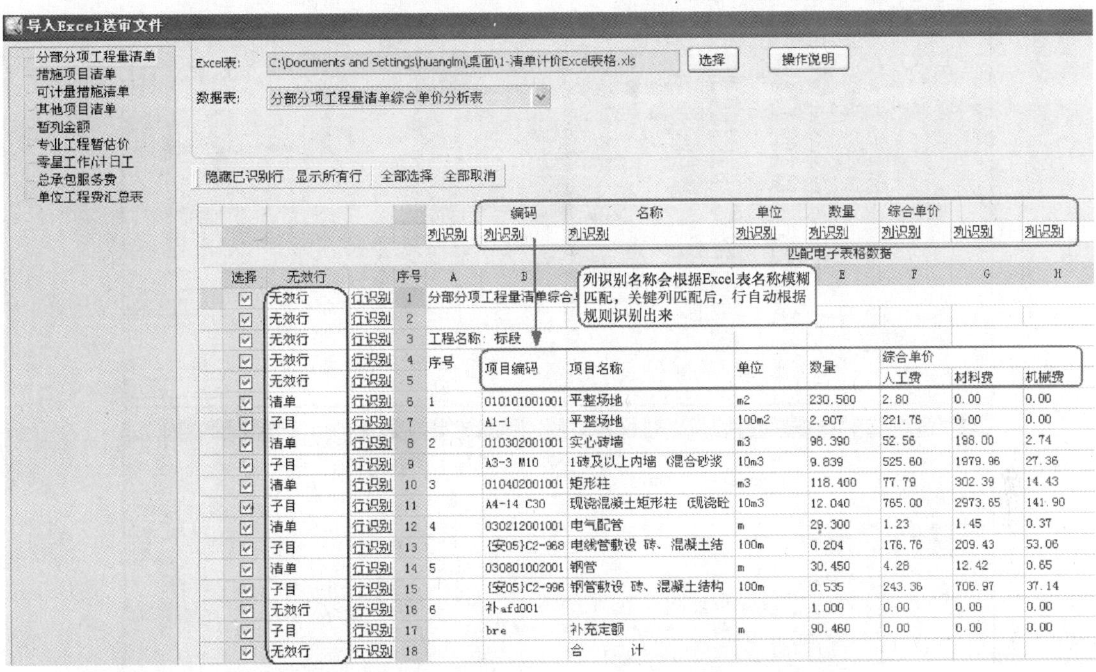

d）清单与子目行识别关键在“编码、名称、单位”三列，如果选择了明细表后，窗口内列名称与 Excel 表中的列名称没有匹配上，需要手工选择一下列名称，然后再执行左下角的“识别行”，清单、子目行会根据规则自动识别，如下图所示。

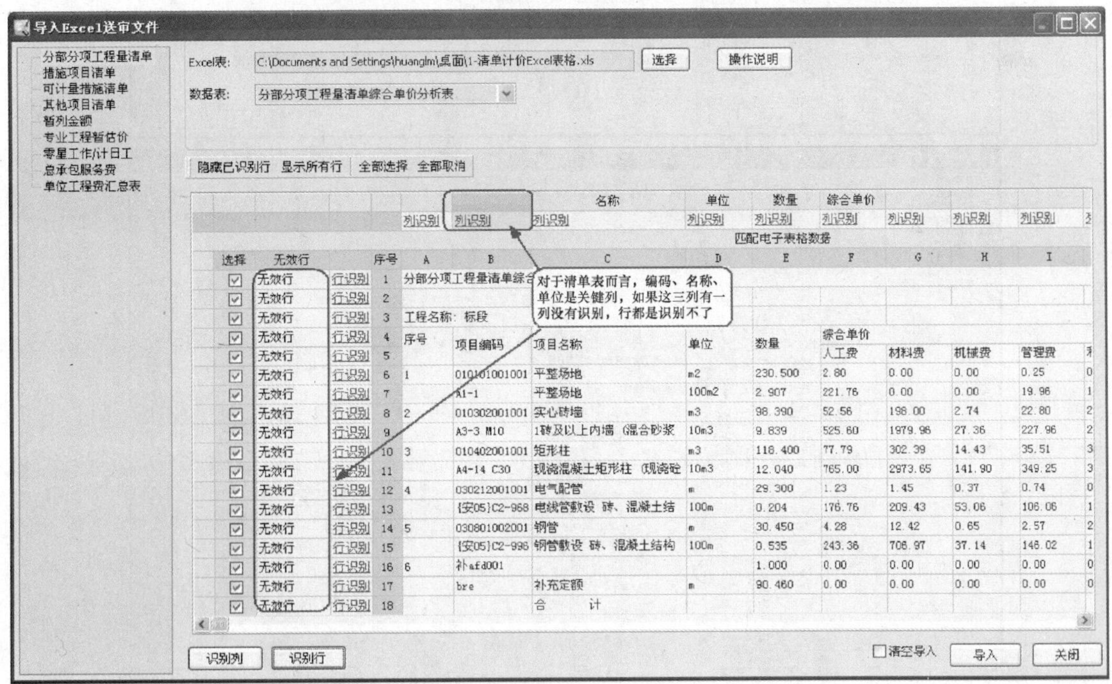

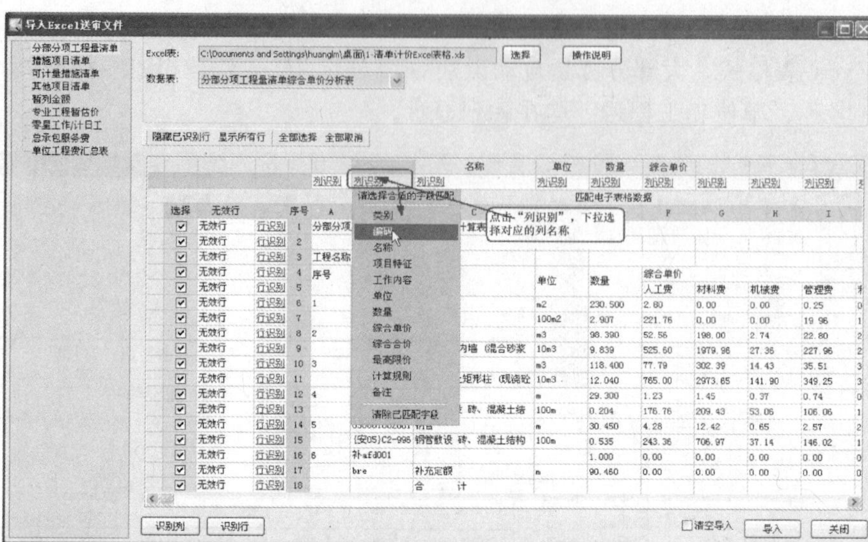
导入Excel送审文件
点击"列识别"，下拉选择对应的列名称

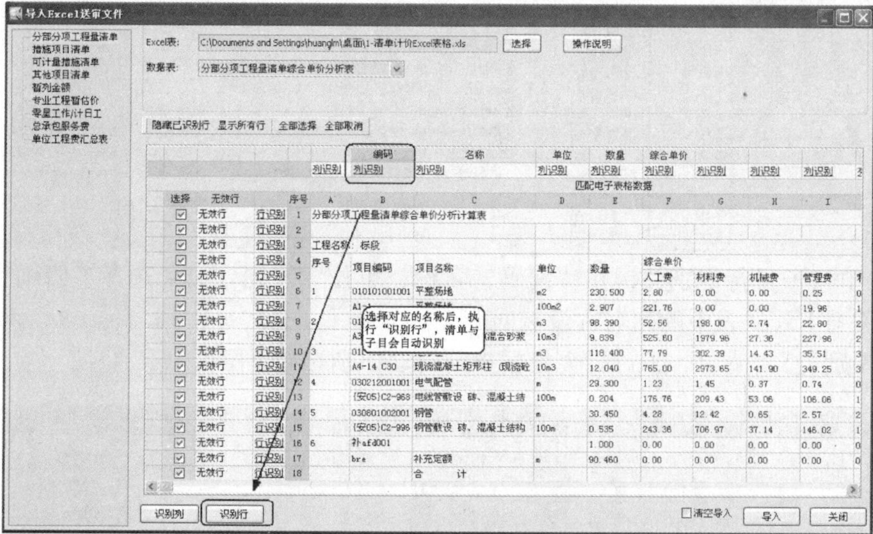
导入Excel送审文件
选择对应的名称后，执行"识别行"，清单与子目会自动识别

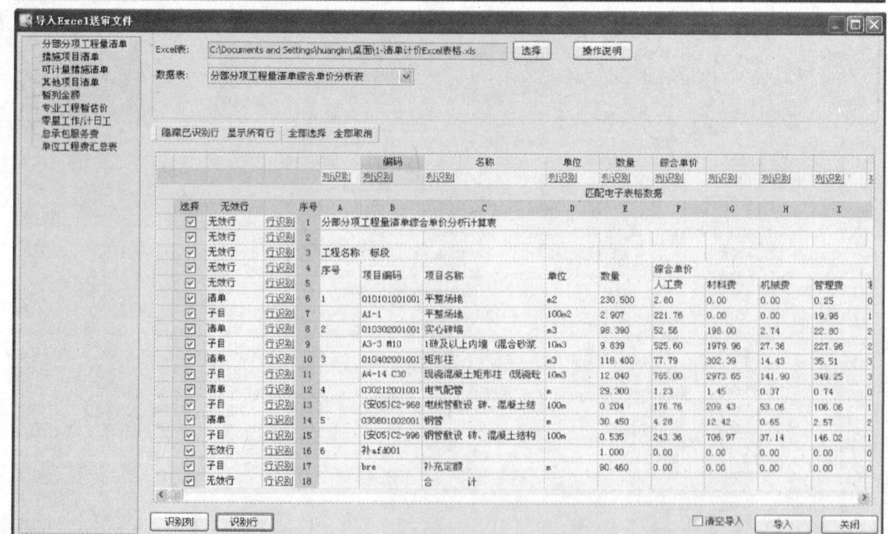
导入Excel送审文件

执行右下角的“导入”，则识别的数据导入到当前工程对应的分类表中。

e）因为清单表中清单与子目的识别关键点在编码的长度，所以有的清单编码比较短的会识别成子目，或者是关键列的数据不全，例如上图中倒数第二条，没有名称和单位，就会识别成无效行，需要手动调整一下，如下图所示。

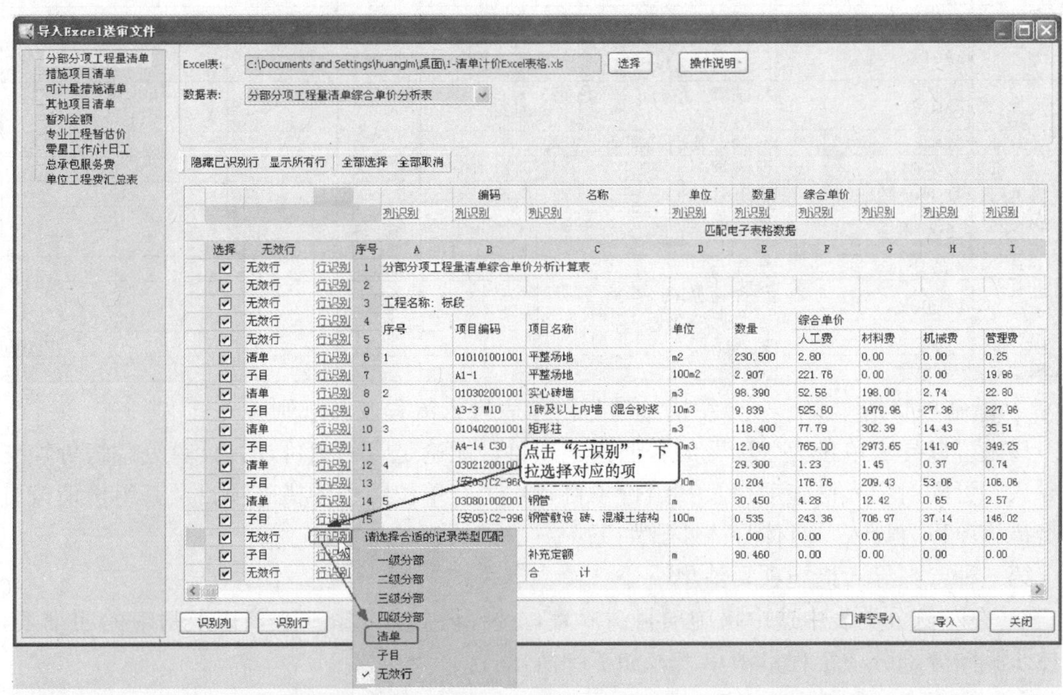

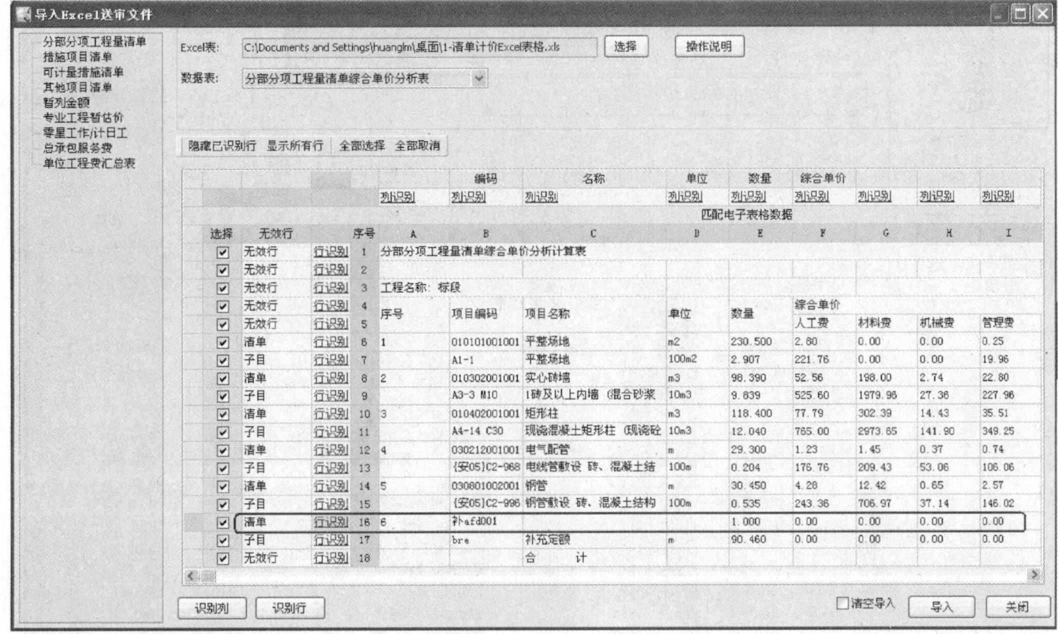

除了手动调整外还有一个方法，可在Excel表中增加一列“类别”，针对每一行填对应的类别，然后再导入到软件中，这样识别得更准确，类别为：一级分部、二级分部、三

级分部、四级分部、清单、子目。

类别	编码	名称	项目特征	单位	工程量	综合单价	综合合价
一级分部	01	建筑工程					13300
二级分部	0101	土石方工程					4500
三级分部	010101	土方工程					4500
清单	010101001001	平整场地	1.土壤类	m2	100	45	4500
子目	AA0033	人工回填土 松填		100m3	10		
子目	AA0185	机械平整场地 推土机 75KW 子目乘以系数2		1000m3	10		
子目	AA0191	机械填土碾压 内燃压路机 15t内		1000m3	10		
二级分部	0104	混凝土及钢筋混凝土工程					3400
三级分部	010401	现浇混凝土基础					3400
清单	010401001001	带形基础		m3	340	10	3400
子目	AE0002	现浇砼 基础 带形基础砼		10m3	120		
子目	AH0020	垫层 砼		10m3	100		
子目	AE0038	预拌砼及振捣养护 预拌砼及振捣养护		10m3	120		
二级分部	0106	金属结构工程					5400
三级分部	010603	钢柱					5400

② 措施项目清单表——介绍措施项目清单表导入流程及其规则

该表可以导入单位为“项”的普通措施项目，无论是定额组价还是计算公式组价均支持导入，可同时导入措施项目及其组价子目，对于有单位因子的措施项目及其组价请按可计量措施项目表导入，具体导入步骤如下：

第一种：只导入措施项目清单

a）在左侧分类表中选中措施项目清单表，选择要导入 Excel 表，以及对应的明细表，具体步骤同分部分项工程量清单表，如下图所示。

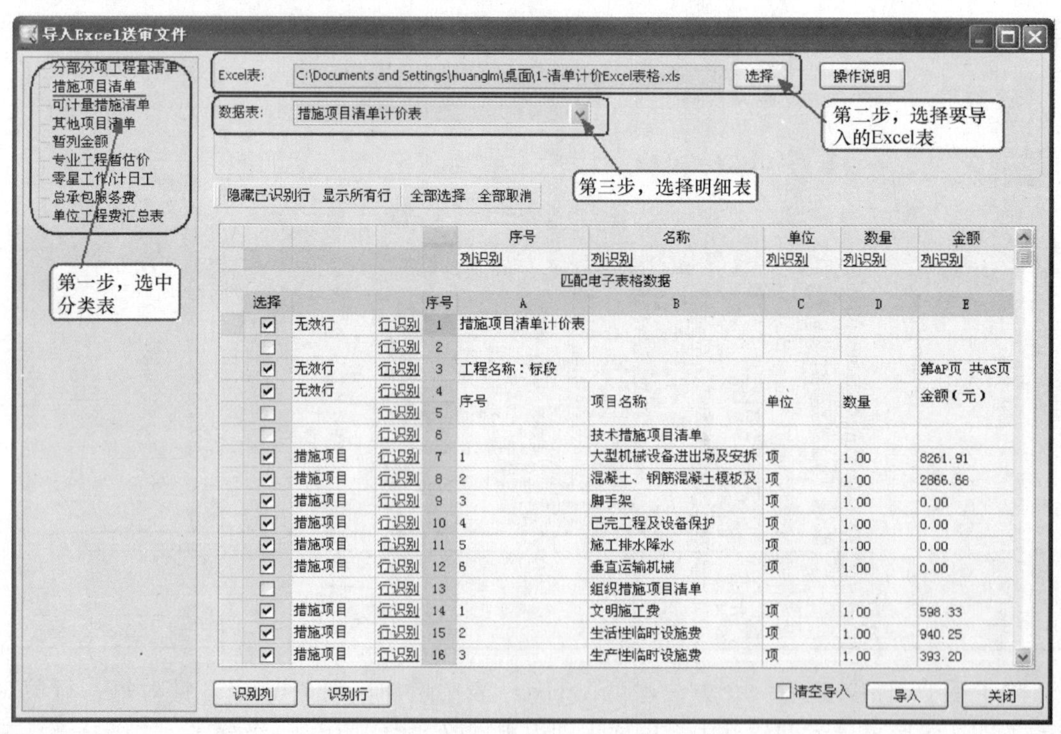

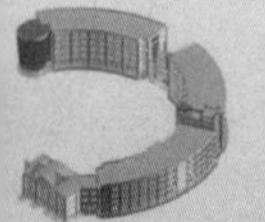

b）措施表的关键列为序号、名称，“序号＋名称”有值的行会识别为措施项目，这两列有值，单位为空的识别为标题，如下图所示。

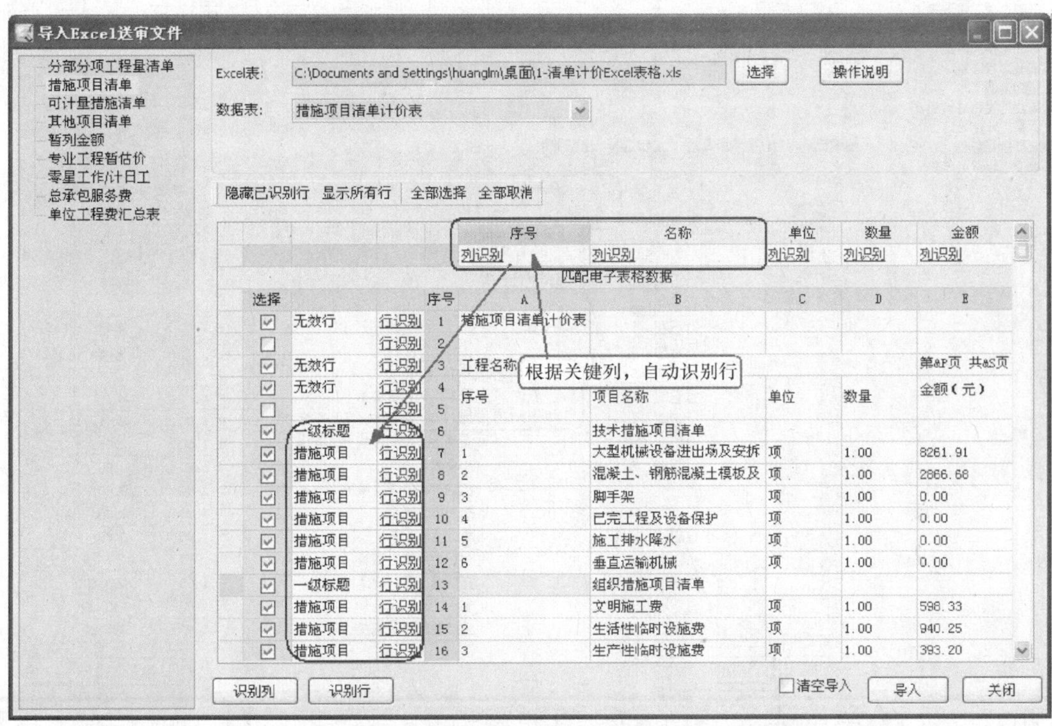

c）如果关键列没有识别出来，需要手动下拉选择一下，然后执行“识别行”，行会自动识别。

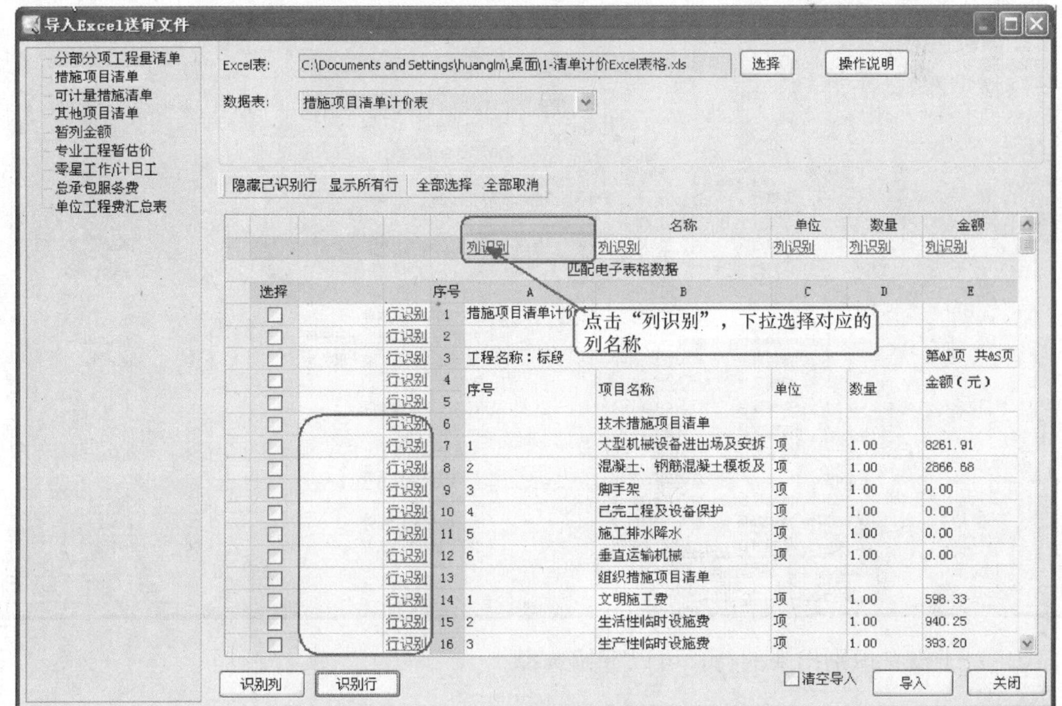

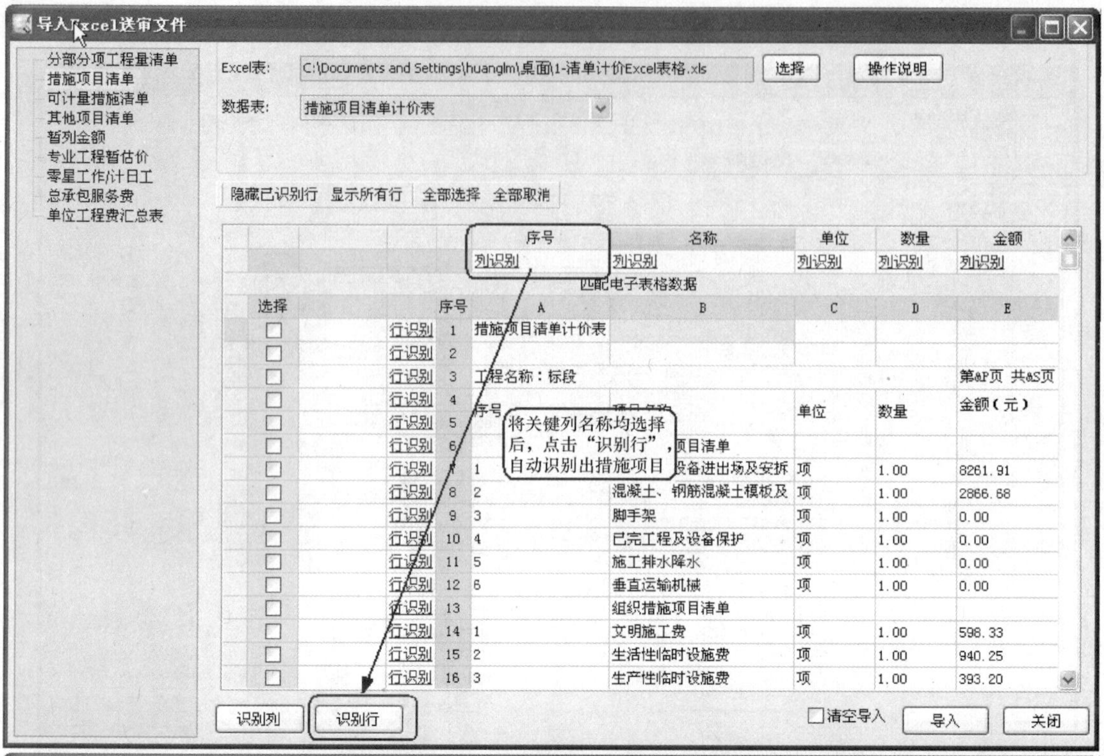

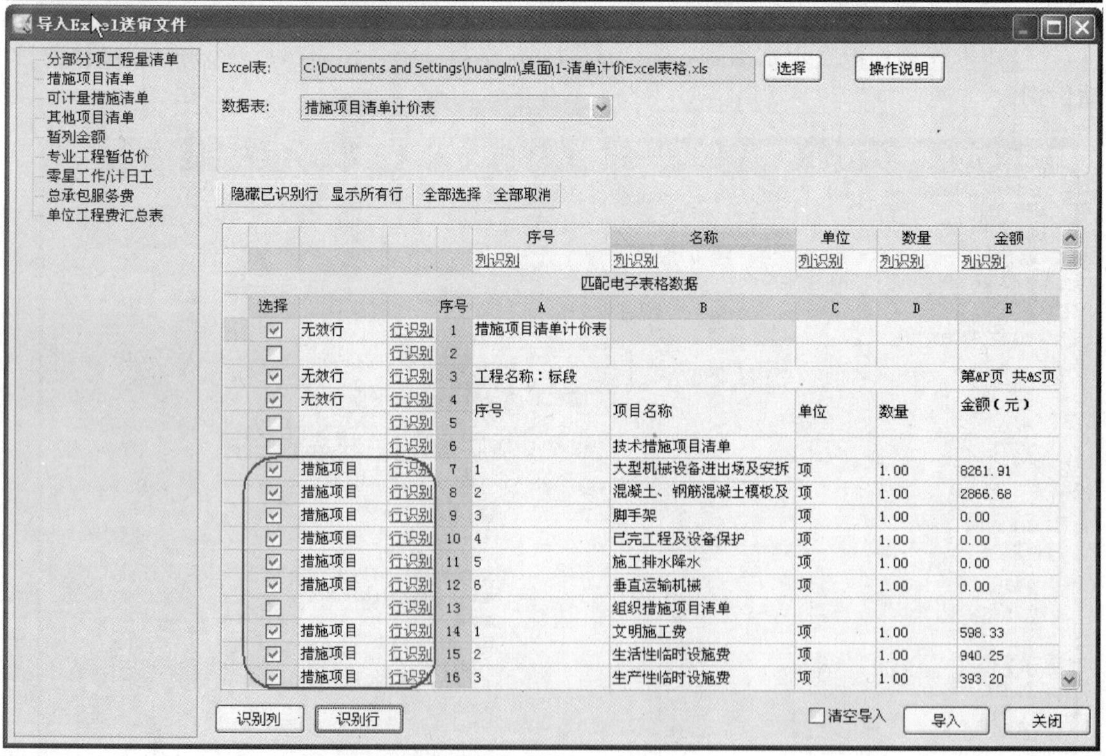

导入Excel送审文件

分部分项工程量清单
措施项目清单
可计量措施清单
其他项目清单
暂列金额
专业工程暂估价
零星工作/计日工
总承包服务费
单位工程费汇总表

Excel表: C:\Documents and Settings\huanglm\桌面\1-清单计价Excel表格.xls　选择　操作说明

数据表: 措施项目清单计价表

隐藏已识别行　显示所有行　全部选择　全部取消

		序号	名称	单位	数量	金额
		列识别	列识别	列识别	列识别	列识别

匹配电子表格数据

选择			序号	A	B	C	D	E
☐		行识别	1	措施项目清单计价表				
☐		行识别	2					
☐		行识别	3	工程名称：标段				第&P页 共&S页
☐		行识别	4	序号		单位	数量	金额（元）
☐		行识别	5					
☐		行识别	6		项目清单			
☐		行识别	7	1	设备进出场及安拆	项	1.00	8261.91
☐		行识别	8	2	混凝土、钢筋混凝土模板及	项	1.00	2866.68
☐		行识别	9	3	脚手架	项	1.00	0.00
☐		行识别	10	4	已完工程及设备保护	项	1.00	0.00
☐		行识别	11	5	施工排水降水	项	1.00	0.00
☐		行识别	12	6	垂直运输机械	项	1.00	0.00
☐		行识别	13		组织措施项目清单			
☐		行识别	14	1	文明施工费	项	1.00	598.33
☐		行识别	15	2	生活性临时设施费	项	1.00	940.25
☐		行识别	16	3	生产性临时设施费	项	1.00	393.20

将关键列名称均选择后，点击“识别行”，自动识别出措施项目

识别列　识别行　☐清空导入　导入　关闭

导入Excel送审文件

分部分项工程量清单
措施项目清单
可计量措施清单
其他项目清单
暂列金额
专业工程暂估价
零星工作/计日工
总承包服务费
单位工程费汇总表

Excel表: C:\Documents and Settings\huanglm\桌面\1-清单计价Excel表格.xls　选择　操作说明

数据表: 措施项目清单计价表

隐藏已识别行　显示所有行　全部选择　全部取消

		序号	名称	单位	数量	金额
		列识别	列识别	列识别	列识别	列识别

匹配电子表格数据

选择			序号	A	B	C	D	E
☑	无效行	行识别	1	措施项目清单计价表				
☐		行识别	2					
☑	无效行	行识别	3	工程名称：标段				第&P页 共&S页
☑	无效行	行识别	4	序号	项目名称	单位	数量	金额（元）
☐		行识别	5					
☐		行识别	6		技术措施项目清单			
☑	措施项目	行识别	7	1	大型机械设备进出场及安拆	项	1.00	8261.91
☑	措施项目	行识别	8	2	混凝土、钢筋混凝土模板及	项	1.00	2866.68
☑	措施项目	行识别	9	3	脚手架	项	1.00	0.00
☑	措施项目	行识别	10	4	已完工程及设备保护	项	1.00	0.00
☑	措施项目	行识别	11	5	施工排水降水	项	1.00	0.00
☑	措施项目	行识别	12	6	垂直运输机械	项	1.00	0.00
☐		行识别	13		组织措施项目清单			
☑	措施项目	行识别	14	1	文明施工费	项	1.00	598.33
☑	措施项目	行识别	15	2	生活性临时设施费	项	1.00	940.25
☑	措施项目	行识别	16	3	生产性临时设施费	项	1.00	393.20

识别列　识别行　☐清空导入　导入　关闭

d）对于没有识别出来的行，可以下拉选择。

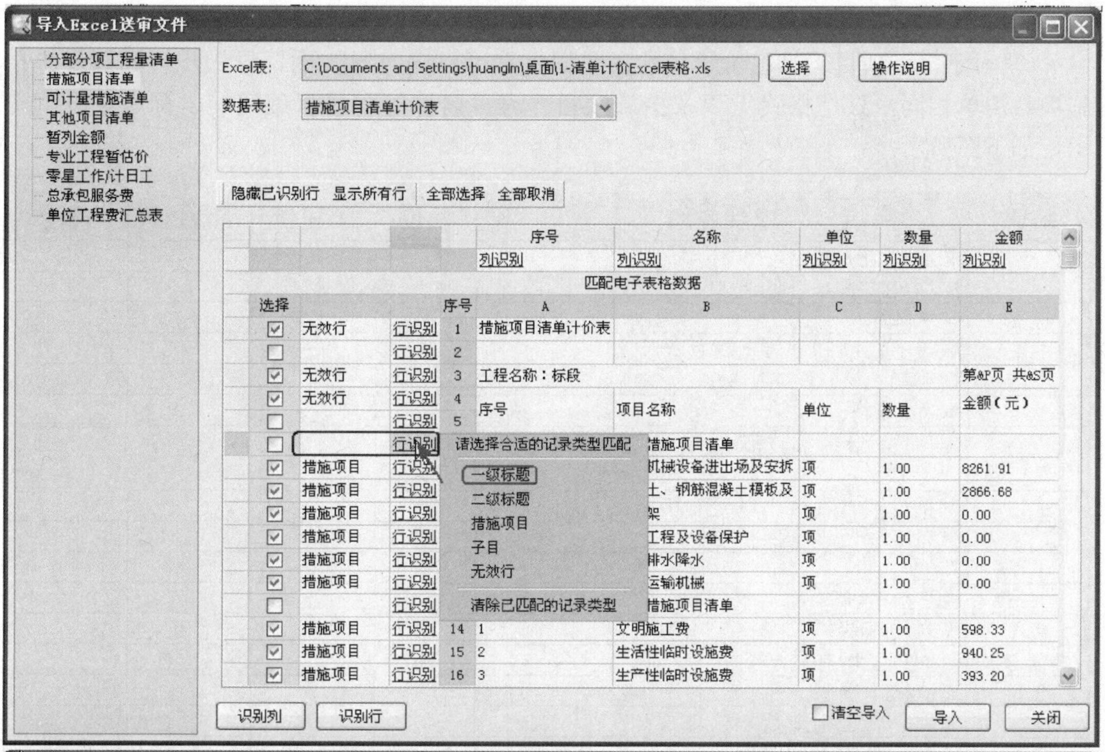

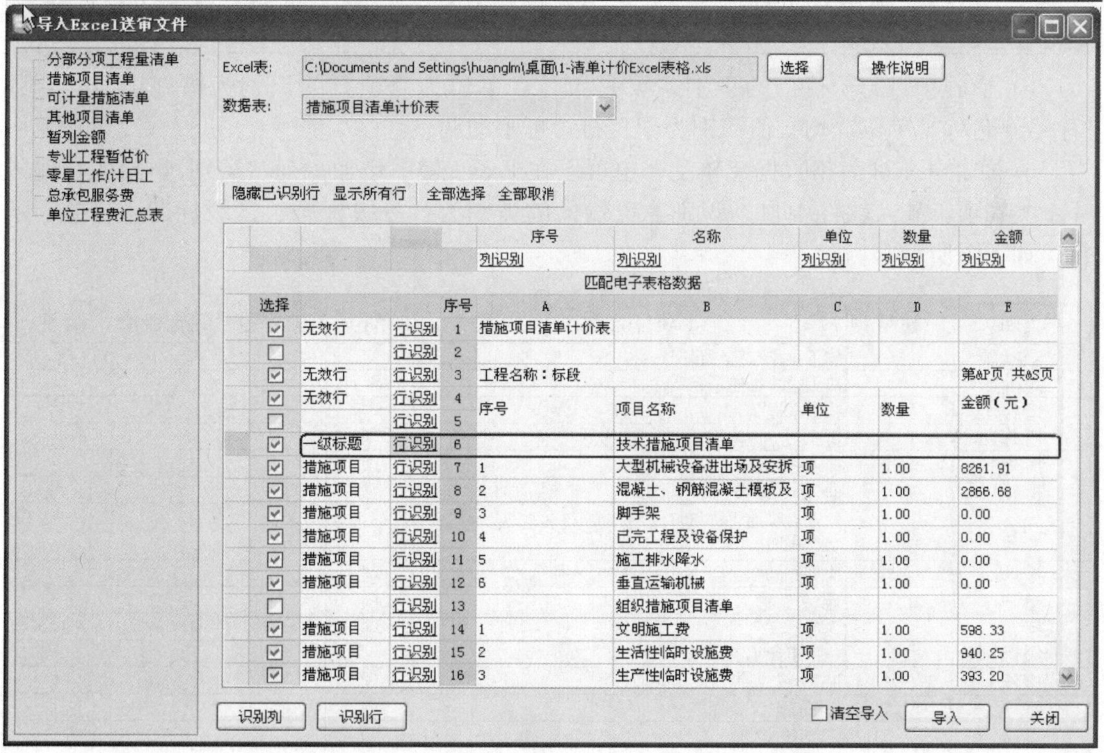

导入Excel送审文件

- 分部分项工程量清单
- 措施项目清单
- 可计量措施清单
- 其他项目清单
- 暂列金额
- 专业工程暂估价
- 零星工作/计日工
- 总承包服务费
- 单位工程费汇总表

Excel表: C:\Documents and Settings\huanglm\桌面\1-清单计价Excel表格.xls 选择 操作说明

数据表: 措施项目清单计价表

隐藏已识别行 显示所有行 全部选择 全部取消

				序号	名称	单位	数量	金额
				列识别	列识别	列识别	列识别	列识别
匹配电子表格数据								
选择			序号	A	B	C	D	E
☑	无效行	行识别	1	措施项目清单计价表				
☐		行识别	2					
☑	无效行	行识别	3	工程名称：标段				第&P页 共&S页
☑	无效行	行识别	4	序号	项目名称	单位	数量	金额（元）
☐		行识别	5					
☐		行识别			措施项目清单			
☑	措施项目	行识别			机械设备进出场及安拆	项	1.00	8261.91
☑	措施项目	行识别			土、钢筋混凝土模板及	项	1.00	2866.68
☑	措施项目	行识别			架	项	1.00	0.00
☑	措施项目	行识别			工程及设备保护	项	1.00	0.00
☑	措施项目	行识别			排水降水	项	1.00	0.00
☑	措施项目	行识别			运输机械	项	1.00	0.00
☐		行识别			措施项目清单			
☑	措施项目	行识别	14	1	文明施工费	项	1.00	598.33
☑	措施项目	行识别	15	2	生活性临时设施费	项	1.00	940.25
☑	措施项目	行识别	16	3	生产性临时设施费	项	1.00	393.20

请选择合适的记录类型匹配
- 一级标题
- 二级标题
- 措施项目
- 子目
- 无效行
- 清除已匹配的记录类型

识别列 识别行 ☐清空导入 导入 关闭

导入Excel送审文件

- 分部分项工程量清单
- 措施项目清单
- 可计量措施清单
- 其他项目清单
- 暂列金额
- 专业工程暂估价
- 零星工作/计日工
- 总承包服务费
- 单位工程费汇总表

Excel表: C:\Documents and Settings\huanglm\桌面\1-清单计价Excel表格.xls 选择 操作说明

数据表: 措施项目清单计价表

隐藏已识别行 显示所有行 全部选择 全部取消

				序号	名称	单位	数量	金额
				列识别	列识别	列识别	列识别	列识别
匹配电子表格数据								
选择			序号	A	B	C	D	E
☑	无效行	行识别	1	措施项目清单计价表				
☐		行识别	2					
☑	无效行	行识别	3	工程名称：标段				第&P页 共&S页
☑	无效行	行识别	4	序号	项目名称	单位	数量	金额（元）
☐		行识别	5					
☑	一级标题	行识别	6		技术措施项目清单			
☑	措施项目	行识别	7	1	大型机械设备进出场及安拆	项	1.00	8261.91
☑	措施项目	行识别	8	2	混凝土、钢筋混凝土模板及	项	1.00	2866.68
☑	措施项目	行识别	9	3	脚手架	项	1.00	0.00
☑	措施项目	行识别	10	4	已完工程及设备保护	项	1.00	0.00
☑	措施项目	行识别	11	5	施工排水降水	项	1.00	0.00
☑	措施项目	行识别	12	6	垂直运输机械	项	1.00	0.00
☐		行识别	13		组织措施项目清单			
☑	措施项目	行识别	14	1	文明施工费	项	1.00	598.33
☑	措施项目	行识别	15	2	生活性临时设施费	项	1.00	940.25
☑	措施项目	行识别	16	3	生产性临时设施费	项	1.00	393.20

识别列 识别行 ☐清空导入 导入 关闭

e）执行导入，则识别后的数据会自动导入当前工程中。

以上为措施项目清单表数据导入操作流程，因这张表是没有组价的，所以无法区分措

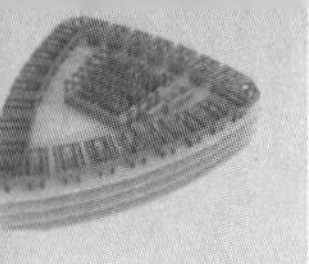

施项目为计算公式组价的还是定额组价的，导入软件后会按计算公式组价方式显示。

第二种：同时导入措施项目清单及子目

a）对于措施项目下带组价子目的表数据也是可以同时导入的，导入步骤同只导入措施项目清单相同，只是格式上要求措施项目序号、名称等与子目编码、名称等在一列显示，如下图所示。

编码	项目名称	单位	工程量	综合合价	备注
一	施工技术措施项目				
1	施工技术措施项目明细				
1.1	排水降水	项	1	100.2	
1.2	混凝土、钢筋混凝土模板及支架	项	1	555	
1.3	脚手架	项	1	522.5	
1.4	垂直运输费	项	1	52.22	
A2-1	轨道式柴油打桩机打预制方桩 桩长在(m以内) 12 一级土	m3	100		
1.5	大型机械设备进出场及安拆费	项	1	52.3	
1.6	已完工程及设备保护费	项	1	52.32	
1.7	其他	项	1	0	
二	施工组织措施项目				
2.1	临时设施费	项	1	150.11	
2.2	夜间施工增加费	项	1	325.2	
2.3	二次搬运费	项	1	0	
2.4	冬雨季施工增加费	项	1	253	
2.5	生产工具用具使用费	项	1	123.3	
2.6	工程定位、点交、场地清理	项	1	123	

b）措施项目与子目行的识别主要是单位，单位为“项”的识别为措施项目，否则“序号＋名称＋单位”均有值识别为子目行，可手动调整。

c）如果 Excel 表格数据比较乱，也可以在 Excel 表中增加一列“类别”，给各行输入一个类别项，导入软件中自动识别，可输入的类别为：一级标题、二级标题、措施、子目，如下图所示。

类别	编码	项目名称	单位	工程量	综合合价	备注
一级标题	一	施工技术措施项目				
二级标题	1	施工技术措施项目明细				
措施	1.1	排水降水	项	1	100.2	
措施	1.2	混凝土、钢筋混凝土模板及支架	项	1	555	
措施	1.3	脚手架	项	1	522.5	
措施	1.4	垂直运输费	项	1	52.22	
子目	A2-1	轨道式柴油打桩机打预制方桩 桩长在(m以内) 12 一级土	m3	100		
措施	1.5	大型机械设备进出场及安拆费	项	1	52.3	
措施	1.6	已完工程及设备保护费	项	1	52.32	
措施	1.7	其他	项	1	0	
一级标题	二	施工组织措施项目				
措施	2.1	临时设施费	项	1	150.11	
措施	2.2	夜间施工增加费	项	1	325.2	
措施	2.3	二次搬运费	项	1	0	
措施	2.4	冬雨季施工增加费	项	1	253	
措施	2.5	生产工具用具使用费	项	1	123.3	
措施	2.6	工程定位、点交、场地清理	项	1	123	

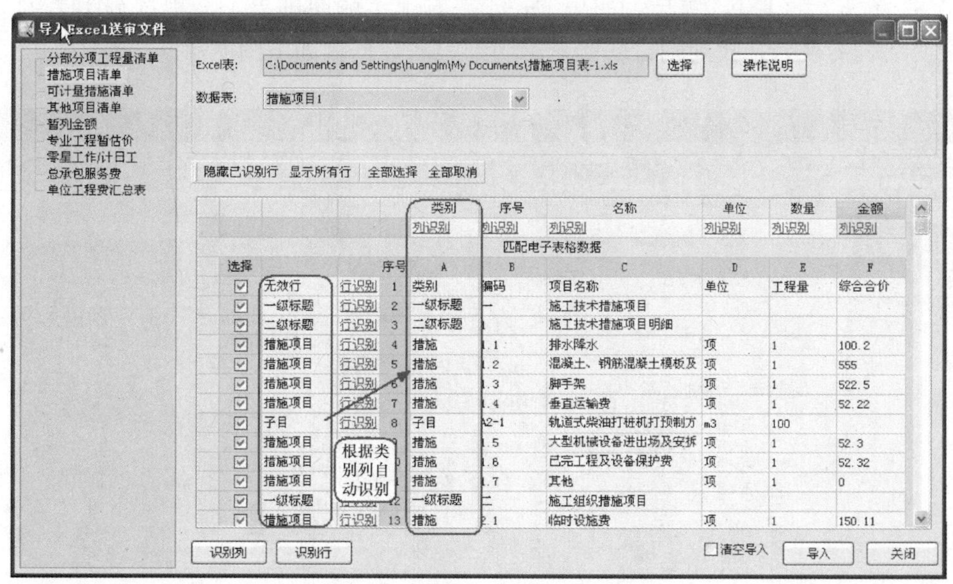

d）对于措施项目清单下有组价子目的，导入软件后组价方式会按“定额组价”显示，没有组价子目的按“计算公式组价”显示。

③ 可计量措施项目清单表——介绍可计量措施项目清单表导入流程及其规则

主要针对08清单规范中，有单位因子及计算规则的措施项目，该表可导入措施项目清单及子目，格式与分部分项工程量清单是一致的，所以识别规则也是一样的。

这张表按显示的数据分为两个，一个是分部分项工程量清单表——只显示清单项目的表，另一个是分部分项工程量清单分析表——清单与子目同时显示的表，下面分别讲解两类表导入流程。

第一种：导入分部分项工程量清单表——只显示清单项目的表

a）在左侧分类表中选择分部分项工程量清单表，然后选择要导入的Excel表，如下图所示。

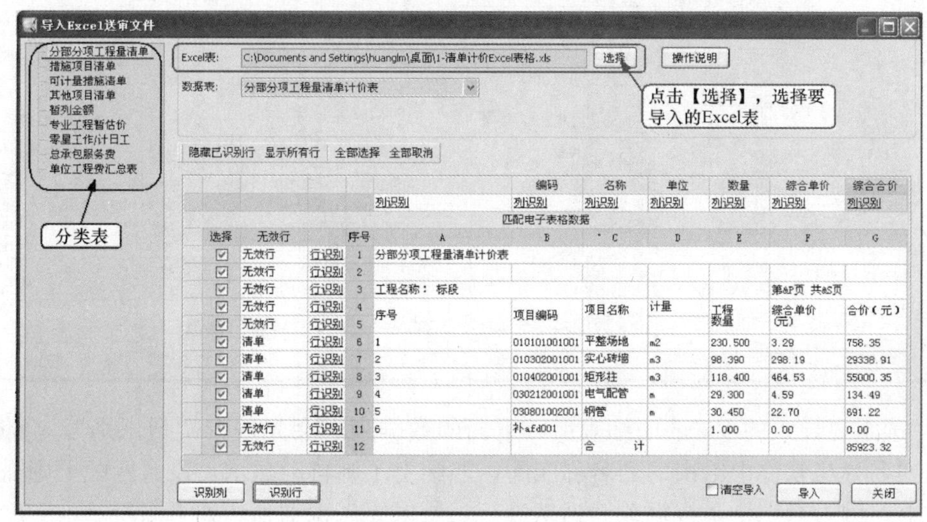

b）选择导入的 Excel 表后，如果 Excel 表有很多的明细表，会根据分类表的名称模糊匹配明细表的表名，找到则自动就显示明细表的数据，如下图所示。

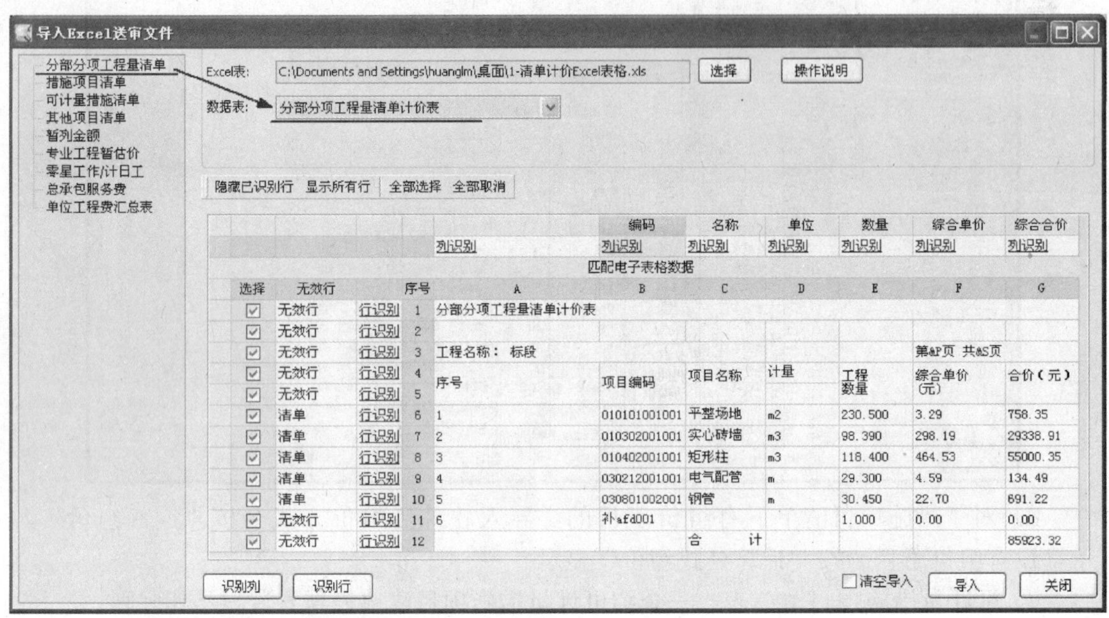

c）如果导入窗口显示的明细表，不是想要导入的表数据，则可在数据表处下拉选择明细表，选择后列表数据相应改变。

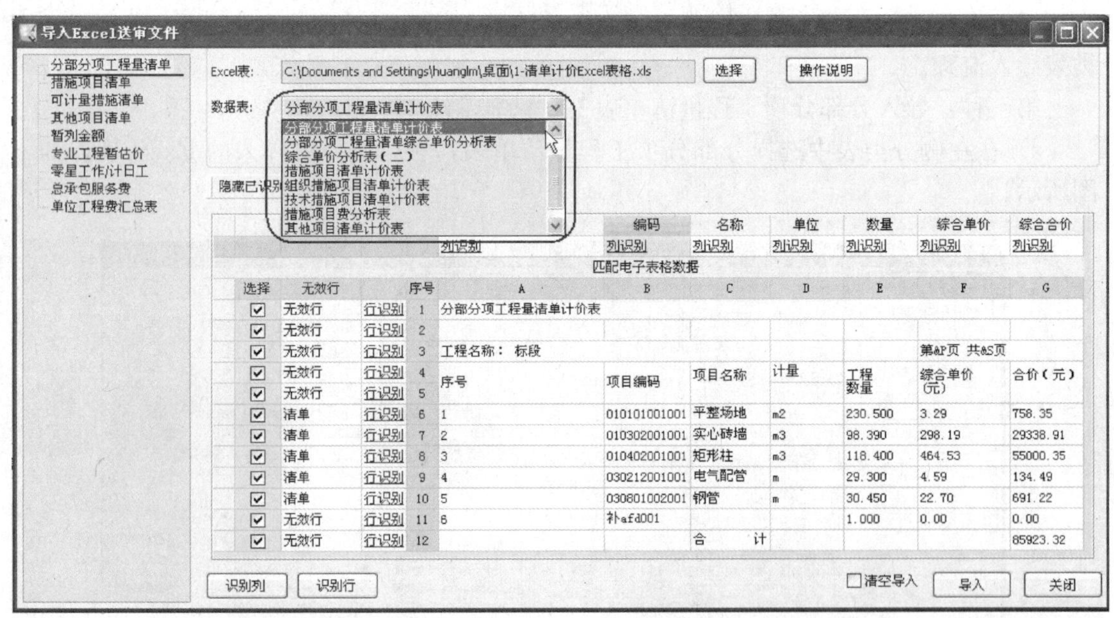

d）选定要导入的 Excel 明细表后，下面的数据列表会先进行“列识别”，会将 Excel 表中的列名称与软件中给出的列名称匹配，匹配上了则自动显示，没有匹配上则需要手动调整一下，因为行识别是根据关键列来进行，所以要先识别列，如下图所示。

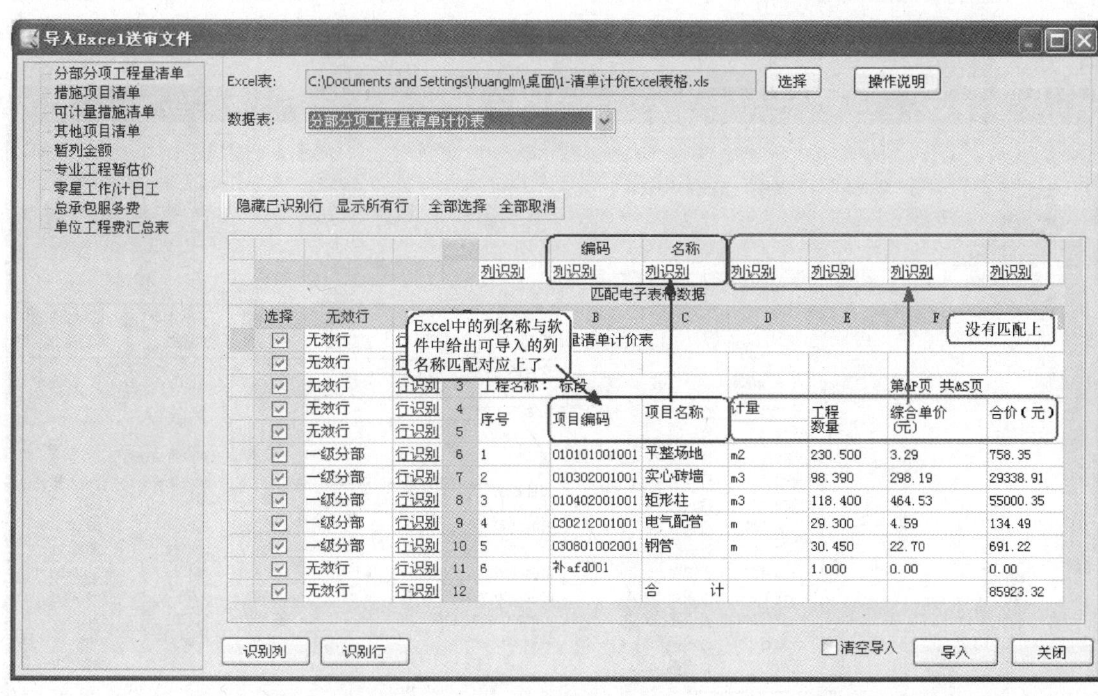

e）清单行的自动识别是根据“编码＋名称＋单位”，这三列没有识别出来，则行识别就显示的不对，所以需要点击相应“列识别”下拉选择调整一下，如下图所示。

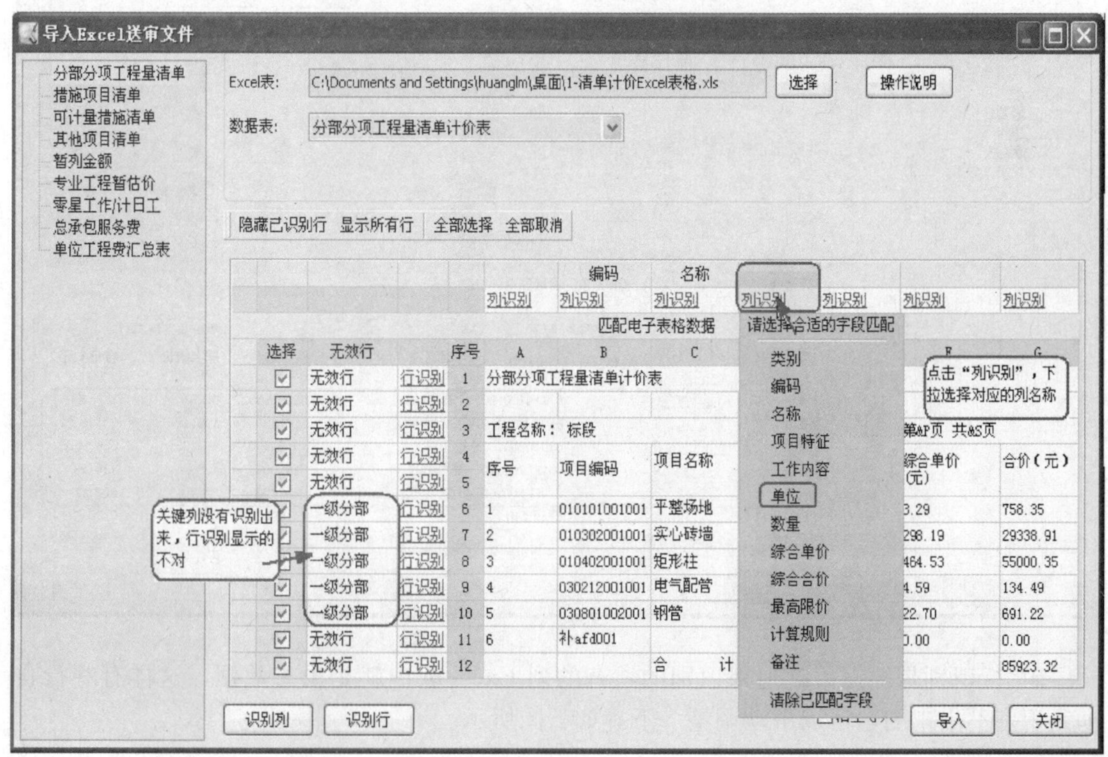

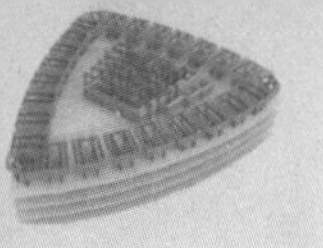

f）选择完关键列后，执行右下角的“识别行”，软件会根据规则自动识别行，如下图所示。

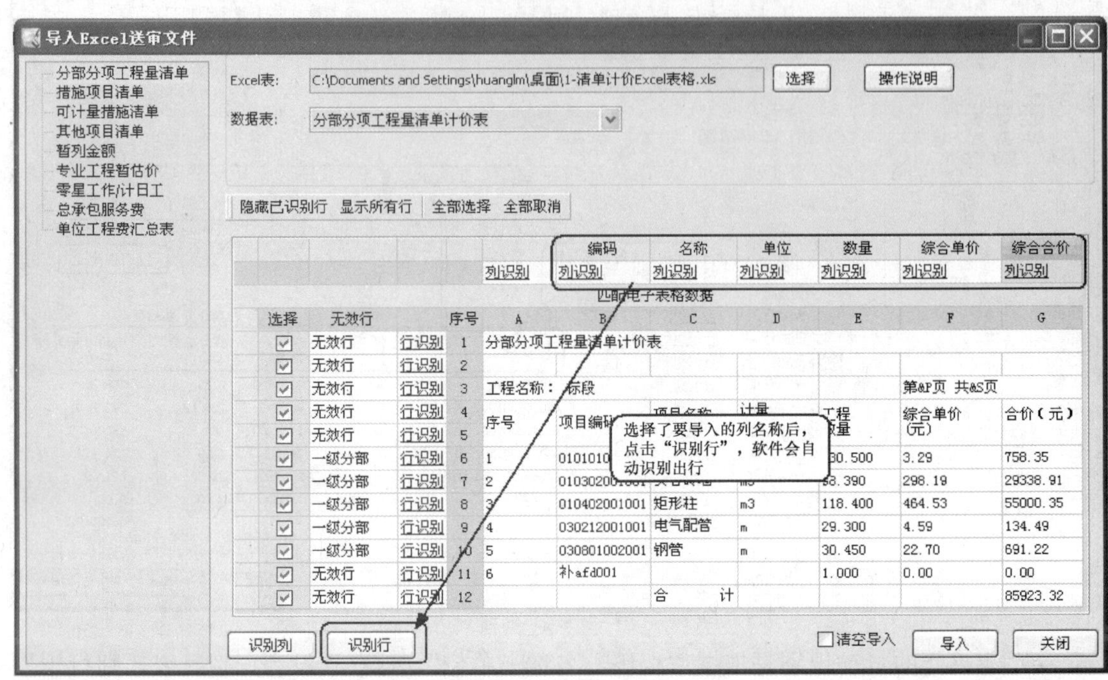

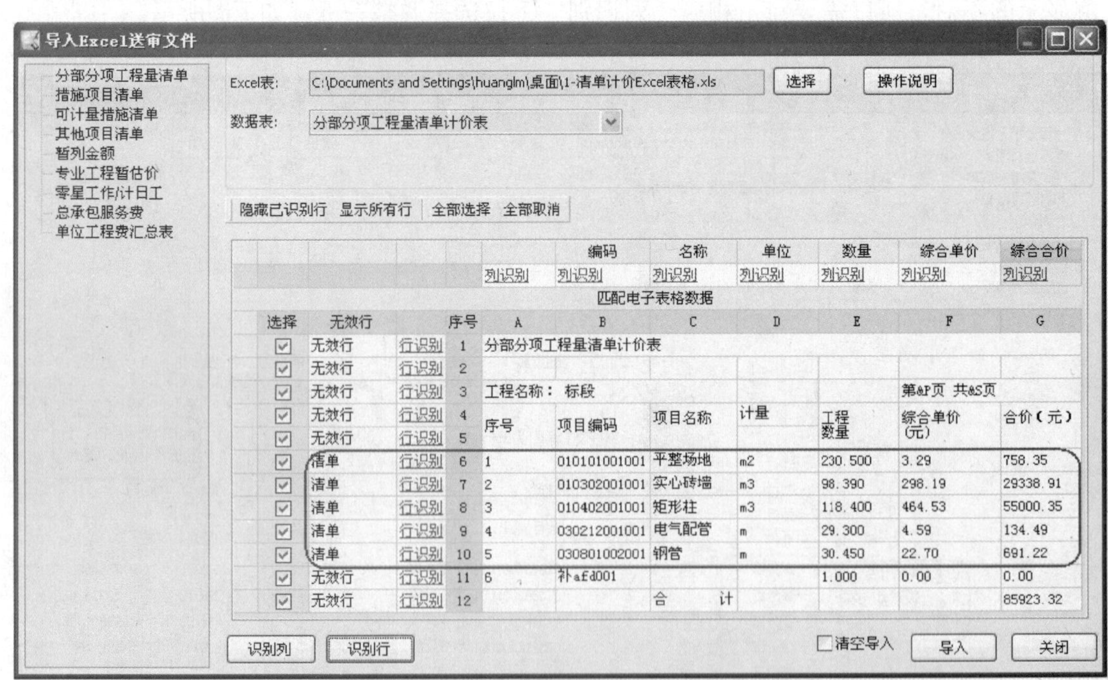

g）行识别是根据关键列来识别的，有的列 Excel 表中就是没有数据，这样有些行自动是识别不出来的，可以手动调整一下，如下图所示。

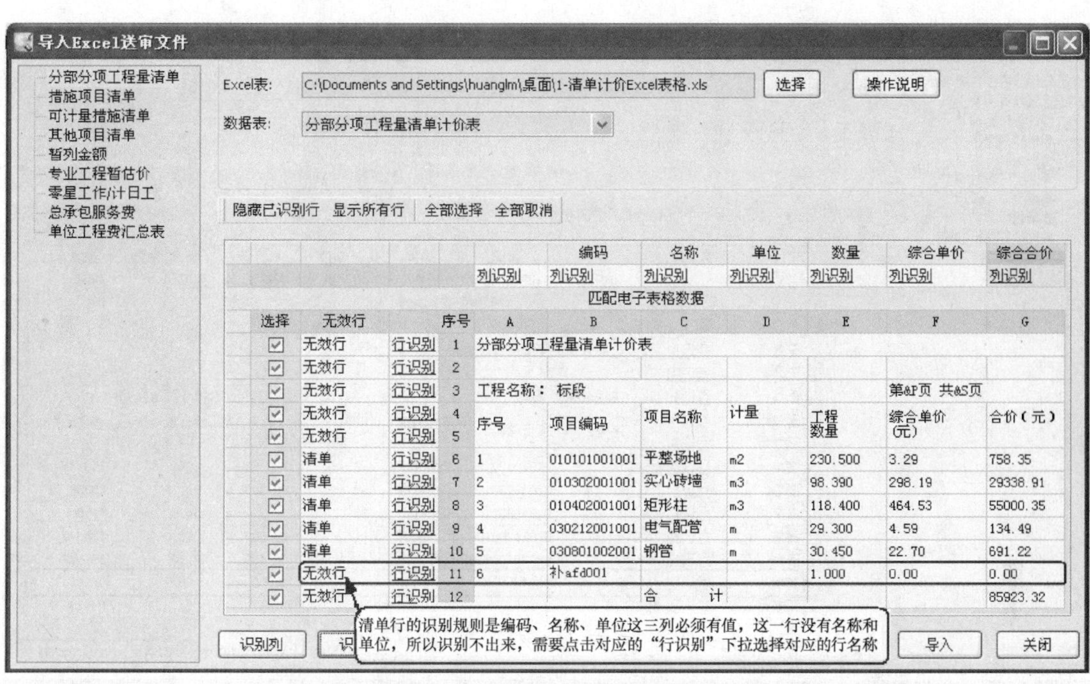
导入Excel送审文件
分部分项工程量清单
措施项目清单
可计量措施清单
其他项目清单
暂列金额
专业工程暂估价
零星工作/计日工
总承包服务费
单位工程费汇总表
Excel表: C:\Documents and Settings\huanglm\桌面\1-清单计价Excel表格.xls
选择
操作说明
数据表: 分部分项工程量清单计价表
隐藏已识别行 显示所有行 全部选择 全部取消
编码 名称 单位 数量 综合单价 综合合价
列识别
匹配电子表格数据
选择 无效行 序号 A B C D E F G
无效行 行识别 1 分部分项工程量清单计价表
无效行 行识别 2
无效行 行识别 3 工程名称： 标段 第&P页 共&S页
无效行 行识别 4 序号 项目编码 项目名称 计量 工程数量 综合单价(元) 合价（元）
无效行 行识别 5
清单 行识别 6 1 010101001001 平整场地 m2 230.500 3.29 758.35
清单 行识别 7 2 010302001001 实心砖墙 m3 98.390 298.19 29338.91
清单 行识别 8 3 010402001001 矩形柱 m3 118.400 464.53 55000.35
清单 行识别 9 4 030212001001 电气配管 m 29.300 4.59 134.49
清单 行识别 10 5 030801002001 钢管 m 30.450 22.70 691.22
无效行 行识别 11 6 补afd001 1.000 0.00 0.00
无效行 行识别 12 合 计 85923.32
清单行的识别规则是编码、名称、单位这三列必须有值，这一行没有名称和单位，所以识别不出来，需要点击对应的“行识别”下拉选择对应的行名称
识别列
导入
关闭

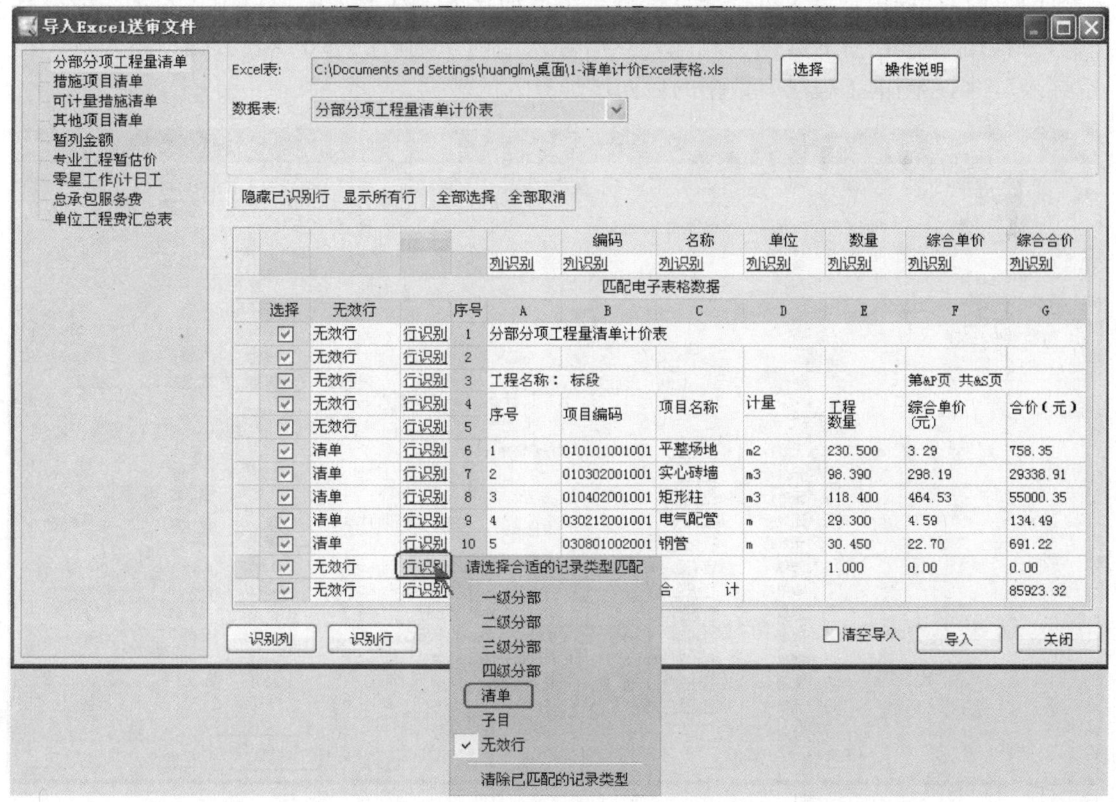
导入Excel送审文件
分部分项工程量清单
措施项目清单
可计量措施清单
其他项目清单
暂列金额
专业工程暂估价
零星工作/计日工
总承包服务费
单位工程费汇总表
Excel表: C:\Documents and Settings\huanglm\桌面\1-清单计价Excel表格.xls
选择
操作说明
数据表: 分部分项工程量清单计价表
隐藏已识别行 显示所有行 全部选择 全部取消
编码 名称 单位 数量 综合单价 综合合价
列识别
匹配电子表格数据
选择 无效行 序号 A B C D E F G
无效行 行识别 1 分部分项工程量清单计价表
无效行 行识别 2
无效行 行识别 3 工程名称： 标段 第&P页 共&S页
无效行 行识别 4 序号 项目编码 项目名称 计量 工程数量 综合单价(元) 合价（元）
无效行 行识别 5
清单 行识别 6 1 010101001001 平整场地 m2 230.500 3.29 758.35
清单 行识别 7 2 010302001001 实心砖墙 m3 98.390 298.19 29338.91
清单 行识别 8 3 010402001001 矩形柱 m3 118.400 464.53 55000.35
清单 行识别 9 4 030212001001 电气配管 m 29.300 4.59 134.49
清单 行识别 10 5 030801002001 钢管 m 30.450 22.70 691.22
无效行 行识别 1.000 0.00 0.00
无效行 行识别 合 计 85923.32
请选择合适的记录类型匹配
一级分部
二级分部
三级分部
四级分部
清单
子目
无效行
清除已匹配的记录类型
识别列
识别行
清空导入
导入
关闭

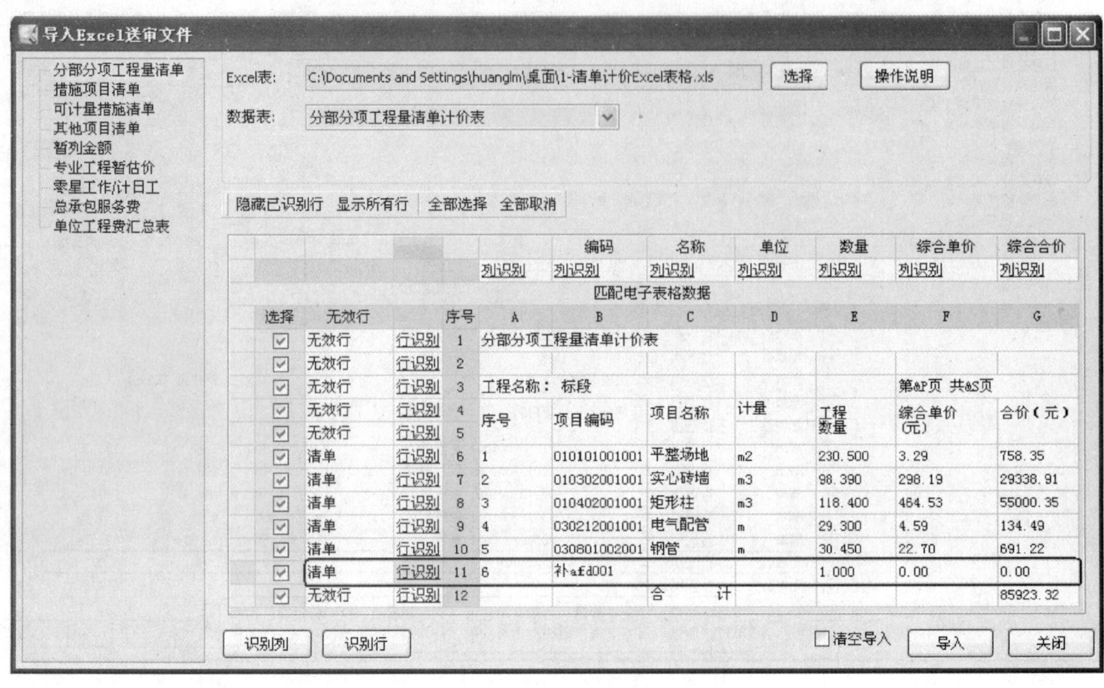

h）列与行均识别后，可选择是清空还是追加导入，在导入的窗口中，勾选“清空导入”，则当前工程已有的数据会删除，然后导入当前识别后的Excel表数据；不勾选“清空导入”，则在当前工程已有数据的后面增加导入的数据。

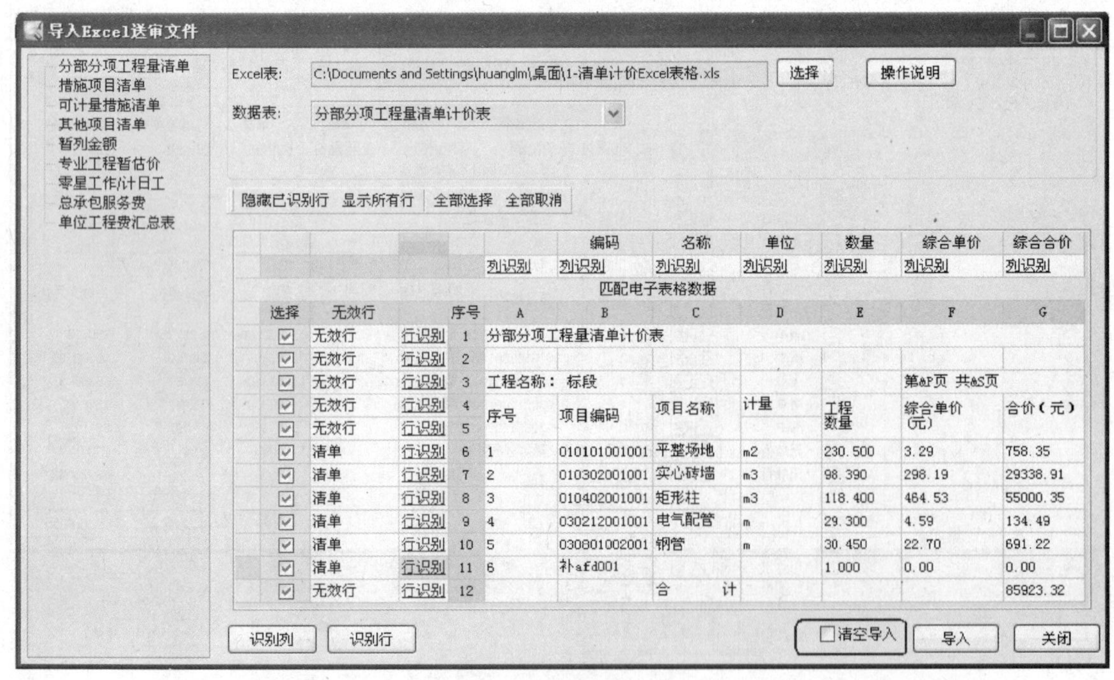

i）执行“导入”，识别后的数据导入当前工程中。

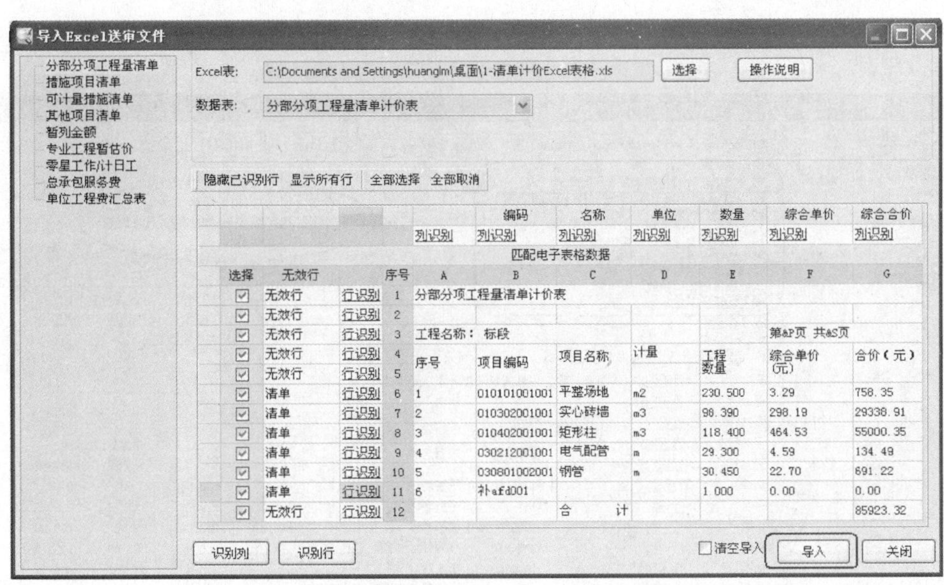

上述内容为只导入分部分项工程量清单计价表的操作流程，该表可导入清单行，也可以导入分部行，如果有分部行，软件也是会根据关键列来识别的，分部行的行识别规则为“编码+名称+单位为空”，如果没有自动识别，可以检查一下这一列是否需要调整，因分部行每一级均是编码、名称列有值，所以无法区分一级、二级等，软件会自动识别为一级分部，可按上述描述手动下拉行识别。

除了手动调整外还有一个方法，可在 Excel 表中增加一列“类别”，针对每一行填对应的类别，然后再导入到软件中，这样识别得更准确，类别为：一级分部、二级分部、三级分部、四级分部、清单。

类别	编码	名称	项目特征	单位	工程量	综合单价	综合合价
一级分部	01	建筑工程					13300
二级分部	0101	土石方工程					4500
三级分部	010101	土方工程					4500
清单	010101001001	平整场地	运距：3KM	m2	100	45	4500
二级分部	0104	混凝土及钢筋混凝土工程					3400
三级分部	010401	现浇混凝土基础					3400
清单	010401001001	带形基础		m3	340	10	3400
二级分部	0106	金属结构工程					5400
三级分部	010603	钢柱					5400

第二种：导入分部分项工程量清单分析表——清单与子目同时显示的表

a）根据左侧表类型，选择 Excel 表导入。

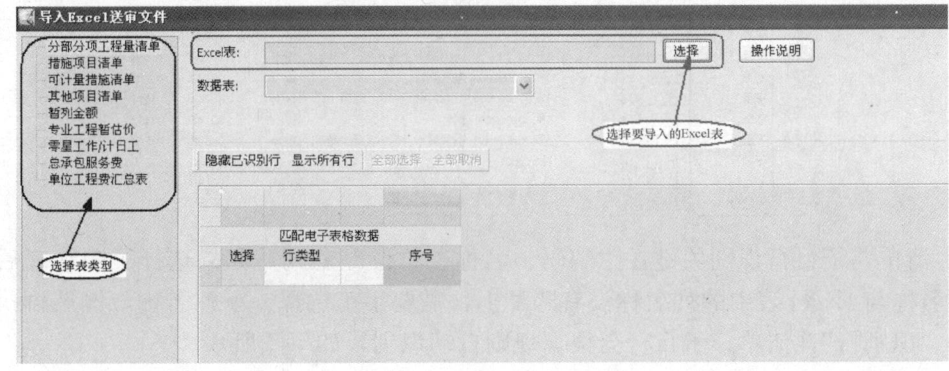

b）有的 Excel 表中会分很多明细表，可选择要导入的明细表。

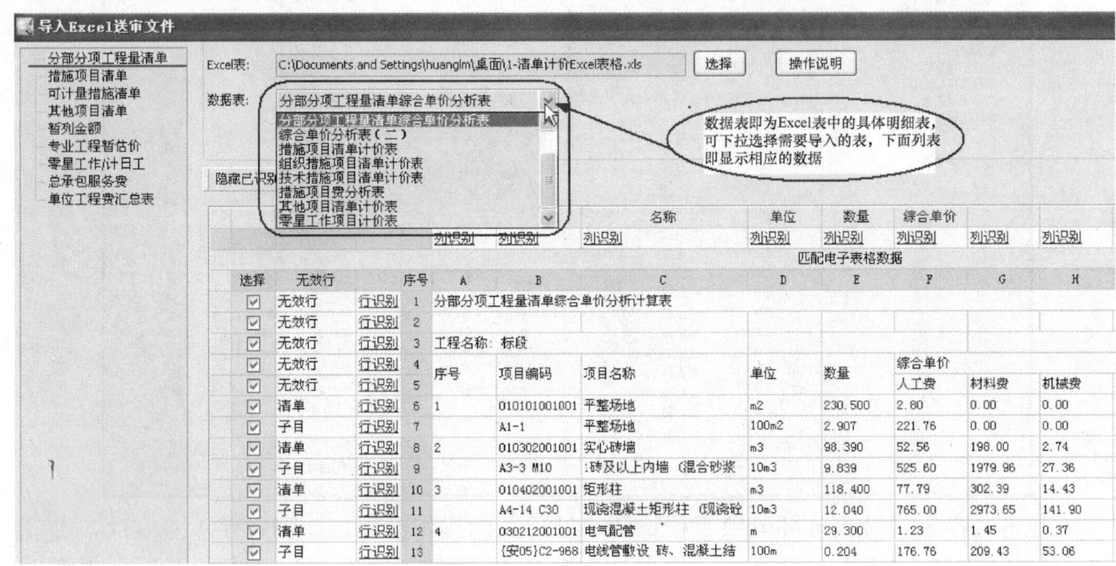

c）选择了明细表后，界面会按列识别名称与 Excel 表的列名称模糊匹配，如果是支持导入的 Excel 表格式，大部分都是自动识别的，支持的格式就是如下图所示，清单与子目的编码、名称、单位、工程量等均在一列显示。

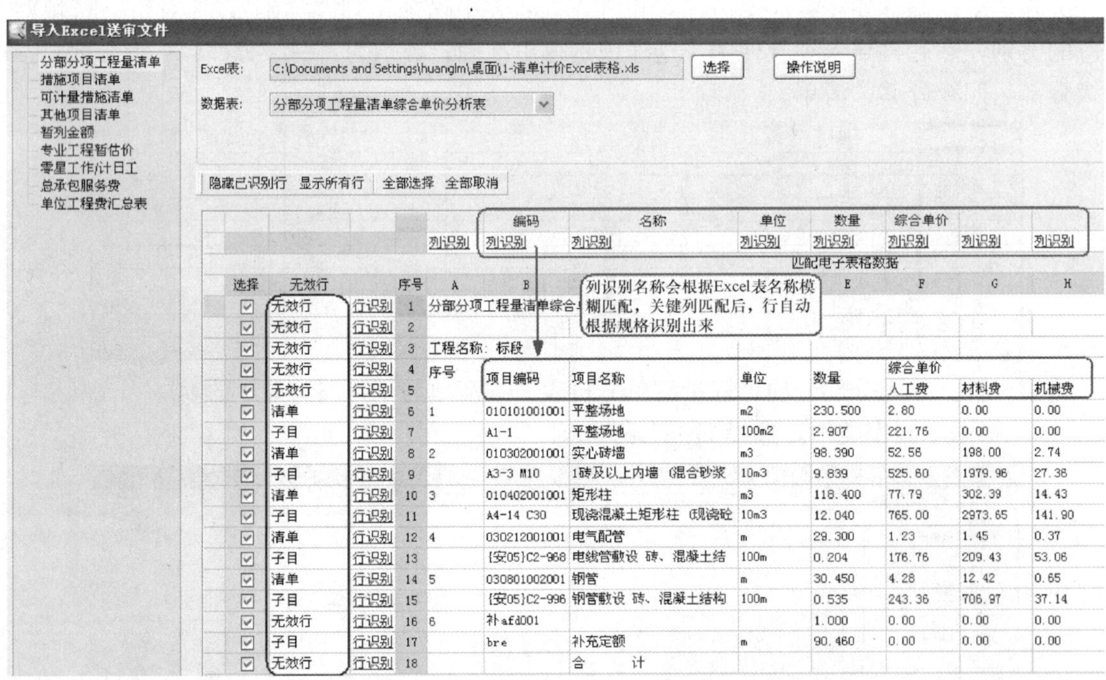

d）清单与子目行识别关键在“编码、名称、单位”三列，如果选择了明细表后，窗口内列名称与 Excel 表中的列名称没有匹配上，需要手工选择一下列名称，然后再执行左下角的“识别行”，清单、子目行会根据规则自动识别，如下图所示。

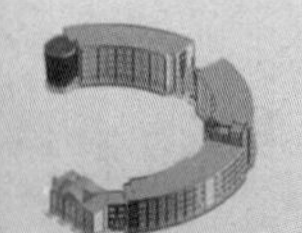

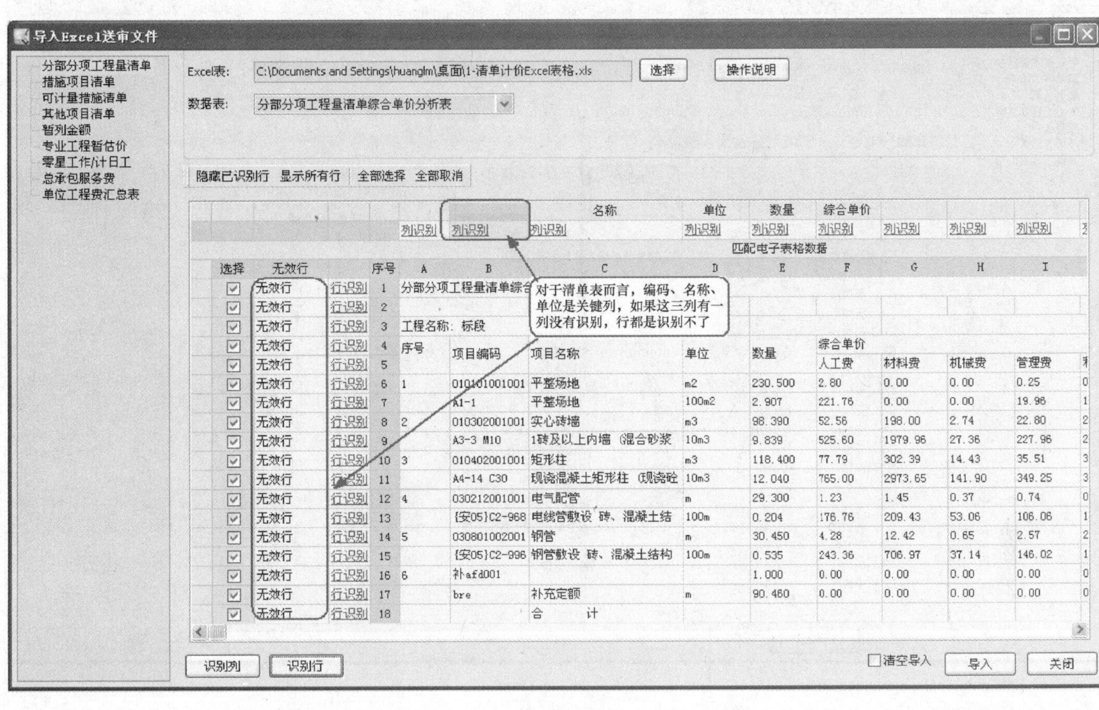

导入Excel送审文件
分部分项工程量清单
措施项目清单
可计量措施清单
其他项目清单
暂列金额
专业工程暂估价
零星工作/计日工
总承包服务费
单位工程费汇总表
Excel表: C:\Documents and Settings\huanglm\桌面\1-清单计价Excel表格.xls
选择
操作说明
数据表: 分部分项工程量清单综合单价分析表
隐藏已识别行 显示所有行 全部选择 全部取消
对于清单表而言，编码、名称、单位是关键列，如果这三列有一列没有识别，行都是识别不了
识别列
识别行
清空导入
导入
关闭

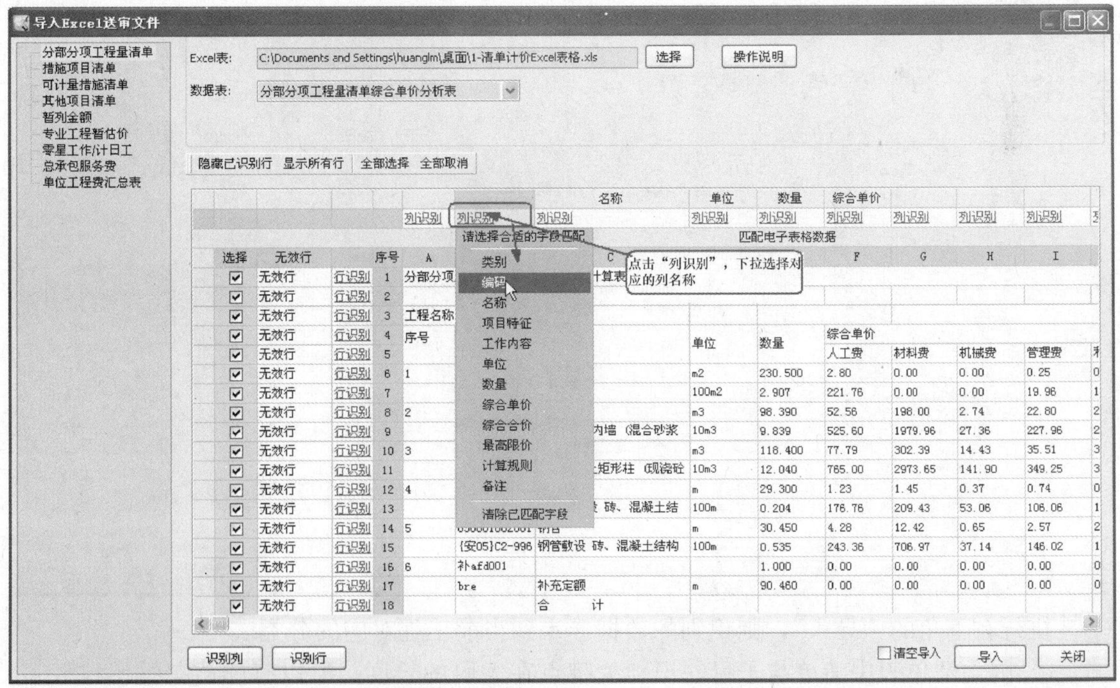

导入Excel送审文件
Excel表: C:\Documents and Settings\huanglm\桌面\1-清单计价Excel表格.xls
数据表: 分部分项工程量清单综合单价分析表
请选择合适的字段匹配
类别
编码
名称
项目特征
工作内容
单位
数量
综合单价
综合合价
最高限价
计算规则
备注
清除已匹配字段
点击“列识别”，下拉选择对应的列名称
识别列
识别行
清空导入
导入
关闭

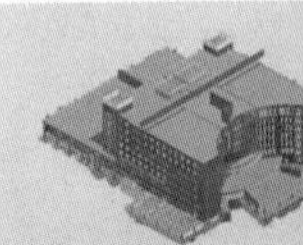

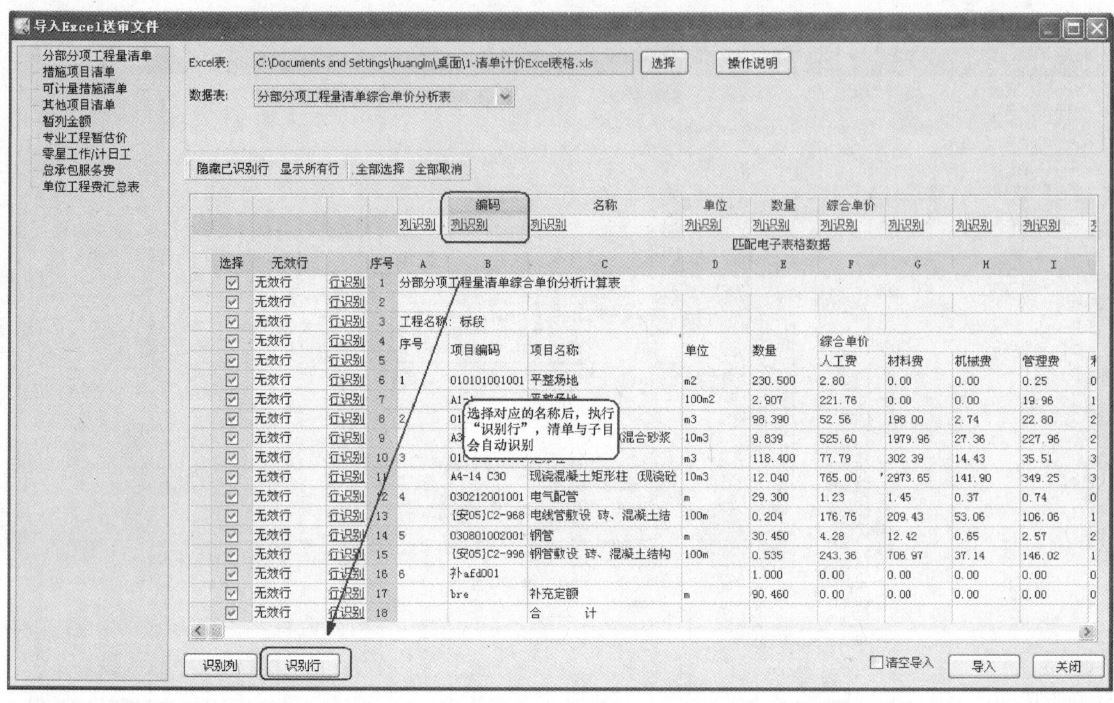

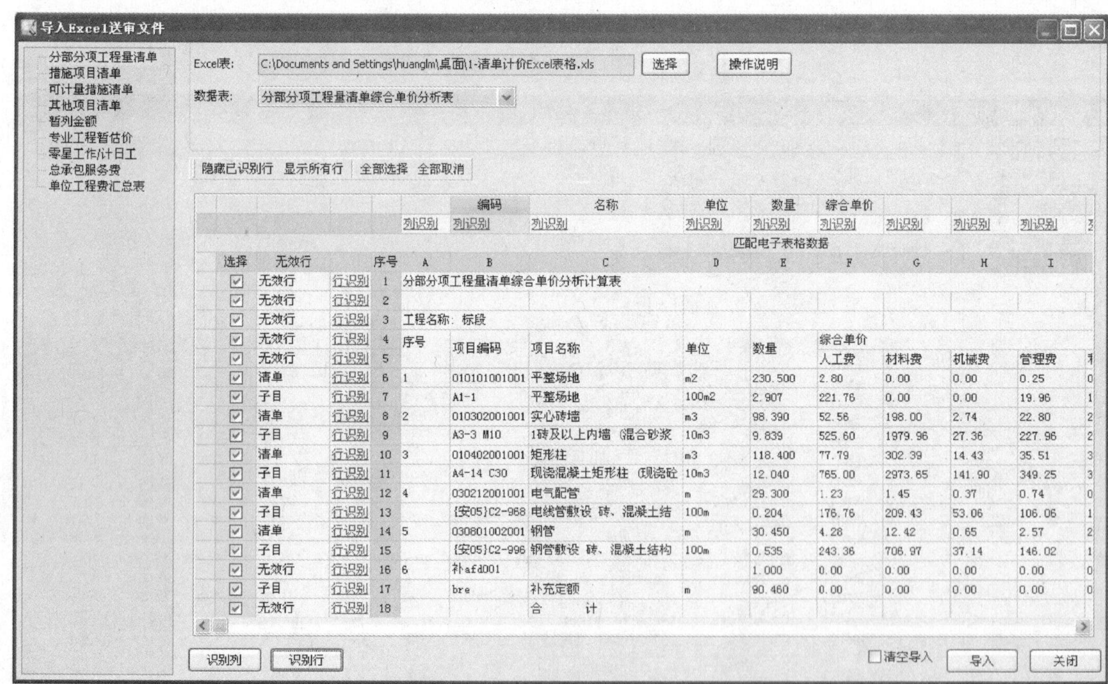

执行右下角的“导入”，则识别的数据导入到当前工程对应的分类表中。

e）因为清单表中清单与子目的识别关键点在编码的长度，所以有的清单编码比较短的会识别成子目，或者是关键列的数据不全，例如上图中倒数第二条，没有名称和单位，就会识别成无效行，需要手动调整一下，如下图所示。

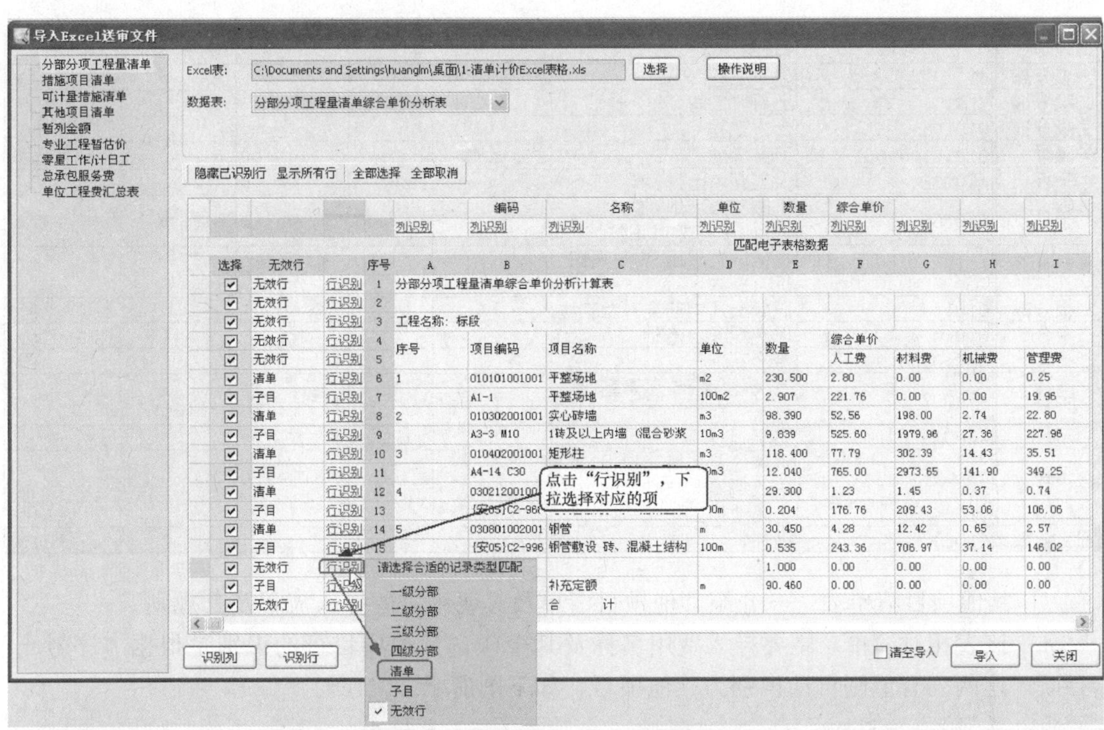

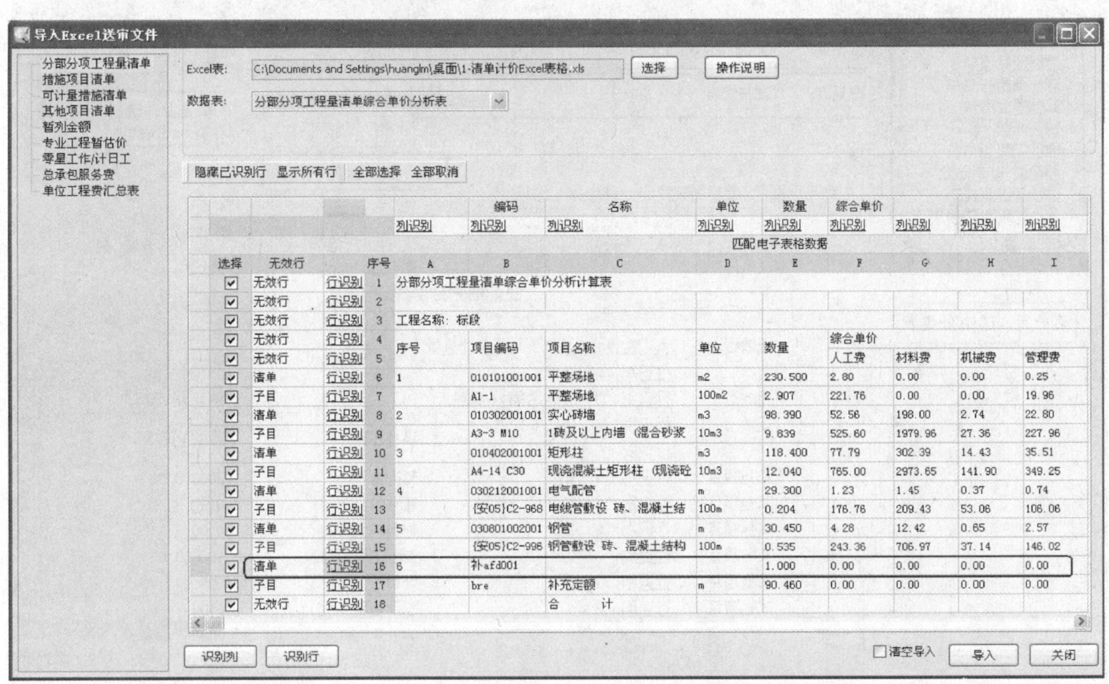

除了手动调整外还有一个方法，可在 Excel 表中增加一列“类别”，针对每一行填对应的类别，然后再导入到软件中，这样识别得更准确，类别为：一级分部、二级分部、三级分部、四级分部、清单、子目。

类别	编码	名称	项目特征	单位	工程量	综合单价	综合合价
一级分部	01	建筑工程					13300
二级分部	0101	土石方工程					4500
三级分部	010101	土方工程					4500
清单	010101001001	平整场地	1. 土壤类	m2	100	45	4500
子目	AA0033	人工回填土 松填		100m3	10		
子目	AA0185	机械平整场地 推土机 75KW 子目乘以系数2		1000m3	10		
子目	AA0191	机械填土碾压 内燃压路机 15t内		1000m3	10		
二级分部	0104	混凝土及钢筋混凝土工程					3400
三级分部	010401	现浇混凝土基础					3400
清单	010401001001	带形基础		m3	340	10	3400
子目	AE0002	现浇砼 基础 带形基础 砼		10m3	120		
子目	AH0020	垫层 砼		10m3	100		
子目	AE0038	预拌砼及振捣养护 预拌砼及振捣养护		10m3	120		
二级分部	0106	金属结构工程					5400
三级分部	010603	钢柱					5400

④ 其他项目清单表——介绍其他项目清单及其明细表的导入流程及其规则

a）该表相对简单，主要导入费用名称及其金额，其他项目行的识别是根据“序号＋名称”，这两列有值则自动识别为其他项目，如下图所示。

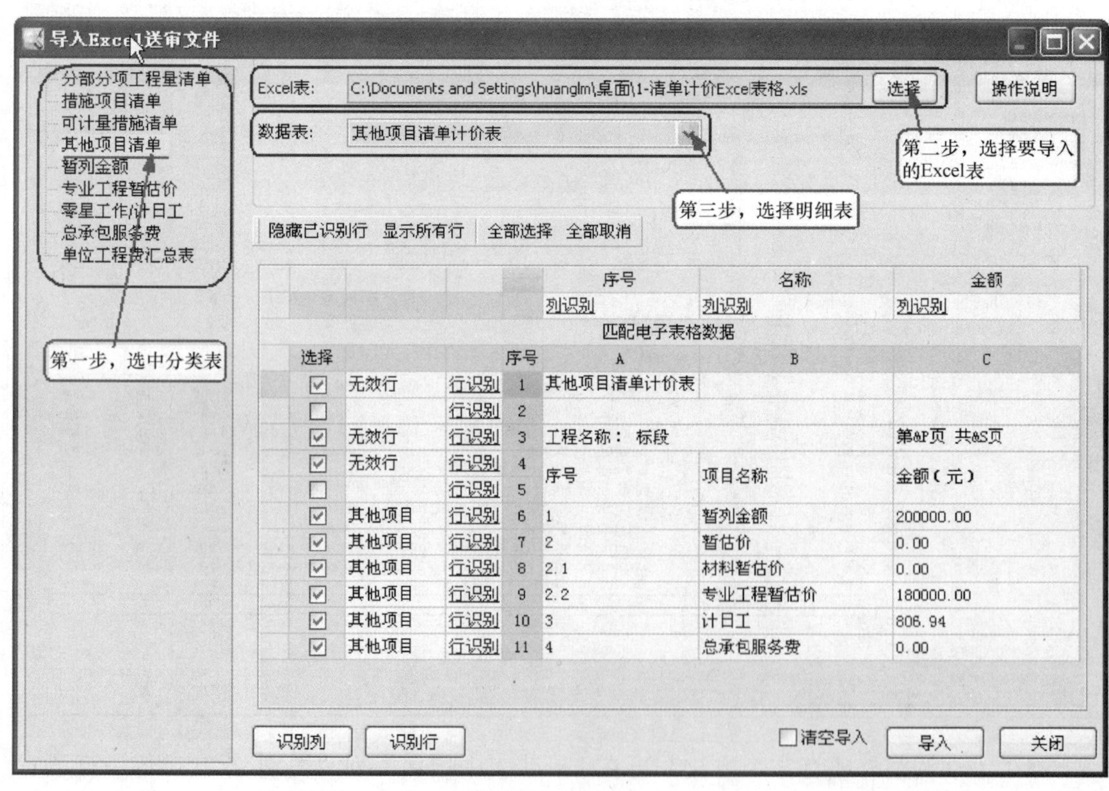

b）如果关键列没有识别，可手动下拉选择对应的列名称，执行“识别行”，则软件按规则自动识别，如下图所示。

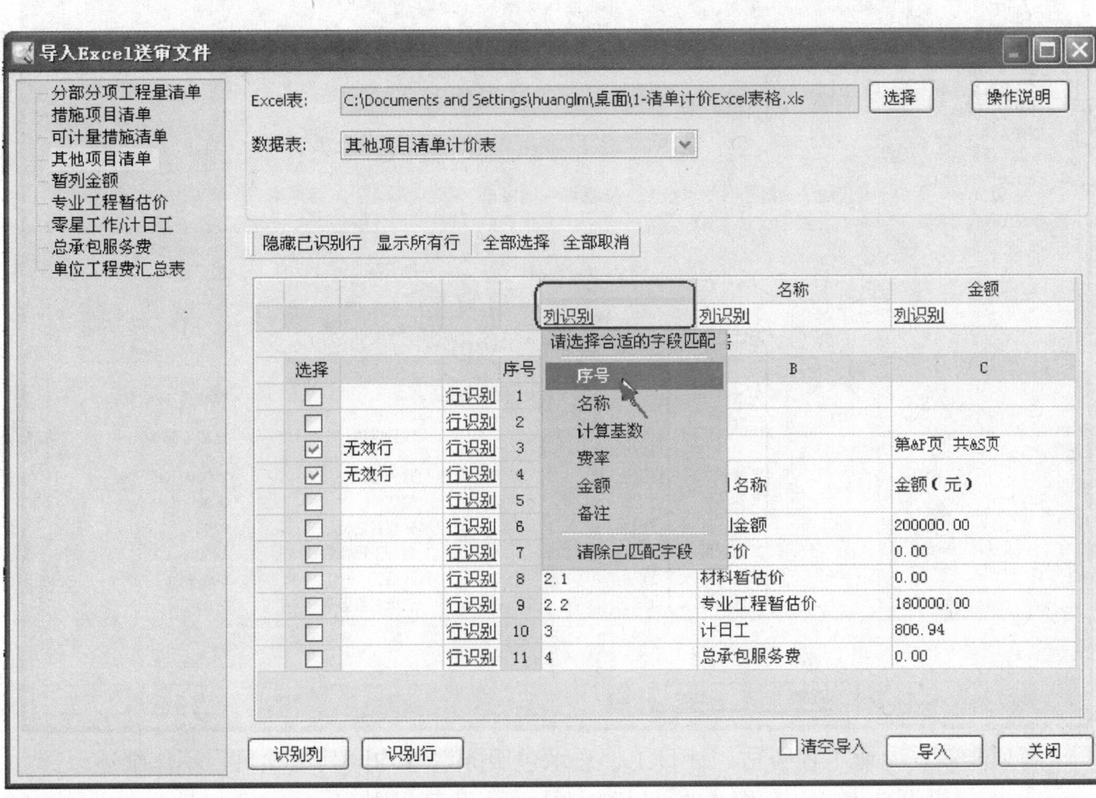

导入Excel送审文件
分部分项工程量清单
措施项目清单
可计量措施清单
其他项目清单
暂列金额
专业工程暂估价
零星工作/计日工
总承包服务费
单位工程费汇总表
Excel表：
C:\Documents and Settings\huanglm\桌面\1-清单计价Excel表格.xls
选择
操作说明
数据表：
其他项目清单计价表
隐藏已识别行 显示所有行 全部选择 全部取消
名称
金额
列识别
请选择合适的字段匹配
序号
名称
计算基数
费率
金额
备注
清除已匹配字段
选择
无效行
行识别
第&P页 共&S页
金额（元）
200000.00
0.00
2.1 材料暂估价 0.00
2.2 专业工程暂估价 180000.00
3 计日工 806.94
4 总承包服务费 0.00
识别列
识别行
清空导入
导入
关闭

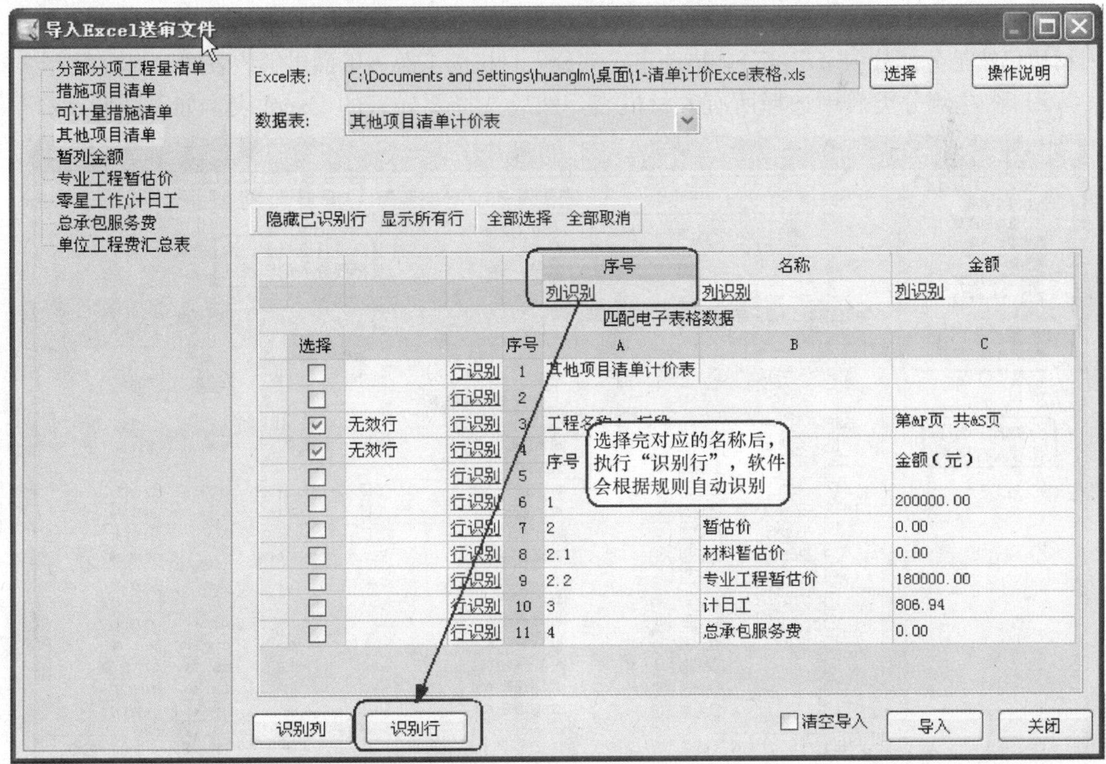

导入Excel送审文件
分部分项工程量清单
措施项目清单
可计量措施清单
其他项目清单
暂列金额
专业工程暂估价
零星工作/计日工
总承包服务费
单位工程费汇总表
Excel表：
C:\Documents and Settings\huanglm\桌面\1-清单计价Excel表格.xls
选择
操作说明
数据表：
其他项目清单计价表
隐藏已识别行 显示所有行 全部选择 全部取消
序号
名称
金额
列识别
匹配电子表格数据
选择
无效行
行识别
其他项目清单计价表
第&P页 共&S页
金额（元）
选择完对应的名称后，执行“识别行”，软件会根据规则自动识别
1 200000.00
2 暂估价 0.00
2.1 材料暂估价 0.00
2.2 专业工程暂估价 180000.00
3 计日工 806.94
4 总承包服务费 0.00
识别列
识别行
清空导入
导入
关闭

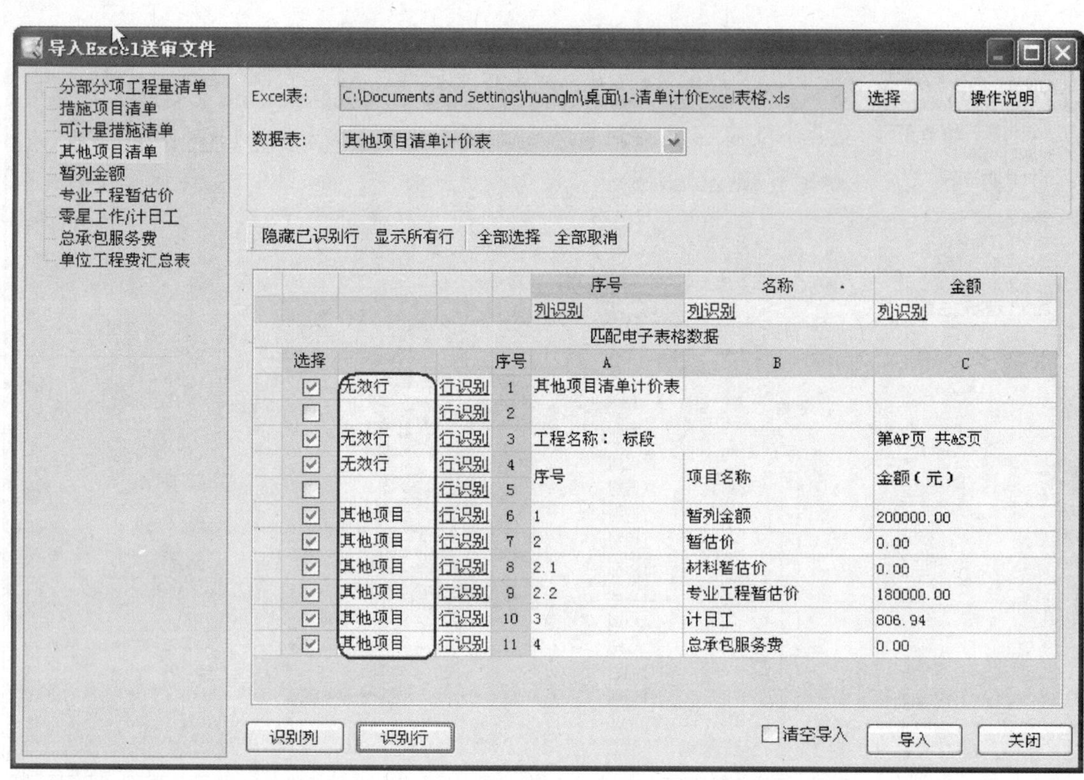

暂列金额、专业工程暂估、计日工、总承包服务费等均同其他项目，不作细述。

⑤ 人材机汇总表——介绍人材机表的导入流程及其规则

导入 Excel 送审文件的所有人材机表，该表导入数据是送审所有人材机，导入后审定部分人材机仍然是分部分项审定部分、措施审定部分人材机的汇总。下面讲解该表的导入流程。

a）在左侧分类表中选择所有人材机表，然后选择要导入的 Excel 表，如下图所示。

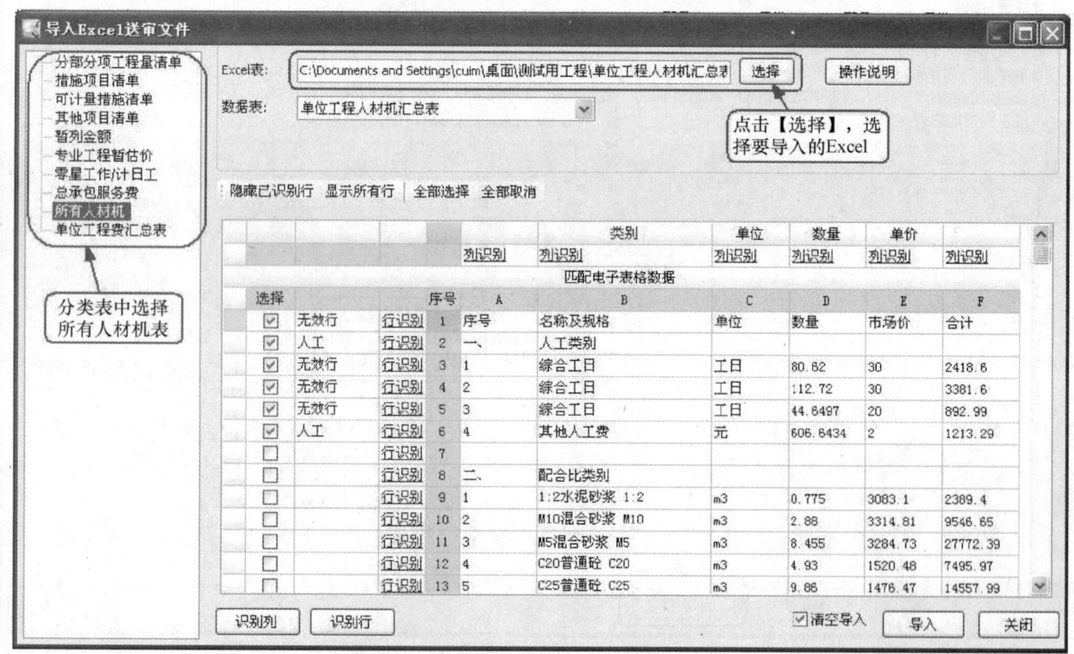

b）选择导入的 Excel 表后，需要先进行“列识别”，会将 Excel 表中的列名称与软件中给出的列名称匹配，匹配上了则自动显示，没有匹配上则需要手动调整一下，人材机必须要识别的列是“名称”、“单位”、“单价”、“数量”，需要点击相应“列识别”下拉选择调整一下。如下图所示。

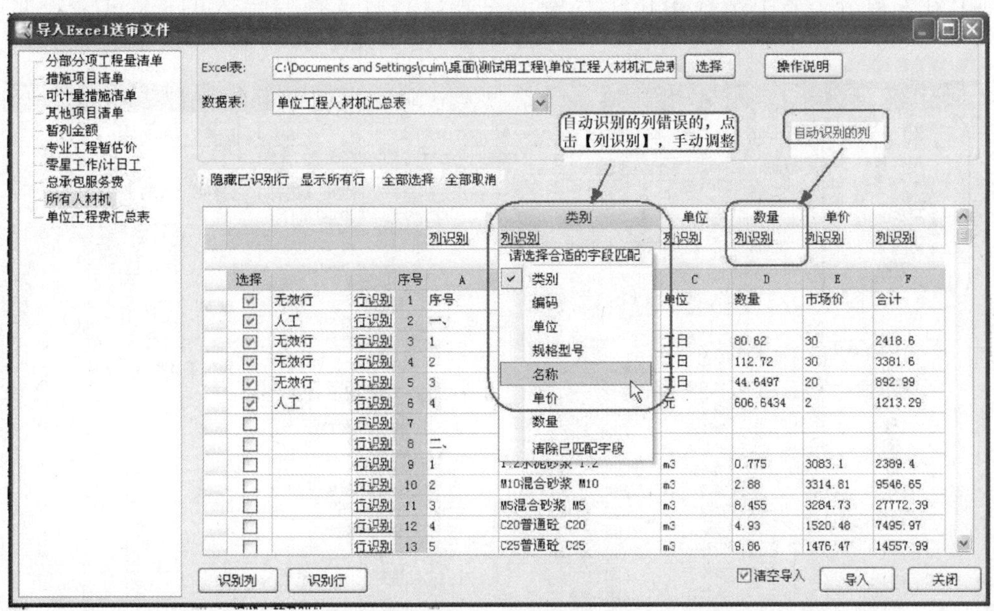

c）选择完关键列后，再执行“识别行”，软件可以批量识别行，如下图所示。

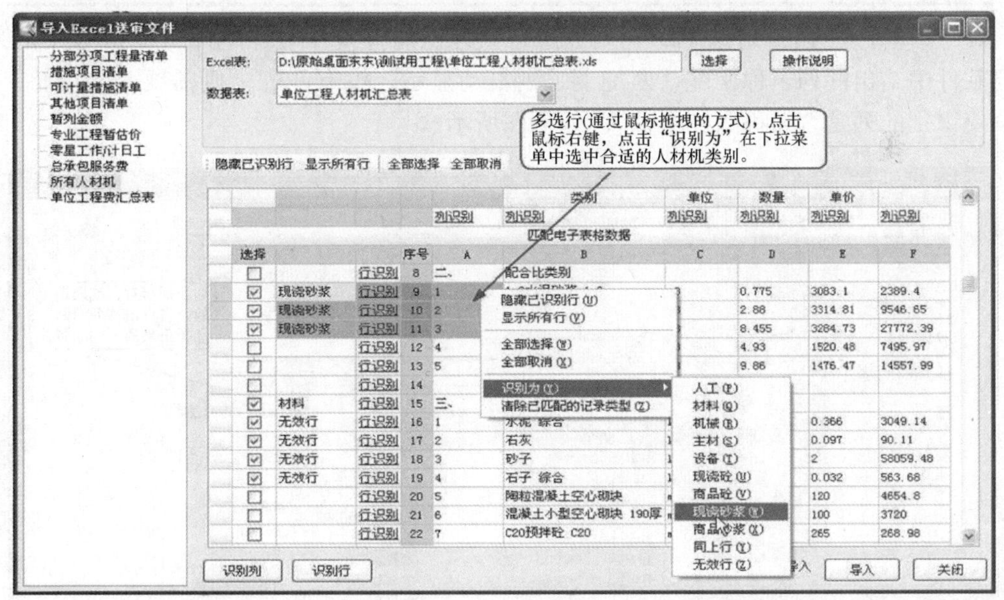

d）列与行均识别后，可选择是清空还是追加导入，在导入的窗口中，勾选“清空导入”，则当前工程已有的数据会删除，然后导入当前识别后的 Excel 表数据；不勾选“清空导入”，则在当前工程已有数据的后面增加导入的数据。软件默认是清空导入。

e）执行“导入”，识别后的数据导入当前工程中。

⑥ 单位工程费汇总表——介绍单位工程费汇总表导入流程及其规则

导入 Excel 送审文件的单位工程费汇总表，该表导入数据后送审、审定部分费用都执行 Excel 内容。请导入后再执行【载入模板】功能，审定部分费用将按分部分项、措施等页面的汇总情况重新计算。下面讲解该表的导入流程。

a）在左侧分类表中选择单位工程费汇总表，然后选择要导入的 Excel 表，如下图所示。

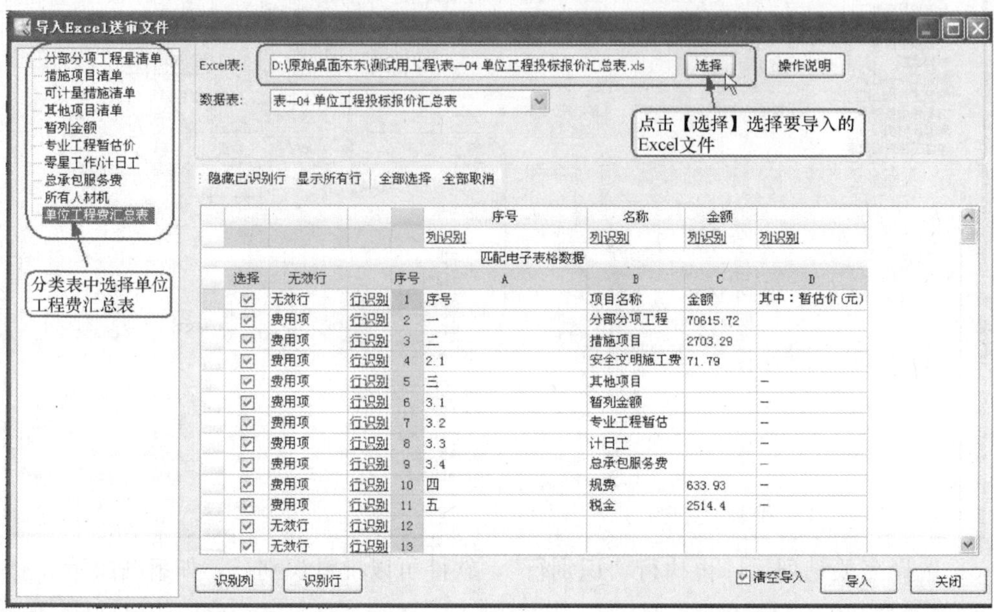

b）选择导入的 Excel 表后，需要先进行“列识别”，软件会自动将 Excel 表中的列名称与软件中给出的列名称匹配，匹配上了则自动显示，没有匹配上则需要手动调整一下，必须要识别的列是“名称”、“金额”。如下图所示。

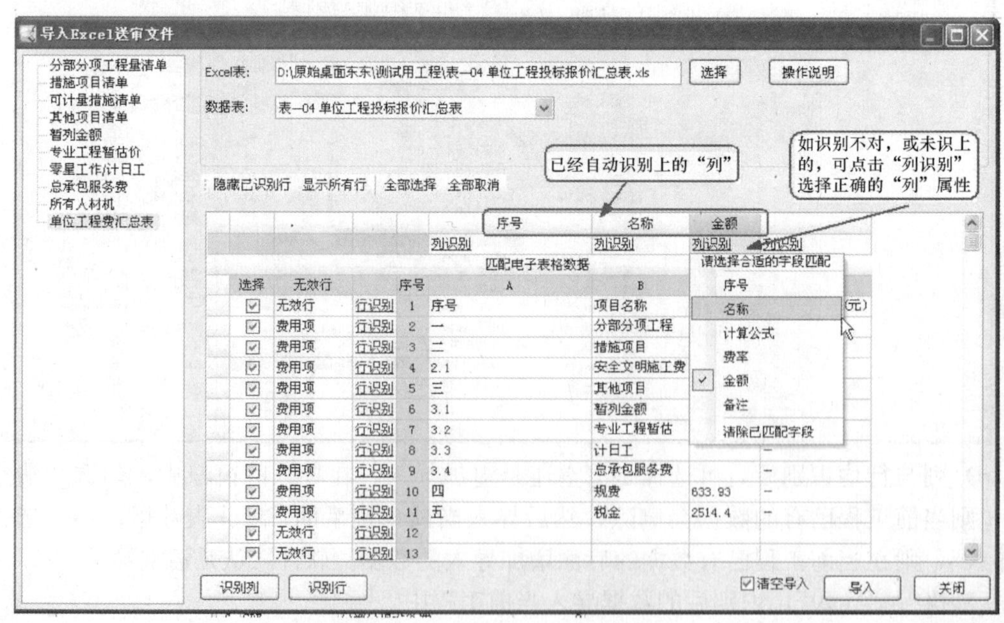

c）选择完关键列后，再执行“识别行”，软件可自动识别行，也可调整识别情况。如下图所示。

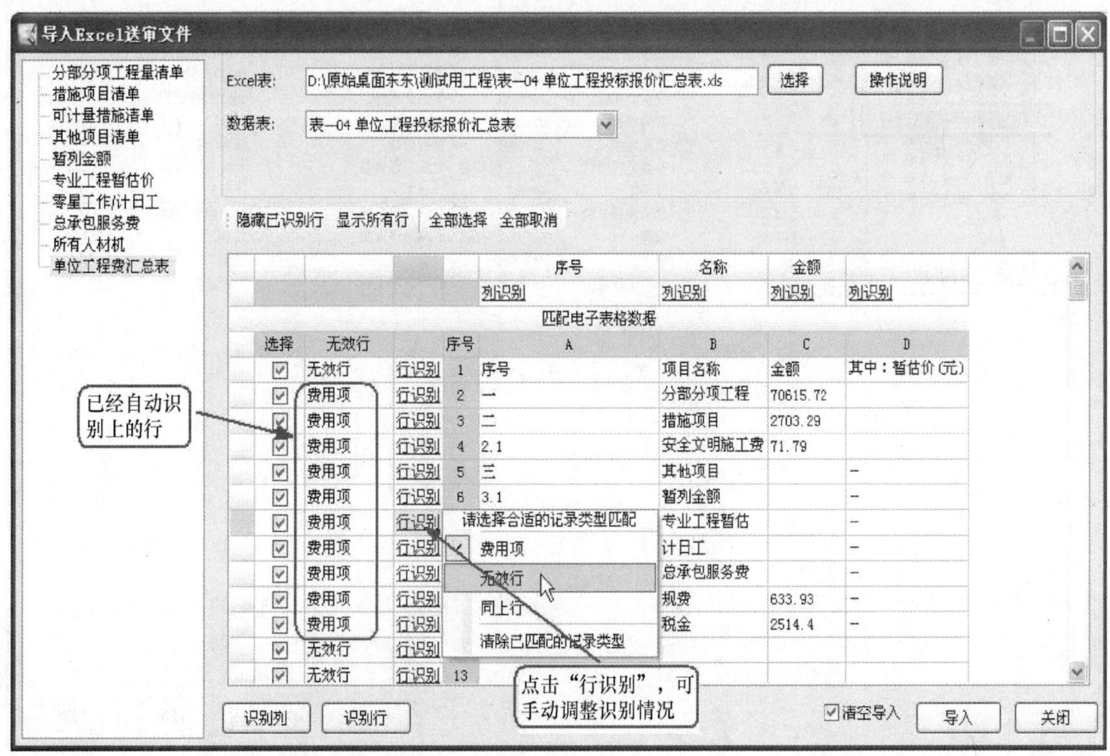

d）列与行均识别后，可选择是清空还是追加导入，在导入的窗口中，勾选“清空导入”，则当前工程已有的数据会删除，然后导入当前识别后的Excel表数据；不勾选“清空导入”，则在当前工程已有数据的后面增加导入的数据。软件默认是清空导入。

e）执行“导入”，识别后的数据导入当前工程中。

f）执行“清空导入”后，审定部分的费用也变为和Excel中一致了。可手工调整审定部分数据。也可通过【载入模板】将合适的费用模板载入到工程中，替换掉审定费用文件。如下图所示。

插入 | 保存为模板 | 载入模板　　费用汇总文件：建筑工程_08清单

	序号	费用代号	名称	送审 计算基数	送审 费率(%)	送审 金额	审定 计算基数	审定 费率(%)	审定 金额	增减金额	增减比例(%)	增减说
1	一		分部分项工程			70,615.72	70615.72		70,615.72	0	0	
2	二		措施项目			2,703.29	2703.29		2,703.29	0	0	
3	2.1		安全文明施工费			71.79	71.79		71.79	0	0	
4	三		其他项目							0	0	
5	3.1		暂列金额							0	0	
6	3.2		专业工程暂估							0	0	
7	3.3		计日工							0	0	
8	3.4		总承包服务费							0	0	
9	四		规费			633.93	633.93		633.93	0	0	
10	五		税金			2,514.40	2514.4		2,514.40	0	0	

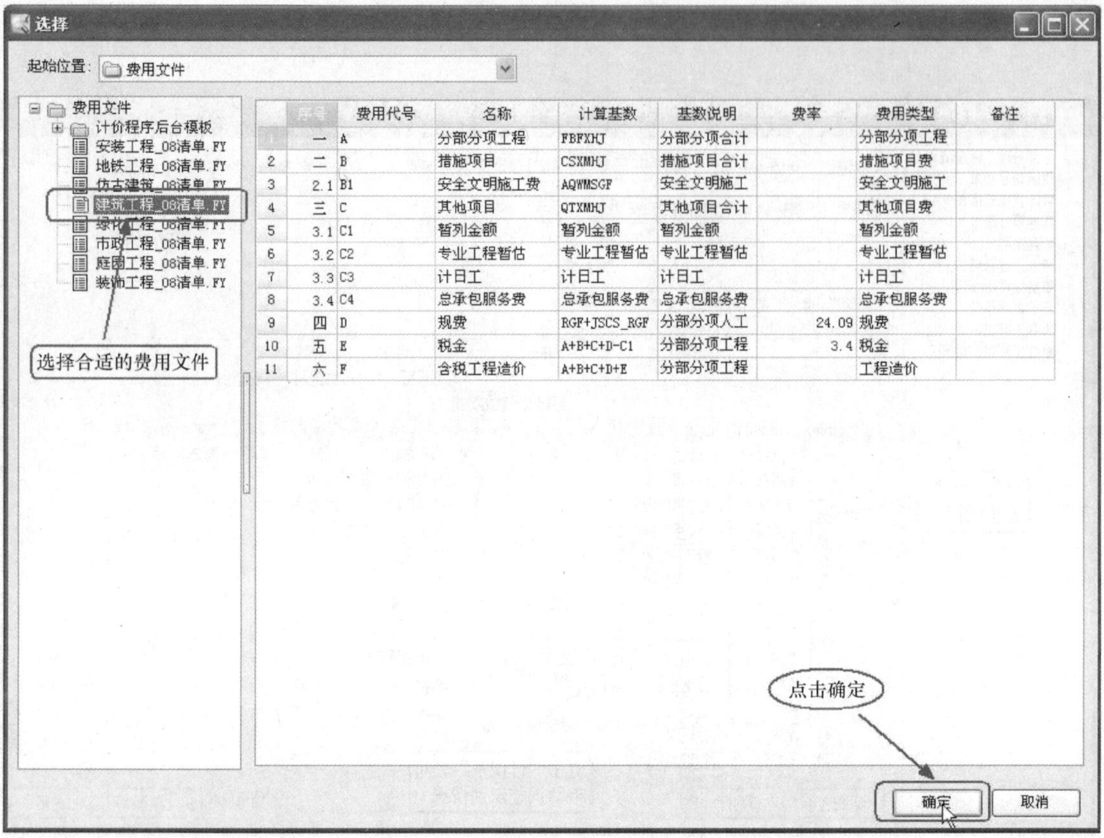

选择

起始位置：费用文件

- 费用文件
  - 计价程序后台模板
  - 安装工程_08清单.FY
  - 地铁工程_08清单.FY
  - 仿古建筑_08清单.FY
  - 建筑工程_08清单.FY
  - 绿化工程_08清单.FY
  - 市政工程_08清单.FY
  - 庭园工程_08清单.FY
  - 装饰工程_08清单.FY

	序号	费用代号	名称	计算基数	基数说明	费率	费用类型	备注
1	一	A	分部分项工程	FBFXHJ	分部分项合计		分部分项工程	
2	二	B	措施项目	CSXMHJ	措施项目合计		措施项目费	
3	2.1	B1	安全文明施工费	AQWMSGF	安全文明施工		安全文明施工	
4	三	C	其他项目	QTXMHJ	其他项目合计		其他项目费	
5	3.1	C1	暂列金额	暂列金额	暂列金额		暂列金额	
6	3.2	C2	专业工程暂估	专业工程暂估	专业工程暂估		专业工程暂估	
7	3.3	C3	计日工	计日工	计日工		计日工	
8	3.4	C4	总承包服务费	总承包服务费	总承包服务费		总承包服务费	
9	四	D	规费	RGF+JSCS_RGF	分部分项人工	24.09	规费	
10	五	E	税金	A+B+C+D-C1	分部分项工程	3.4	税金	
11	六	F	含税工程造价	A+B+C+D+E	分部分项工程		工程造价	

选择合适的费用文件

点击确定

确定　取消

g）载入模板后可以得到清晰的费用对比情况，也可打印报表。

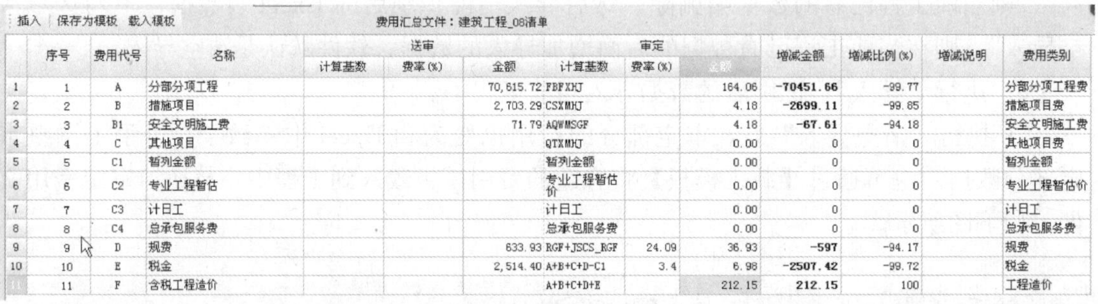

插入　保存为模板　载入模板　　费用汇总文件：建筑工程_08清单

	序号	费用代号	名称	送审 计算基数	送审 费率(%)	送审 金额	审定 计算基数	审定 费率(%)	审定 金额	增减金额	增减比例(%)	增减说明	费用类别
1	1	A	分部分项工程			70,615.72	FBFXHJ		164.06	-70451.66	-99.77		分部分项工程费
2	2	B	措施项目			2,703.29	CSXMHJ		4.18	-2699.11	-99.85		措施项目费
3	3	B1	安全文明施工费			71.79	AQWMSGF		4.18	-67.61	-94.18		安全文明施工费
4	4	C	其他项目				QTXMHJ		0.00	0	0		其他项目费
5	5	C1	暂列金额				暂列金额		0.00	0	0		暂列金额
6	6	C2	专业工程暂估				专业工程暂估价		0.00	0	0		专业工程暂估价
7	7	C3	计日工				计日工		0.00	0	0		计日工
8	8	C4	总承包服务费				总承包服务费		0.00	0	0		总承包服务费
9	9	D	规费			633.93	RGF+JSCS_RGF	24.09	36.93	-597	-94.17		规费
10	10	E	税金			2,514.40	A+B+C+D-C1	3.4	6.98	-2507.42	-99.72		税金
11	11	F	含税工程造价				A+B+C+D+E		212.15	212.15	100		工程造价

1.3.1.4　送审文件为GSH4.0单位工程（多级审核）

审核软件支持多级审核，且无限级支持。存档的审核工程，还可以导入到审核软件中，处理方式为：一级审核的审定数据即为二级审核的送审数据；软件的“结算审核”功能还可以查看到初始送审（一级审核的送审）的情况。

操作步骤：第一步：打开桌面上的审核软件 广联达审核软件GSH4.0；

第二步：在弹出的工程文件管理窗口作如下图所示操作。

1.3.1.5 送审文件为 GSH4.0 项目工程（多级审核）

审核软件支持多级审核，且无限级支持。存档的审核工程，还可以导入到审核软件中，处理方式为：一级审核的审定数据即为二级审核的送审数据；软件的“结算审核”功能还可以查看到初始送审（一级审核的送审）的情况。

操作步骤：

第一步：打开桌面上的审核软件广联达审核软件GSH4.0；

第二步：在弹出的工程文件管理窗口作如下图所示操作；

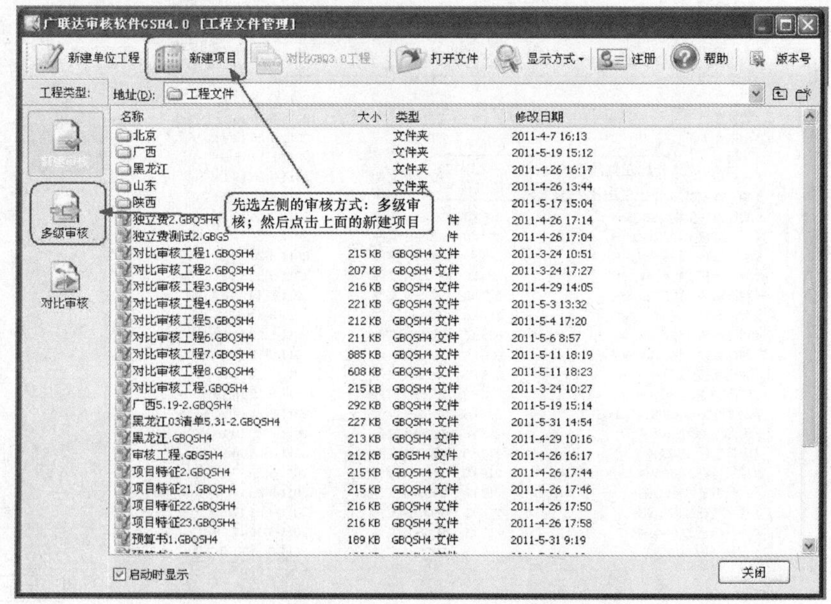

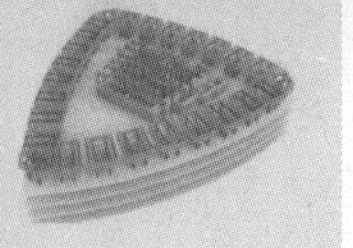

第三步：选择送审的广联达项目工程文件，导入后点确定。

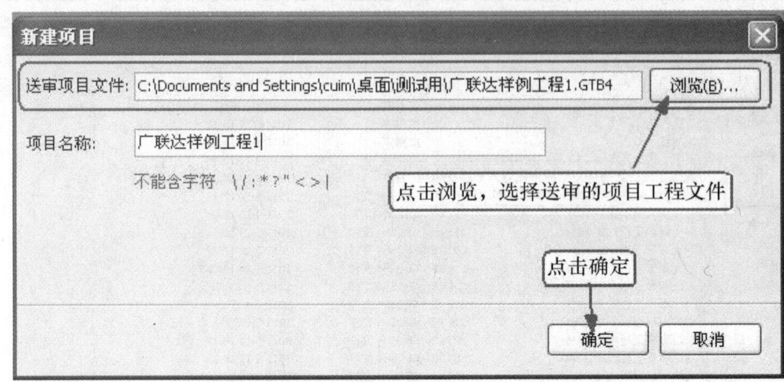

1.3.2 第二种审核模式：送审与审定对比审核

对比 GBQ4.0 单位工程文件

原始需求：在送审结算书还没有提交时，就需要审核方根据图纸、签证等来编辑审定结算书，最后对两份文件再进行对比，并输出对比报表。

（1）审核文件完成后，才提供结算文件；

（2）审核方不愿意受到送审方造价编制思路的影响。

操作步骤：

对比工程的新建：打开桌面上的审核软件

（1）方式一：

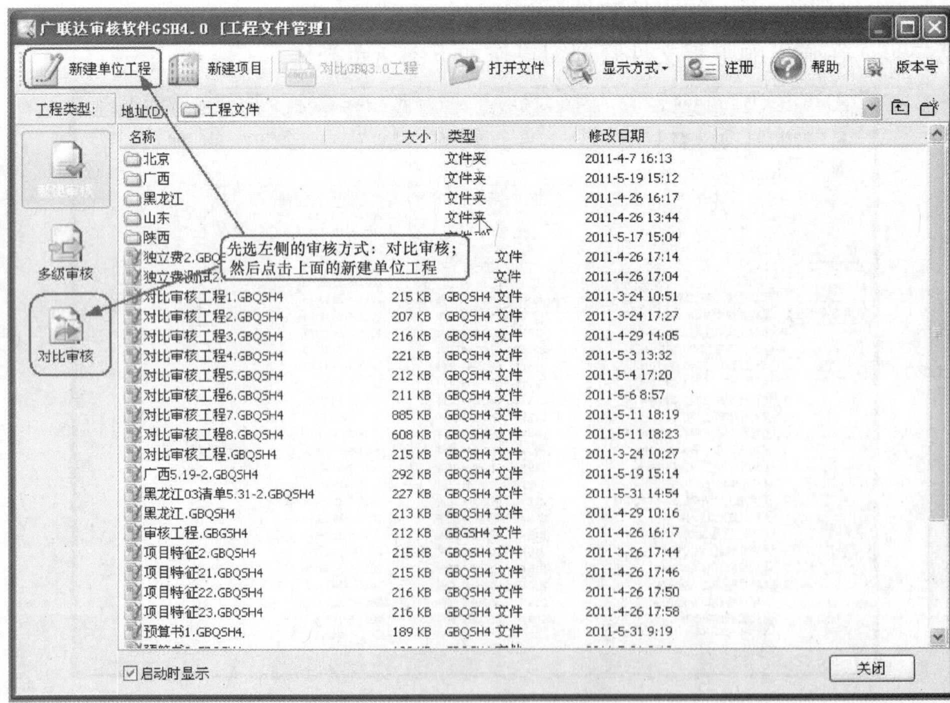

方式二：

关闭工程文件管理，点击“文件”—下拉选择【新建对比工程】。

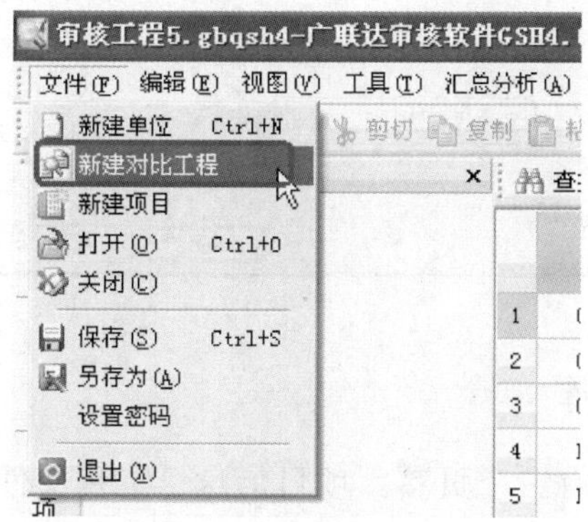

（2）方式一或方式二操作后，会弹出如下图框：

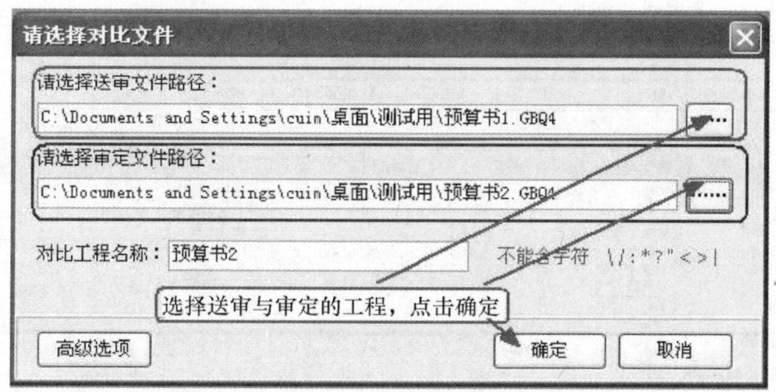

在图中红色方框中，选择送审文件，在蓝色方框中，选择审定文件，然后输入工程的名称，点击“确定”按钮即可。

（3）软件默认送审与审定匹配规则为清单计价：12 位清单编码；定额计价：定额编码 。可以通过点击左下角的“高级选项”修改两份工程的匹配规则。

如果对比文件为清单计价工程则弹出：

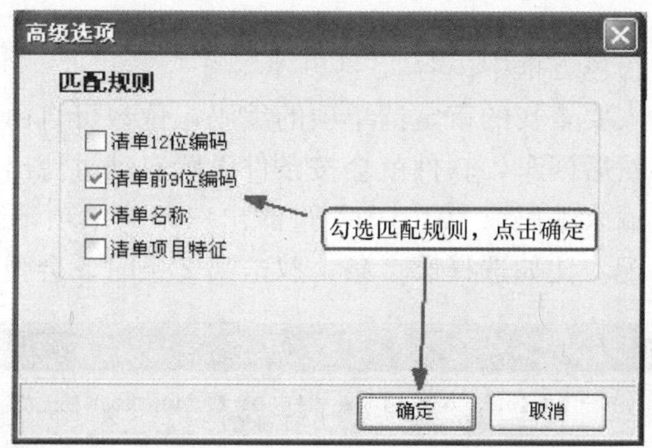

如果对比文件为定额计价工程则弹出：

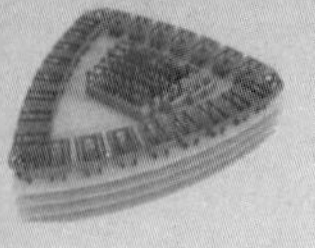

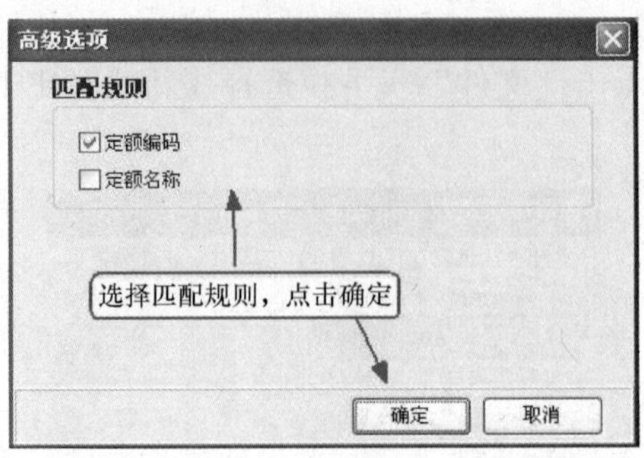

1.4　界面介绍及软件操作

在对比工程界面中，只有三个页签：项目信息、工程文件对比和报表。所有的操作都在工程文件对比页签中完成，如果对比后需要修改审定数据可以转入编审；如果不需要修改审定数据则直接切换到报表页面输出报表。

在“工程文件对比”页签中，可以针对分部分项、措施项目、其他项目、零星项目、计价程序等直接对比，产生结果。

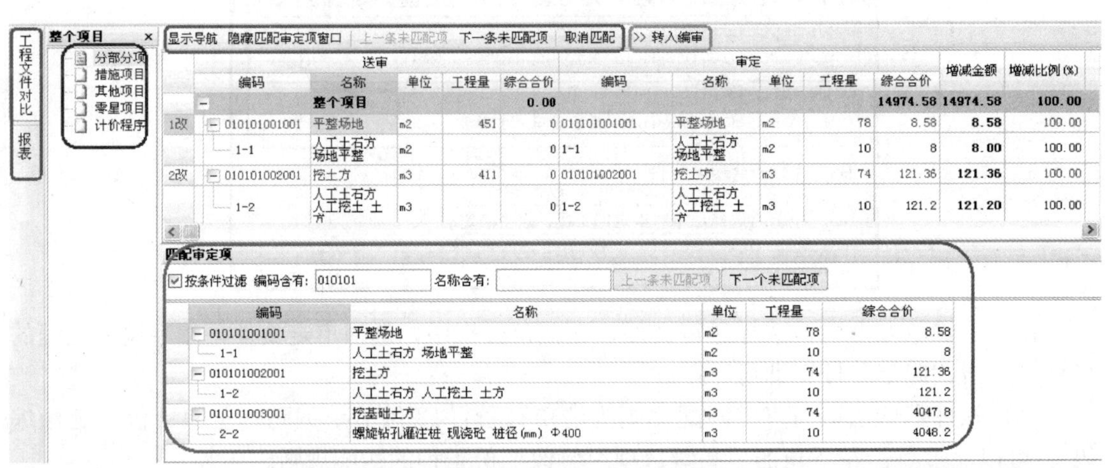

若软件默认匹配设置不对，可通过“匹配审定项”重新调整送审与审定清单项的对应关系。

操作方法：见上图粉色方框中内容。

在粉色方框中，输入要查找的审定清单项的编码，位数可自由设置，或者输入清单项的名称中含有的字符，然后回车，软件就会按条件设置自动过滤出相应的清单项。

如上图所示，通过输入编码：“010101”过滤出三条清单项，从中选择一条，双击这条清单项，可以进行匹配。比如选择第2条，双击第2条时，会弹出如下图框。

请仔细阅读图框中信息，然后再确定点击“是”或者“否”。

1.4.1 编辑文件

在对比工程界面，只能看到直接的结果，并且可以重新匹配清单项或子目，如果要编辑这个对比工程，需要点击图中的“转入编审”，如下图所示，点击图框中的“确定”按钮即可，软件会生成一个审核文件，并且在GSH4.0软件中打开。关于软件的具体操作，请查看帮助中的清单计价文件审核和定额计价文件审核。

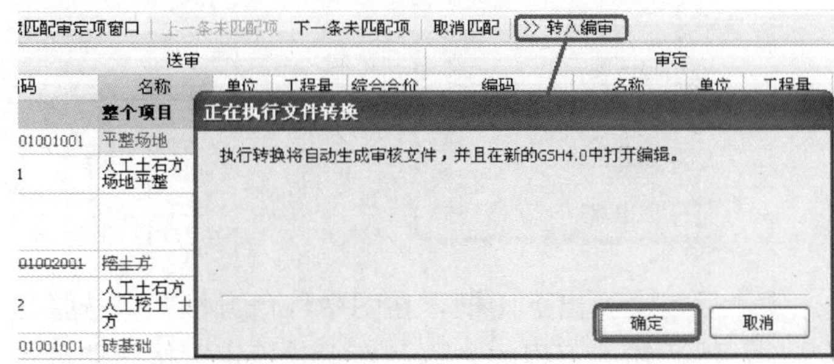

1.4.1.1 对比GBQ4.0项目工程文件

原始需求：在送审结算书还没有提交时，就需要审核方根据图纸、签证等来编辑审定结算书，最后对两份文件再进行对比，并输出对比报表。

(1) 审核文件完成后，才提供结算文件；

(2) 审核方不愿意受到送审方造价编制思路的影响。

1.4.1.2 对比工程的新建及匹配

方式一：工程文件管理。

方式二：关闭工程文件管理，点击“文件”—下拉选择【新建对比工程】。

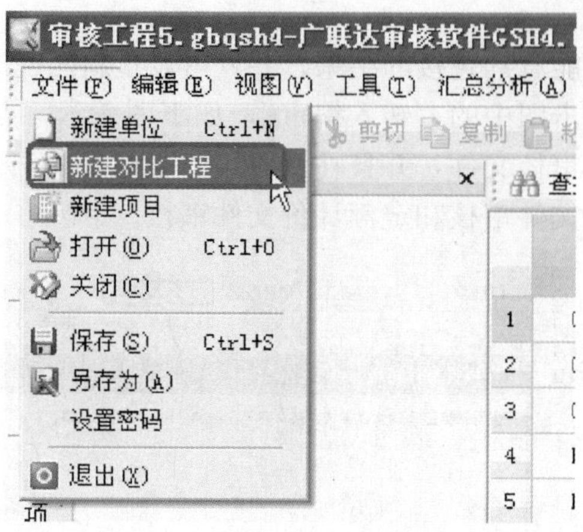

方式一或方式二操作后，会弹出下图框，在图中红色方框中，选择送审文件，在蓝色方框中，选择审定文件，然后输入工程的名称，点击“确定”按钮即可。

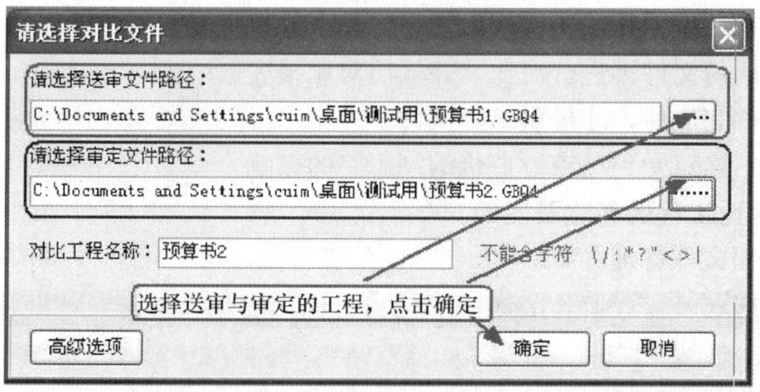

软件默认送审与审定匹配规则为清单计价：12位清单编码；定额计价：定额编码 。可以通过点击左下角的“高级选项”修改两份工程的匹配规则。此操作影响项目中所有单位工程。

如果对比文件为清单计价工程则弹出：

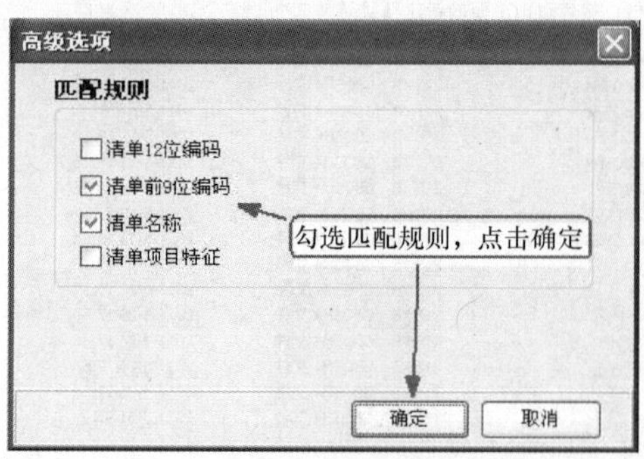

如果对比文件为定额计价工程则弹出：

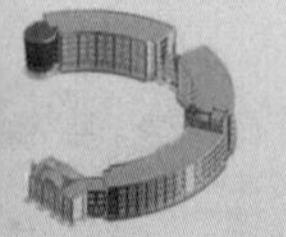

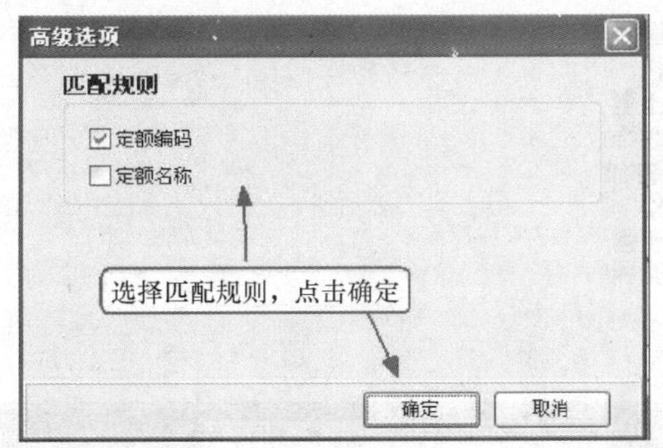

项目工程中单项、单位工程的匹配，默认按照结构、名称匹配，可以调整：

当送审与审定项目结构相同时，对比后弹出项目匹配窗口见下图，所有工程都正确地匹配上了，直接点确定即可。

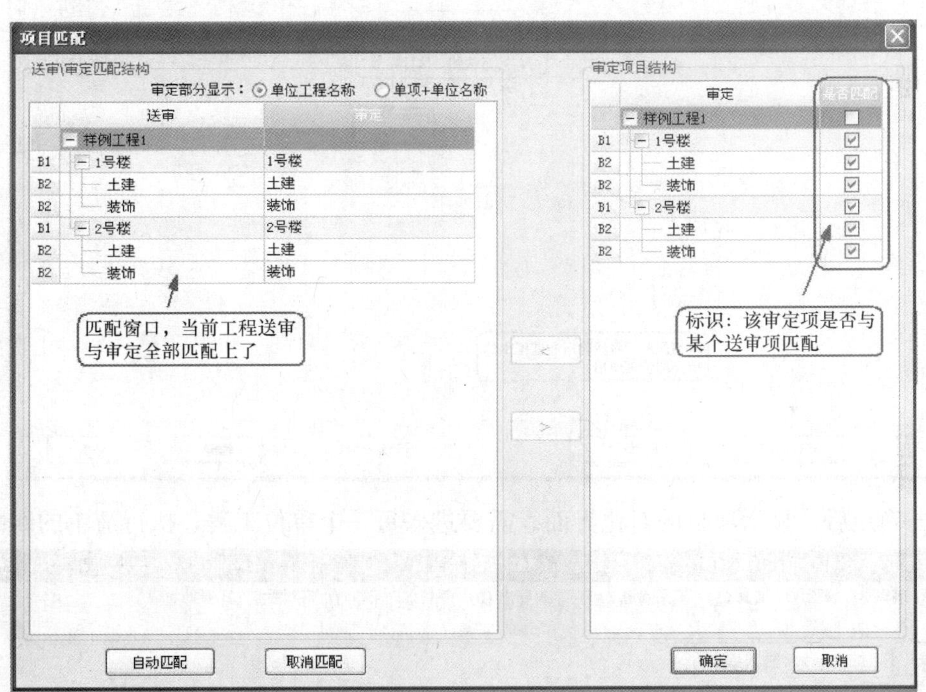

如果送审与审定结构不同，需要通过手工匹配，见下图：

送审 GBQ4.0 项目结构为：

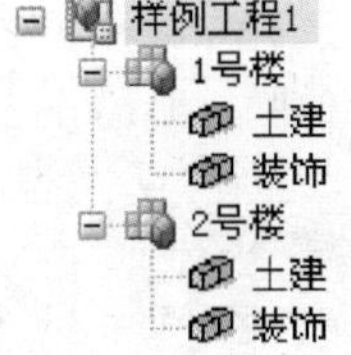

审定项目结构为：

第1章　广联达审核软件GSH4.0基础应用

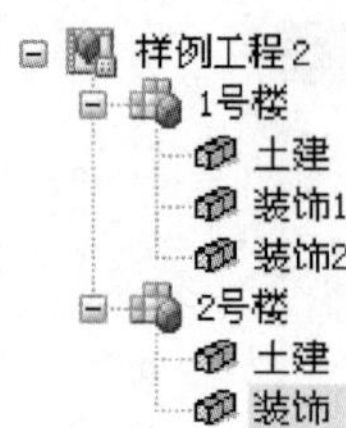

项目匹配：

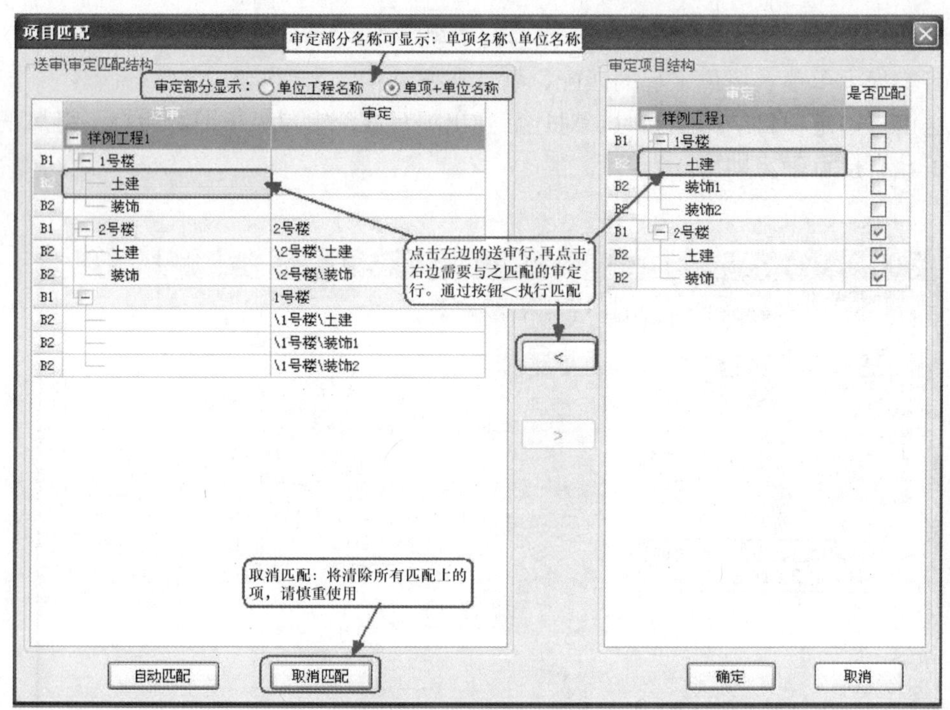

点击确定后，显示项目的对比界面。需要进入每一个单位工程，执行清单的匹配。

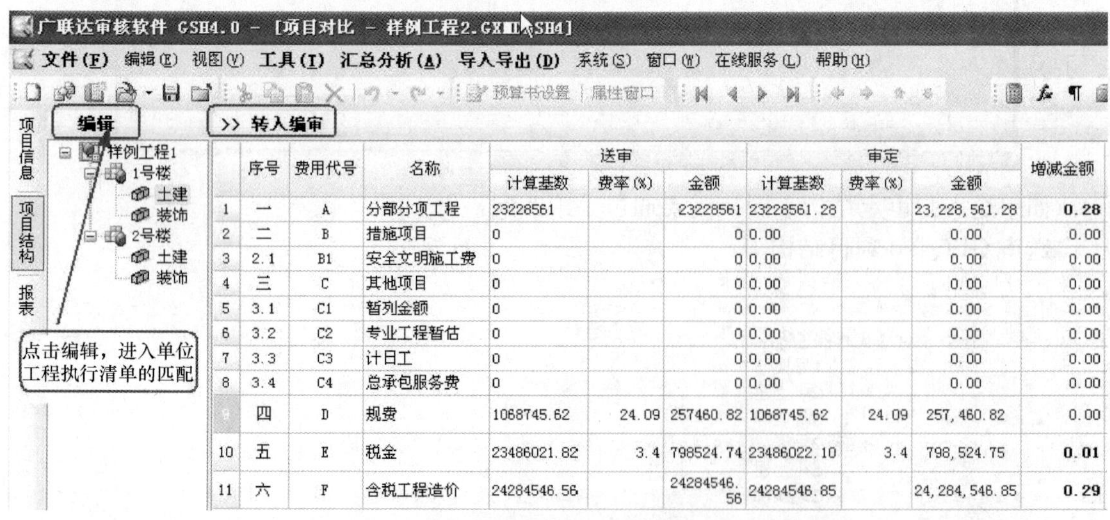

	序号	费用代号	名称	送审			审定			增减金额
				计算基数	费率(%)	金额	计算基数	费率(%)	金额	
1	一	A	分部分项工程	23228561		23228561	23228561.28		23,228,561.28	0.28
2	二	B	措施项目	0		0	0.00		0.00	0.00
3	2.1	B1	安全文明施工费	0		0	0.00		0.00	0.00
4	三	C	其他项目	0		0	0.00		0.00	0.00
5	3.1	C1	暂列金额	0		0	0.00		0.00	0.00
6	3.2	C2	专业工程暂估	0		0	0.00		0.00	0.00
7	3.3	C3	计日工	0		0	0.00		0.00	0.00
8	3.4	C4	总承包服务费	0		0	0.00		0.00	0.00
9	四	D	规费	1068745.62	24.09	257460.82	1068745.62	24.09	257,460.82	0.00
10	五	E	税金	23486021.82	3.4	798524.74	23486022.10	3.4	798,524.75	0.01
11	六	F	含税工程造价	24284546.56		24284546.56	24284546.85		24,284,546.85	0.29

匹配完成后，整个项目可以直接打印报表，如需修改审定数据则要“转入编审”。

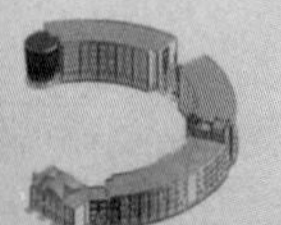

1.4.2 单位工程里的匹配界面及软件操作

在对比工程界面中，只有三个页签：项目信息、工程文件对比和报表。

所有的操作都在工程文件对比页签中完成，如果对比后需要修改审定数据可以转入编审；如果不需要修改审定数据则直接切换到报表页面输出报表。

在“工程文件对比”页签中，可以针对分部分项、措施项目、其他项目、零星项目、计价程序等直接对比，产生结果。

若软件默认匹配设置不对，可通过“匹配审定项”重新调整送审与审定清单项的对应关系。

操作方法：见上图粉色方框中内容。

在粉色方框中，输入要查找的审定清单项的编码，位数可自由设置，或者输入清单项的名称中含有的字符，然后回车，软件就会按条件设置自动过滤出相应的清单项。

如上图：通过输入编码：“010101”过滤出三条清单项，从中选择一条，双击这条清单项，可以进行匹配。比如选择第 2 条，双击第 2 条时，会弹出下图框：

请仔细阅读图框中信息，然后再确定点击“是”或者“否”。

1.4.3 对比 GBQ3.0 工程文件

不再讲解。

1.5 业务常见问题和技术常见问题

1.5.1 业务常见问题

1. 工程招标文件和合同规定，结算按当地公报信息价计算主材价格，但在施工中双方签证了主材价格，明显高于当地公报信息价，且监理单位也签字认可，作为审计部门应如何处理?

答：如果合同有约定应首先执行合同约定。另监理单位签字，建设单位是否签认，因

为有的合同约定监理职责只负责现场情况，涉及费用的必须甲方签认，如果甲方也签认了，可以认为是补充的结算资料，应予计价。

2. 总价包死的合同，施工单位竣工结算时怎么报结算资料?

答: 如果没有任何变更合同额等于结算额。如果有变更按合同约定可以调整加上变更费用。其次还要根据合同约定增加索赔费用。

3. 工程量清单的工程数量有误引起的工程量的增减，在结算时应怎样解决?

答: 按合同对结算条款的具体要求执行。如没有要求，要分析此合同类型，是开口合同还是闭口合同，一般情况是双方协商结算办理，补充明细合同条款后再进行结算。

4. 广联达审核软件给用户带来的价值是什么?

答:（1）提供单文件审核和对比审核两种模式，满足初审不同审核方式。①单文件审核：送审工程文件基础上进行审核。解决在审核过程中“疑义定位难、易漏项、调整难”的难点；审核过程实时记录且有据可查，双方核对更加方便；审核结果体现多样化，可直接打印对比表，亦可转为预算文件；②对比审核：两份工程文件对比。审核方独立做一审定工程，与送审工程对比，不受送审方思路影响，对比结果清晰；送审方可快速比对两份工程文件不同之处，方便修改。（2）提供多级审核，满足复审的需求。提供指标对比和各维度过滤，解决复审人员时间少、责任大的核查的难题；可查看审核全过程数据，方便复审人员精细核查。

5. 多级审核时，当发现分部分项的工程量和单价有可以下降的空间时，内审部门可以对已经结算的价格进行修改吗?

答: 如果单价是投标时的价格，且施工过程中没有发生材料和工艺的变化，是不可以修改的，哪怕价格高得有点不合理。如果单价是投标预算书中没有的，可以进行审核修改；工程量无论哪种情况下都可以审核。

6. 工程造价审计和全过程跟踪审计有什么区别?

答: 全过程跟踪审计和工程造价审计最明显的区别就是前者会定期或不定期地到现场看施工情况，记录并做些影像资料，特别是对一些隐蔽工程的实际情况做真实性的反应，而工程造价审计一般只能根据结算资料来确定结算价款。跟踪审计过程长，对工程造价控制起到很好的作用。

7. 工程造价审计、财务竣工决算审计及投资后评价三者之间关系是什么

答: 工程造价审计是针对竣工项目本身的审计，就是工程竣工造价多少钱，审计施工方是否多报金额，被审计对象是施工方；财务竣工决算审计也是针对项目本身的审计，但被审计对象是建设方，审计建设方建设该项目是否要花费这么多钱；投资后评价主要是效益评价，评价该项目的经济效益、社会效益等是否达到预期标准。

8. 因图纸变更，原先混凝土浇筑时预留的管洞取消，现需要将预留洞封堵，并作防水处理，预留和洞口封堵及防水处理应如何套用定额?

答: 洞口封堵可套现浇零星混凝土定额子目。但有一个问题，一般预留的管洞体积都很小，按定额的计算规则来计算工程量的话，计算出来的价格会很少，施工单位都会亏损，甚至连基本的材料费都不够。在施工现场，出现这种情况时，一般是和甲方协商，签订一个市场价格，一个管洞连封堵带防水多少钱，既简单又不会亏算。

9. 施工单位和商品混凝土厂家是怎么结算的? 是按图纸计算混凝土用量还是按罐车

的容量计量？

答：原则上按双方签订的合同执行，一般情况下，由于基础的损耗量不易控制，因此基础按小票（罐车容量）结算，主体结构按实体工程量结算。

10. 招标工程的中标价在竣工决算时，工程量变更，能否对投标书部分重新计算，还是只计算变更部分？投标书中的材料价格在竣工决算时能否调整？(签订的是可调价格合同)

答：要根据合同约定，一般只能对变更部分按合同约定的办法进行计算，至于材料价格仍要依据合同约定，如果没有约定只能对变更部分按实结算，投标书部分不应调整。对于特殊情况双方协商解决。

11. 工程合同签的是固定总价合同，综合单价是按花岗岩砂浆铺设计算的，洽商为改用进口微晶石粘结剂铺设，结算时施工单位将原工程量也加大了，请问工程量的变化允许吗？

答：要依据合同对变更条款的约定，从此问题来看，如果合同没有约定，是两个不同的清单项，在结算时变更后的清单项重新组价由建设方确认，工程量是允许变更的。

12. 总价包死的合同，施工单位竣工结算时怎么报结算资料？

答：如果没有任何变更合同额等于结算额。如何有变更按合同约定是否可以调整，如何可以调整加上变更费用。其次还要根据合同约定增加索赔费用。

13. 工程结算中新增项目，对其综合单价的组价，材料价格是按施工单位投标时所报材料价格，还是按工程施工过程实际材料价格组价？比如原招标基础为条基，后变更为满堂基础，满堂基础须重新组价吗？

答：按合同对结算项的具体要求，要分析材料价是否包干及清单项内容发生变化是否引起措施项的变化。如果没有要求，应该按实际材料价格组价，如果清单项发生变化也应重新组价，但必须得到建设单位或监理的认可。

14. 招标清单的工程数量有误，引起在结算时工程量的增减，应怎样解决？

答：按合同对结算条款的具体要求执行。如没有要求，要分析此合同类型，是开口合同还是闭口合同，一般情况是双方协商结算办理，补充明细合同条款后再进行结算。

15. 现在有一个工程，采用清单计价，合同是可调单价合同，决算造价不含甲供材料为1000万元，另外有500万元甲供材料，甲方认可给10%采保费，现在要退甲供材料，问题是这500万元是否计取措施费及规费？另外，那10%采保费50万元是否也计取措施费及规费？

答：甲供材料与措施费是两个独立的费用，之间可以没有任何关系。合同签订后如果没有明确的规定措施项是不能变化的，是完成合格工程必须发生的费用。至于甲供材料在退回时，施工单位只留保管费。当然结算额发生变化，规费和税金应该相应地调整。

16. 工程完工后，乙方依据后来变化的施工图做了结算，结算仍然采用清单计价方式，结算价是1200万元，另外还有200万元的洽商变更（此工程未办理竣工图和竣工验收报告，不少材料和做法变更也无签字)。咨询公司在对此工程审计时依据乙方结算报价与合同价格不符，且结算的综合单价和做法与投标也不尽一致，另外施工图与投标时图纸变化很大，已经不符合招标文件规定的条件了。因此决定以定额计价结算的方式进行审计，将结算施工图全部重算，措施费用也重新计算。得出的审定价格大大低于乙方的结算价。而乙方以有清单中标价为由，坚持以清单方式结算，不同意调整综合单价费用和措施费。双方争执不下，谈判陷入僵局。这种分歧应如何判定？

答：此问题的焦点在是否按定额计价结算方式。因此在双方确认按定额价结算时有无签

认，如果有，无论价格多少都是正确的。如果没有，双方得重新确定结算方式后再办理结算。

17. 清单结算时，材料差价、暂估价调整后、清单子目内容有调整时应如何结算，按合同约定吗？如果是清单项目所包括的内容发生变更，增加或减少应如何处理呢？

答：在结算时，材料价差、暂估价调整应该按合同约定。清单项的变更有两部分，第一是工程量的变化，第二是工作内容发生变化。第一种完全按单项子目价格的限额要求调整。第二种要根据合同对设计变更或签证的具体要求调整。

18. 清单计价模式招标项目，在办理竣工结算时，有几个方面的问题该如何处理（合同注明按实际完成的工程量结算，即不考虑是否超过清单误差）：（1）工程量出现了增减，可按投标单价计算分部分项工程费；那么原投标价中的措施费是否也要相应调整？（2）直接费或者包括措施费调整后，原投标中的规费是否也要相应调整？（3）税金是否也随之调整？

答：工程量出现增减后，分部分项按实进行调整，措施项要分析是否由工程量的变化而引起的变更，如果是按合同约定属于索赔的范围。不论什么原因发生变化，规费和税金按结算额进行调整。

1.5.2 技术常见问题

1. 如何做土建工程的二审？

答：与一审的步骤一样，从量到单价，再到变更洽商等全部都要审。只是一审已经审过一遍，一些表面的东西都已经被砍掉了，二审时要有重点地去审核，根据时间安排，有些工作量特别大的项目，如主体钢筋可以抽查，就不要从头算一遍了，如果提供了一审的计算底稿，可以抽查底稿，比较快。单价的审核，主要根据合同的约定的组价原则来定，有投标价的严格执行投标价，没有投标价的要参照投标的组价原则来计算。洽商要看跟合同工作内容是否重复等等。

2. 用审核软件 GSH4.0，想针对送审合价超过 1000 元的进行重点审核，如何实现？

答：审核前用“过滤”做复审或只挑重点审核。通过“过滤”，综合单价高、工程量高等的清单、子目都跳了出来，一目了然。

3. 如何快速编制可直接读工程中审增减数据的审核报告？

答：在 Word 格式的报告中，粘贴审核软件提供的显示在【审增减原因分析】窗口中的费用代码，并保存模板；然后，在【审增减原因分析】窗口中执行【载入模板】，生成报告即可。

4. 审核清单时，超过合同约定部分的清单能否直接下浮综合单价 10%？

答：可以。执行【量差取费】后，生成超过合同约定浮度清单项，点击新生成清单项，执行【强制修改清单综合单价】，在目标综合单价上输入“□0.9”，即可。

5. 想把存在审增减的分部分项页面数据导出或复制出来，如何处理？

答：可以通过过滤功能实现，把有问题的清单或子目过滤出来，报表里也有对应的过滤报表，可以打印出来。

6. 审核工程想要看工程量有增减的，怎么处理？

答：执行【过滤】，在工程量差栏勾选绝对值、选择大于 0 或者不等于 0，在过滤的报表里就可以看到了。

7. 想学习和体验下审核软件功能，需要购买软件吗?

答：不需要，网站主页上有学习版本下载。学习版操作步骤：(1) 安装审核学习版程序和学习版定额库；(2) 解压缩学习版工程，打开审核软件，载入学习版工程即可开始练习审核软件的操作。

8. 结算审核过程中，施工方如何查看甲方调整了哪些送审内容?

答：新建对比审核，将两份计价文件分别导入后，设置匹配条件，软件自动按设置匹配，差异项红字显示；并且软件提供差异过滤功能，方便快速检查和确认差异内容；转编审后可直接修改。

9. 如何使用审核软件分别计算核增核减的，核增和核减需要分别取费如何处理?

答：在 GSH4.0 中【汇总分析】下面有【审增减原因分析】，费用代码分别给出了审增和审减费用；用户可拿费用代码或直接复制数据，再手动编辑取费。

10. 请问审核 GSH4.0 中现在的版本怎么新建多级审核?

答：新建审核，审核方式选择多级审核?

11. 请问审核只能审一种格式的文件吗?

答：可以导入审：广联达单位工程、项目工程、Excel、审核工程；对比 GBQ3.0、对比项目、单位工程。

12. 审核软件分部分项页面不能修改工程量怎么办?

答：重新组价后，再修改。

13. 是否可以看工料机?

答：软件可以显示工料机，并可按市场价实时修改更新。

14. 项目上生成审定预算文件置灰不可用怎么办?

答：新建的空预算项目文件，该功能是置灰不可用的；导入项目文件后进行审核，生成审定预算文件，该功能就可用了。

15. 如何修改清单组价?

答：在分部分项页面取消勾选清单的锁定组价，取消后该清单可重新组价；如果想批量设置，可以批量选择后点击工具栏中的“重新组价”按钮。

16. 如何设置部分措施按实计算，部分包死?

答：措施界面所有措施项默认都是锁死金额的，只有勾选“按实计算”，该措施项才能重新计算和修改。(1) 措施按实计算：在措施页面可以逐条勾选；可以对整个分部批量勾选；也可以批量选择后点击工具栏中的“按实计算”按钮。(2) 部分包死：在措施页面可以逐条取消勾选；可以对整个分部批量取消勾选；也可以批量选择后点击工具栏按实计算下拉中的“取消按实计算”按钮。

17. 用户想用招标控制价文件来与送审结算比对，以此来审核，能否实现?

答：最新软件版本已经支持招标控制价文件与结算的对比，在新建对比中直接选择即可。

18. Q3 文件如何对比审核?

答：启动审核软件，在工程文件管理窗口中先选择审核方式为“对比审核”，再选择文件类型为“对比 GBQ3.0 工程”即可。

19. 审核完成后想查看审核后内容与投标文件的差别，该怎样操作?

答：(1) 将审核后工程导出到 Q4 工程；(2) 新建对比工程，将审定 Q4 工程与投标工程对比。

1.6 清单计价工程文件审核实例

1.6.1 工程概况

1.6.1.1 工程信息、工程特征、项目信息

建设项目造价编制会涉及项目名称、工程特征等信息，填写在软件中便于报表输出。

1.6.1.2 指标信息

委托咨询公司后的复核，公司内部多级审核的稽查等，通过查看指标对比，快速审查工程项目。软件显示当前工程与送审工程的指标数据对比，如人工费、材料费、管理费等及单方指标、三材对比等。

文件(F) 编辑(E) 视图(V) 工具(T) 汇总分析(A) 导入导出(D) 系统(S) 窗口(W) 在线服务(L) 帮助(H)

预算书设置 属性窗口

工程概况：工程信息、工程特征、指标信息、项目信息、过程记录

工程概况 / 分部分项 / 措施项目 / 其他项目 / 人材机汇总

导出到Excel

	名称	送审1	审定	增减金额(数量)
1	工程总造价(小写)	617,330.58	617,330.58	0.00
2	工程总造价(大写)	陆拾壹万柒仟叁佰叁拾元伍角捌分	陆拾壹万柒仟叁佰叁拾元伍角捌分	零元整
3	单方造价	0.00	0.00	0.00
4	分部分项工程量清单项目费	429029.13	429029.13	0.00
5	其中:人工费	57150.01	57150.01	0.00
6	材料费	297420.68	296049.48	-1371.20
7	机械费	13047.23	13047.23	0.00
8	设备费	0	0	0.00
9	主材费	0	0	0.00
10	管理费	0	0	0.00
11	利润	28014.15	27917.92	-96.23
12	措施项目费	9450.62	9450.62	0.00
13	其他项目费	131050.5	131050.5	0.00
14	规费	27270.39	27270.39	0.00
15	税金	20529.94	20529.94	0.00
16	钢材数量(t)	0.2535	0.2535	0.0000
17	钢筋数量(t)	0	0	0.0000
18	木材数量(m3)	0	0	0.0000
19	水泥数量(t)	38.4313	38.4313	0.0000

1.6.1.3 过程记录

如果公司内部多级审核制，流转过程需要记录，纸质文档容易丢失。软件中增加流转过程记录，查看、记录更方便。软件提供审核流转过程记录。列显示：名称、内容、备注。可以记录时间、审核级别、审核人等。如下图所示

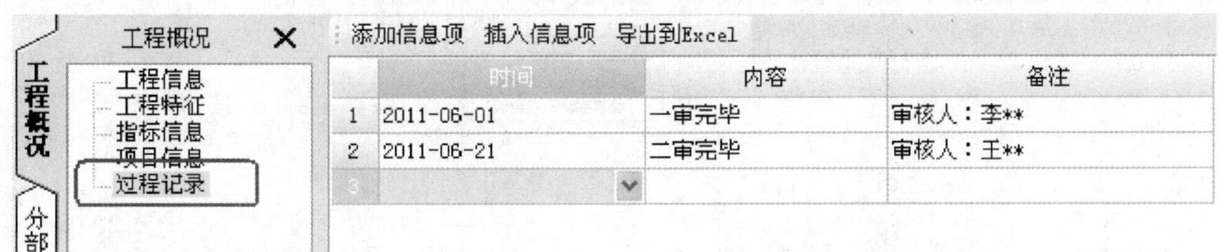

1.6.2 分部分项工程量清单的审核

1.6.2.1 导入送审文件后软件默认显示状态

采用导入广联达工程文件和Excel文件得到的送审数据，导入软件后，默认审定数据与送审数据完全一致。

1.6.2.2 清单项增删改的标识及软件的处理原则

在审核过程中，因变更或者洽商可能会引起清单项的增加、删除、修改；这些清单项应该给出醒目的标记，方便用户查找不同的情况，软件以不同的颜色进行标识：

增加的清单项：字体蓝色，行号会显示“行号＋增”，增加后，送审一列中数据全部为空。通过右键“插入”或“添加”输入清单项或子目，在输入时有以下方法：查询输入法，直接输入法、补充等；

删除的清单项：字体紫色，行号会显示“行号＋删”，清单项删除后，并不是从界面上消失，而且删除的清单项在对比表中也需要体现，软件处理原则是，删除清单项后，加删除线标记，且审定的工程量和综合合价为0（注：如想审删某项，请将其工程量改为0）；

修改的清单项：字体红色，行号会显示“行号＋改”，清单项的组价、工程量都可以修改。如下图所示。

	编码	类别	名称	项目特征	单位	锁定组价	送审			审定			工程量差	增减金额	增减比例(%)
							工程量	综合单价	综合合价	工程量	综合单价	综合合价			
	−		整个项目			□			429795.1			426800.57		-2994.55	-0.7
B1	− 一、	部	防水工程			□			127013.25			124018.7		-2994.55	-2.36
1改	+ 910803001001	项	墙、地面防水层铲除	1.防水部位：厨房 2.保护层种类：水泥砂浆 3.防水层种类、厚度：防水涂料 4.找平层厚度：20mm	m2	□	279.9	8.21	2297.98	279.9	7.9	2211.21	0	-86.77	-3.78
2	+ 910803005001	项	墙、地面涂膜防水层新做	1.涂膜品种：聚氨酯涂膜 2.涂膜厚度、遍数、增强材料种类 3.防水部位：厨房	m2	□	279.9	56.76	15887.12	279.9	56.76	15887.12	0	0	0
3删	+ ~~910803001002~~	~~项~~	~~墙、地面防水层铲除~~	~~1.防水部位：盥洗间 卫生间~~ ~~2.保护层种类：水泥砂浆~~ ~~3.防水层种类、厚度：防水涂料~~ ~~4.找平层厚度：20mm~~	~~m2~~	☑	~~625.64~~	~~8.21~~	~~5136.5~~	~~0~~	~~8.21~~	~~0~~	-625.64	-5136.5	-100
4增	+ 910803003001	项	墙、地面卷材防水层新做		m2	□			0	52	42.86	2228.72	52	2228.72	100

1.6.2.3 增减金额、增减比例；工程量差；增减说明自动生成

（1）如上图所示，当修改审定数据后，增减金额、增减比例、工程量差自动计算并显示在界面上。增减金额＝审定综合合价－送审综合合价；工程量差＝审定工程量－送审工程量；增减比例＝增减金额/送审综合合价。

（2）在审核过程中，对于发现的问题、疑问或者增减原因，能够有地方记录下来，方便核对时查看；修改审定数据时，增减说明自动生成；可以编辑修改；批量删除自动生成的增减说明；批量生成增减说明。

广联达审核软件 GSH4.0 - [清单计价 - 广联达样例工程1——土建工程]

可以批量生成增减说明，批量删除自动生成的增减说明

增减说明：批量生成增减说明 / 批量删除增减说明

	编码	类别	名称	项目特征	单位	锁定组价	送审工程量	送审综合单价	送审综合合价	审定工程量	审定综合单价	审定综合合价	工程量差	增减金额	增减比例(%)	增减说明
			整个项目						429795.1			426800.57		-2994.55	-0.7	
B1	一、	部	防水工程						127013.25			124018.7		-2994.55	-2.36	
1改	910803001001	项	墙、地面防水层铲除	1.防水部位：厨房 2.保护层种类：水泥砂浆 3.防水层种类、厚度：防水涂料 4.找平层厚度：20mm	m2		279.9	8.21	2297.98	279.9	7.9	2211.21	0	-86.77	-3.78	[调价]
2	910803005001	项	墙、地面涂膜防水层新做	1.涂膜品种：聚氨酯涂膜 2.涂膜厚度、遍数、增强材料种类 3.防水部位：厨房	m2		279.9	56.76	15887.12	279.9	56.76	15887.12			0	
3删	910803001002	项	墙、地面防水层铲除	1.防水部位：盥洗间 卫生间 2.保护层种类：水泥砂浆 3.防水层种类、厚度：防水涂料 4.找平层厚度：20mm	m2	☑	625.64	8.21	5136.5	0	8.21	0	-625.64	-5136.5	-100	[删除]
4增	910803003001	项	墙、地面卷材防水层新做		m2				0	52	42.86	2228.72	52	2228.72	100	[新增]

点击三点按钮，可以手工编辑

1.6.2.4 【结算审核】显示送审与审定的完整信息

如果要查看每一项送审与审定的对比时，主界面不够全面，软件增加【结算审核】窗口，可以查看每一项的对比情况。如下图方框所示。

	编码	类别	名称	项目特征	单位	锁定组价	送审工程量	送审综合单价	送审综合合价	审定工程量	审定综合单价	审定综合合价
B1	一、	部	防水工程						126247.26			125599.75
1改	910803001001	项	墙、地面防水层铲除	1.防水部位：厨房 2.保护层种类：水泥砂浆 3.防水层种类、厚度：防水涂料 4.找平层厚度：20mm	m2		186.6	8.21	1531.99	186.6	4.74	884.48

结算审核 | 工料机显示 | 查询合同预算 | 查看单价构成 | 工程量明细 | 说明信息 | 安装费用 | 标准换算 | 换算信息 | 内容指引 | 查询用户清单 | 特征及内容

	审核过程	编码	名称	项目特征	工程量	综合单价	综合合价	增减说明
1	送审1	910803001001	墙、地面防水层铲除	1.防水部位：厨房 2.保护层种类：水泥砂浆 3.防水层种类、厚度：防水涂料 4.找平层厚度：20mm	186.6	8.21	1531.99	
2	当前审核	910803001001	墙、地面防水层铲除	1.防水部位：厨房 2.保护层种类：水泥砂浆 3.防水层种类、厚度：防水涂料 4.找平层厚度：20mm	186.6	4.74	884.48	[调价]

1.6.2.5 【工料机显示】显示送审、审定、定额本工料机的三方对比

送审方为了提高收益，经常会采用不平衡报价；而过高或过低修改资源的含量就是经常使用的一种方式。所以审核方希望能看出送审子目工料机与定额本对比，以方便快速找出不合理的调整，否则手工对比，工作量比较大。软件提供送审、审定、定额本三方对比，并把审定与定额本不一致的地方标识出来。鼠标定位在子目行，点击【工料机显示】。如下图所示。

	编码	类别	名称	项目特征	单位	锁定组价	送审工程量	送审综合单价	送审综合合价	审定工程量	审定综合单价	审定综合合价	工程量差	增减金额
B1	一、	部	防水工程						126247.26			126247.26		0
1	910803001001	项	墙、地面防水层铲除	1.防水部位：厨房 2.保护层种类：水泥砂浆 3.防水层种类、厚度：防水涂料 4.找平层厚度：20mm	m2	☑	186.6	8.21	1531.99	186.6	8.21	1531.99	0	0
	9-2	定	防水工程 拆除工程 铲除防水层 带砂石保护层		m2		186.6	6.96	1298.74	186.6	6.96	1298.74	0	0

结算审核 | 工料机显示 | 查询合同预算 | 查看单价构成 | 工程量明细 | 说明信息 | 安装费用 | 标准换算 | 换算信息 | 内容指引 | 查询用户清单 | 特征及内容

送审工料机

	编码	名称	单位	含量	单价
1	RG0101	综合工日	工日	0.084	48
2	CL0241	其他材料费	元	0.04	1
3	JX0313	中小型机械费	元	0.13	1

审定与定额本对比不同，软件自动标识

审定/定额 工料机对比

	编码	类别	名称	规格及型号	单位	含量	数量	市场价	锁定数量	编码(定)	名称规格(定)	单位(定)	含量(定)	预算价(定)
1	RG0101	人	综合工日		工日	0.084	15.6744	48		RG0101	综合工日	工日	0.084	30.8
2	CL0241	材	其他材料费		元	0.04	7.464	1		CL0241	其他材料费	元	0.04	1
3	JX0313	机	中小型机械费		元	0.13	24.258	1		JX0313	中小型机械费	元	0.13	1

1.6.2.6 【查看单价构成】显示送审、审定的单价构成对比

审核过程中，审核方修改清单组价，希望能看到对总价的影响。送审、审定每条清单取费的对比表更能直观体现出审核情况，方便双方核对。如下图所示。

	编码	类别	名称	项目特征	单位	锁定组价	送审 工程量	送审 综合单价	送审 综合合价	审定 工程量	审定 综合单价	审定 综合合价	工程
B1	一、	部	防水工程			☐			126247.26			125599.75	
1改	910803001001	项	墙、地面防水层铲除	1.防水部位：厨房 2.保护层种类：水泥砂浆 3.防水层种类、厚度：防水涂料 4.找平层厚度：20mm	m2	☐	186.6	8.21	1531.99	186.6	4.74	884.48	

结算审核　工料机显示　查询合同预算　查看单价构成　工程量明细　说明信息　安装费用　标准换算　换算信息　内容指引　查询用户清单　特征及内容

送审单价构成

序号	费用代号	名称	计算基数	费率(%)	单价	合价
1	A	直接费	A1+A2+A3		5.15	960.99
2	A1	人工费	RGF		4.42	824.77
3	A2	材料费	CLF+ZCF		0.05	9.33
4	A3	机械费	JXF		0.68	126.89
5	B	管理费	A1	57	2.52	470.23
6	C	利润	A+B	7	0.54	100.76
7	D	综合单价	A+B+C		8.21	1531.99

审定单价构成

序号	费用代号	名称	计算基数	基数说明	费率(%)	单价	合价	费用类别
1	A	直接费	A1+A2+A3	人工费+材料费+机械费		3.06	571	直接费
2	A1	人工费	RGF	人工费		2.41	449.71	人工费
3	A2	材料费	CLF+ZCF	材料费+主材费		0.03	5.6	材料费
4	A3	机械费	JXF	机械费		0.62	115.69	机械费
5	B	管理费	A1	人工费	57	1.37	255.64	管理费
6	C	利润	A+B	直接费+管理费	6	0.27	50.38	利润
7	D	综合单价	A+B+C	直接费+管理费+利润		4.7	877.02	合计

1.6.2.7 【工程量明细】显示送审、审定的工程量明细对比

审核过程中，工程量的计算往往是比较关注的内容。审核方希望看到送审方工程量的计算过程，并在其基础上修改。如下图所示。

	编码	类别	名称	项目特征	单位	锁定组价	送审 工程量	送审 综合单价	送审 综合合价	审定 工程量	审定 综合单价	审定 综合合价	工程量差	增减金额	增减比例(%)
			整个项目			☐			429029.1			428988.08		-41.05	-0.01
B1	一、	部	防水工程			☐			126247.26			126206.21		-41.05	-0.03
1改	910803001001	项	墙、地面防水层铲除	1.防水部位：厨房 2.保护层种类：水泥砂浆 3.防水层种类、厚度：防水涂料 4.找平层厚度：20mm	m2	☑	186.6	8.21	1531.99	181.6	8.21	1490.94	-5	-41.05	-2.68

结算审核　工料机显示　查询合同预算　查看单价构成　工程量明细　说明　换算信息　内容指引　查询用户清单　特征及内容

鼠标定位在清单或子目行，点击工程量明细

送审工程量明细

	内容说明	
	计算结果	
1	1	120
2	2	42
3	3	24.6
4		0

审定工程量明细

	内容说明	计算式	结果	累加标识	引用代码
	计算结果		181.6		
1	1	120	120.0000	☑	
2	2	42	42.0000	☑	
3	3	24.6	24.6000	☑	
4		-5	-5.0000	☑	

1.6.2.8 【工程量表达式】显示审定工程量表达式

审核过程中，工程量的计算往往是比较关注的地方。审核方希望打印工程量的计算过程。软件可以通过右键—页面列显示，勾选工程量表达式，界面显示工程量表达式列，默认显示送审的工程量表达式，修改后显示审定的工程量表达式。报表可以输出审定工程量表达式。报表输出如下图所示。

报表 → 工程量计算书

工程名称：土建工程　　金额单位：元　　第 1 页　共 7 页

编码	名称	工程量	单位	计算公式	小计	备注
一、	防水工程					
910803001001	墙、地面防水层铲除	181.6	m2	120	120	1
				42	42	2
				24.6	24.6	3
				-5	-5	
9-2	防水工程 拆除工程 铲除防水层 带砂石保护层	181.6	m2	QDL * 1	181.6	
11-12	场外运输 渣土运输 三环路以外	3.632	m3	QDL * 0.02	3.63	
910803005001	墙、地面涂膜防水层新做	279.9	m2	186.6*1.5	279.9	

1.6.2.9 【量差取费】当清单项工程量变化幅度在某个范围时，综合单价是否需要调整的处理

（1）业务背景

“08 规范”【条文】4.7.5 因非承包人原因引起的工程量增减，该项工程量变化在合同约定幅度以内的，应执行原有综合单价；该项工程量变化在合同约定幅度以外的，其综合单价及措施项目费应予以调整。【要点说明】在合同履行过程中，因承包人原因引起的工程量增减与招标文件中提供的工程量可能有偏差，该偏差对工程量清单项目的综合单价将产生影响，是否调整综合单价以及如何调整应在合同中约定。若合同未作约定，本条条文中说明指出，按以下原则办理：

a）当工程量清单项目工程量的变化幅度在 10%以内时，其综合单价不作调整，执行原有综合单价。

b）当工程量清单项目工程量的变化幅度在 10%以外，且其影响分部分项工程费超过 0.1%时，其综合单价以及对应的措施费（如有）均应作调整。调整方法是由承包人对增加的工程量或减少后剩余的工程量提出新的综合单价和措施项目费，经发包人确认后调整。

（2）功能价值

a）结算文件与合同文件对比，快速找到工程量变化幅度在约定以外的清单；

b）根据量差幅度，将工程中清单自动拆分为：合同内工程量（约定幅度内）、合同外工程量（约定幅度外），便于分别取费；

c）根据合同约定或双方协商，设置的管理费、利润上下浮百分比，软件自动调整取费；

d）输出量差取费表，清晰体现审核过程，核对方便，存档规范。

（3）软件处理流程

第一步，导入合同文件。建议工程量审核完毕后，进行量差取费的操作。软件是用审定部分与合同进行对比的。分部分项页面，点击按钮 量差取费 ，软件弹出窗体选择合同文件。

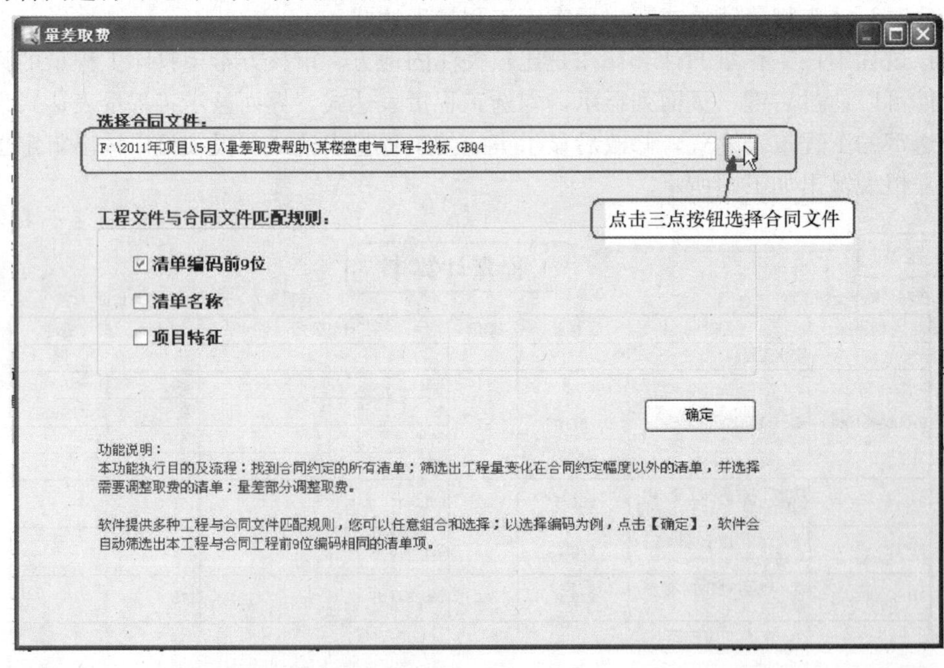

第二步，选择工程文件与合同文件的匹配规则。软件提供多种匹配规则，可以任意组合和选择。

以选择编码+名称+项目特征为例，点击【确定】后，工程与合同的清单项，前 9 位编码、名称、项目特征都相同的会自动匹配到一起。

量差取费

工程量差幅度= ［　］% ［过滤］

界面显示工程中的审定清单（蓝色背景）与合同中的清单（挂在下面）的对应关系；请选择需要调整取费的清单，点击下一步

注：当匹配不唯一时，一条合同清单可能会挂在多个工程清单下；如果合同清单被选择，其他项下该清单隐藏

	编码	名称	项目特征	单位	工程量	综合单价	综合合价	量差幅度%	选择
	030212001016	电气配管　镀锌钢管 SC15		m	506.5	15.42	7810.23		
合同	030212001016	电气配管　镀锌钢管 SC15		m	506.5	15.42	7810.23	0.00	☐
	030212001002	电气配管 镀锌钢管 SC20		m	1102.5	14.69	16195.73		
合同	030212001002	电气配管 镀锌钢管 SC20		m	1102.5	14.69	16195.73	0.00	☐
	030212001003	电气配管　镀锌钢管 SC25		m	100	20.08	2008		
合同	030212001003	电气配管　镀锌钢管 SC25		m	51	20.08	1024.08	96.08	☐
	030212001004	电气配管 镀锌钢管 SC32		m	153	24.2	3702.6		
合同	030212001004	电气配管 镀锌钢管 SC32		m	153	24.2	3702.6	0.00	☐
	030212001006	电气配管　镀锌钢管 SC80		m	60	63.86	3831.6		
合同	030212001006	电气配管　镀锌钢管 SC80		m	60	63.86	3831.6	0.00	☐
	030212001007	电气配管　镀锌钢管 SC100		m	213	81.34	17325.42		
合同	030212001007	电气配管　镀锌钢管 SC100		m	213	81.34	17325.42	0.00	☐
	030212001008	电气配管 镀锌钢管 SC150		m	23.5	128.69	3024.22		
合同	030212001008	电气配管 镀锌钢管 SC150		m	65.3	128.69	8403.46	-64.01	☐
	030212001020	电气配管		m	1	8.15	8.15		
合同	030212001020	电气配管		m	1	8.15	8.15	0.00	☐
合同	030212001021	电气配管		m	1	183284.1	183284.1	0.00	☐
	030212001021	电气配管		m	1	183284.1	183284.1		

［上一步］　［下一步］

第三步，选择需要调整取费的清单。工程与合同文件匹配上的清单，软件自动计算出量差幅度并显示在窗体里；可以根据合同约定的量差幅度，选择需要调整取费的清单，进行下一步操作。选择清单时，可以通过过滤功能，快速筛选出超出“量差幅度”的清单项。

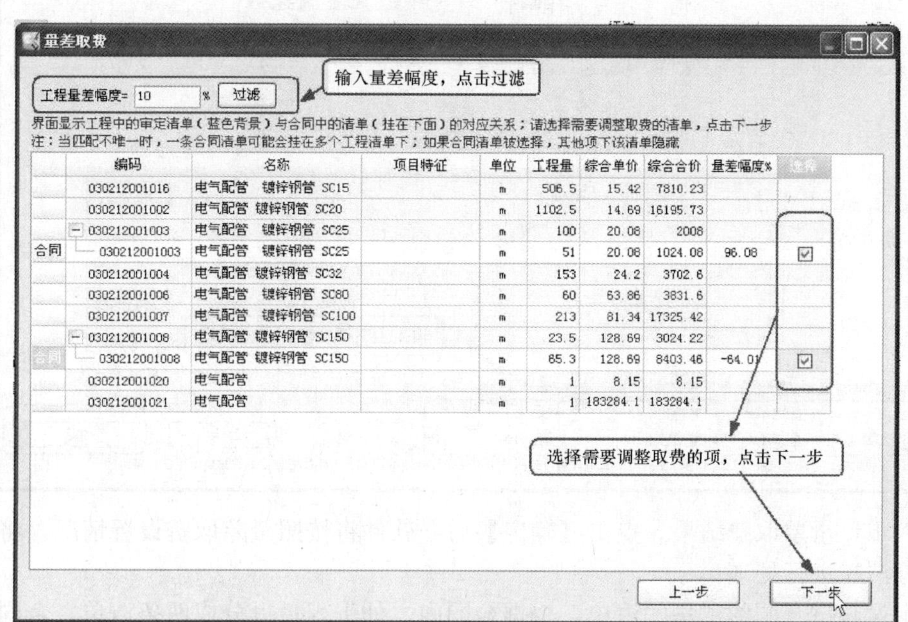

	编码	名称	项目特征	单位	工程量	综合单价	综合合价	量差幅度%	选择
	030212001016	电气配管　镀锌钢管 SC15		m	506.5	15.42	7810.23		
	030212001002	电气配管 镀锌钢管 SC20		m	1102.5	14.69	16195.73		
	030212001003	电气配管　镀锌钢管 SC25		m	100	20.08	2008		
合同	030212001003	电气配管　镀锌钢管 SC25		m	51	20.08	1024.08	96.08	☑
	030212001004	电气配管 镀锌钢管 SC32		m	153	24.2	3702.6		
	030212001006	电气配管　镀锌钢管 SC80		m	60	63.86	3831.6		
	030212001007	电气配管　镀锌钢管 SC100		m	213	81.34	17325.42		
	030212001008	电气配管 镀锌钢管 SC150		m	23.5	128.69	3024.22		
合同	030212001008	电气配管 镀锌钢管 SC150		m	65.3	128.69	8403.46	-64.01	☑
	030212001020	电气配管		m	1	8.15	8.15		
	030212001021	电气配管		m	1	183284.1	183284.1		

第四步，拆分工程量。根据合同约定，输入量差幅度，点击【设置】。软件自动计算出合同内工程量（约定幅度内）、合同外工程量（约定幅度外），便于分别取费。

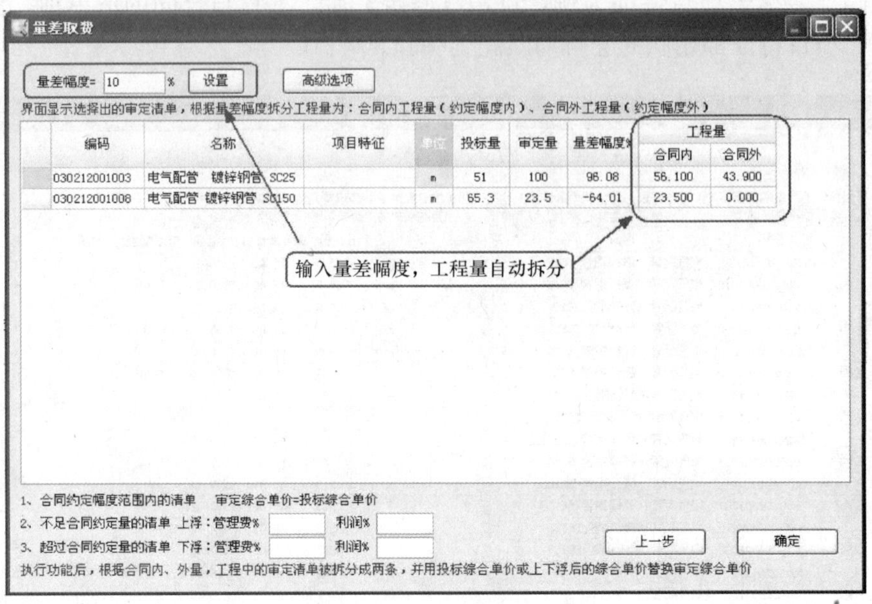

第五步，费率上下浮的设置。根据合同约定或双方协商，输入上下浮费率。不足合同约定量的清单，在合同综合单价基础上，上浮管理费、利润；超过合同约定量的清单，下浮管理费、利润；合同约定幅度以内的量，综合单价为投标综合单价不变。

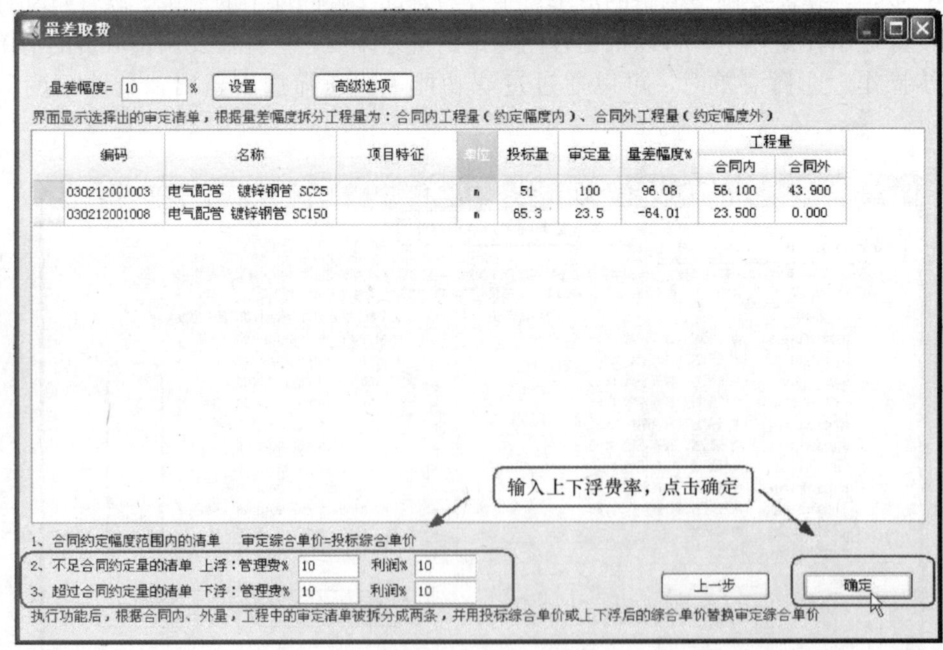

第六步，量差取费结果。点击【确定】后，软件将按照量差取费设置情况，将工程中审定部分清单进行处理：

审定量超过合同约定量的清单，根据合同内、外工程量拆分成两条清单，合同内工程

量部分综合单价＝投标综合单价；合同外工程量部分综合单价＝投标综合单价下浮管理费、利润后的结果。

审定量不足合同约定量的清单，高级选项 选择方式1的情况下，综合单价＝投标综合单价上浮管理费、利润后的结果。如下图所示。

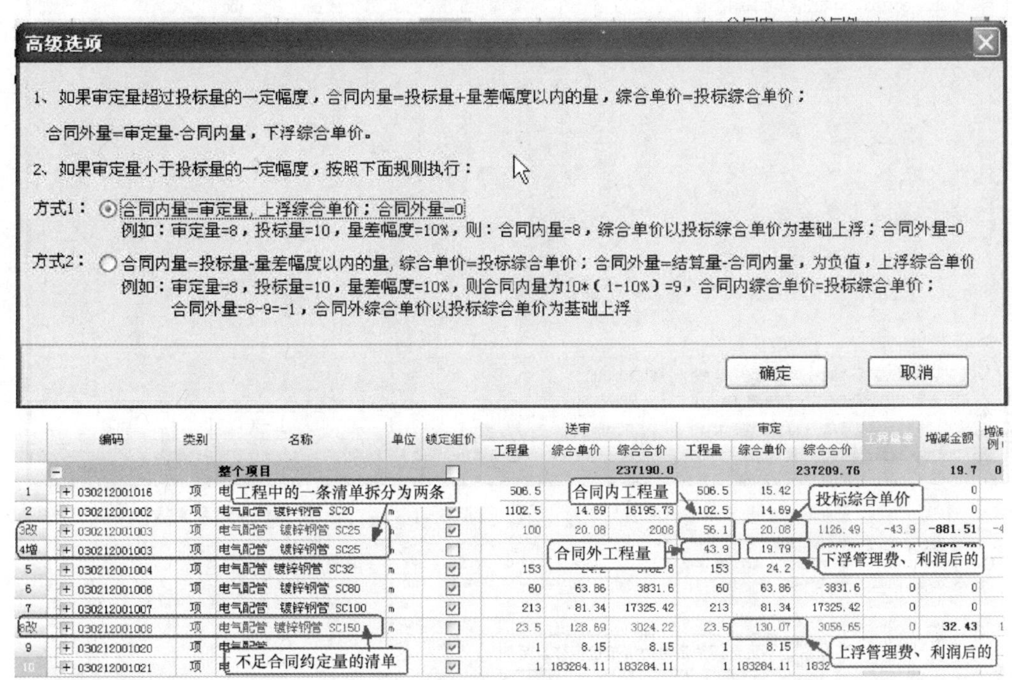

审定量不足合同约定量的清单，高级选项 选择方式2的情况下，根据合同内、外工程量拆分成两条清单，合同内工程量部分综合单价＝投标综合单价；合同外工程量部分综合单价＝投标综合单价上浮管理费、利润后的结果。如下图所示

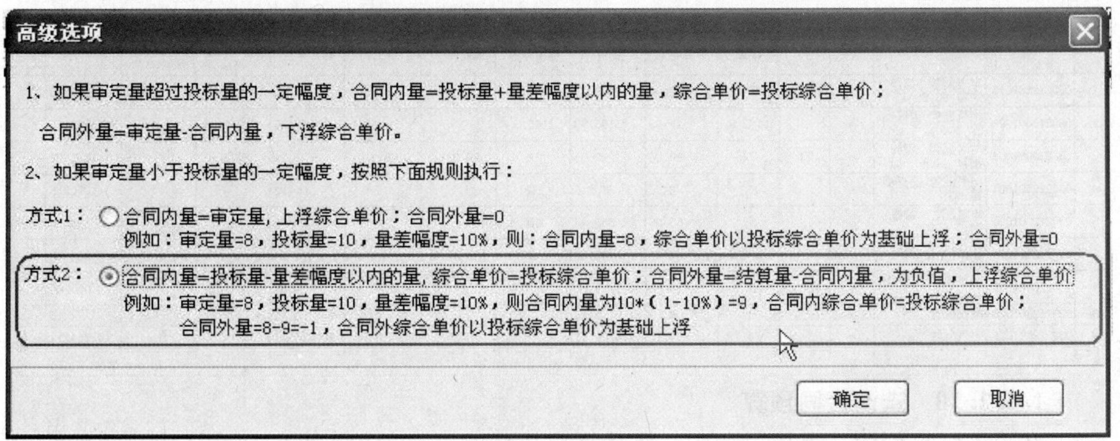

点击确认后，拆分结果发生变化，如下图所示。

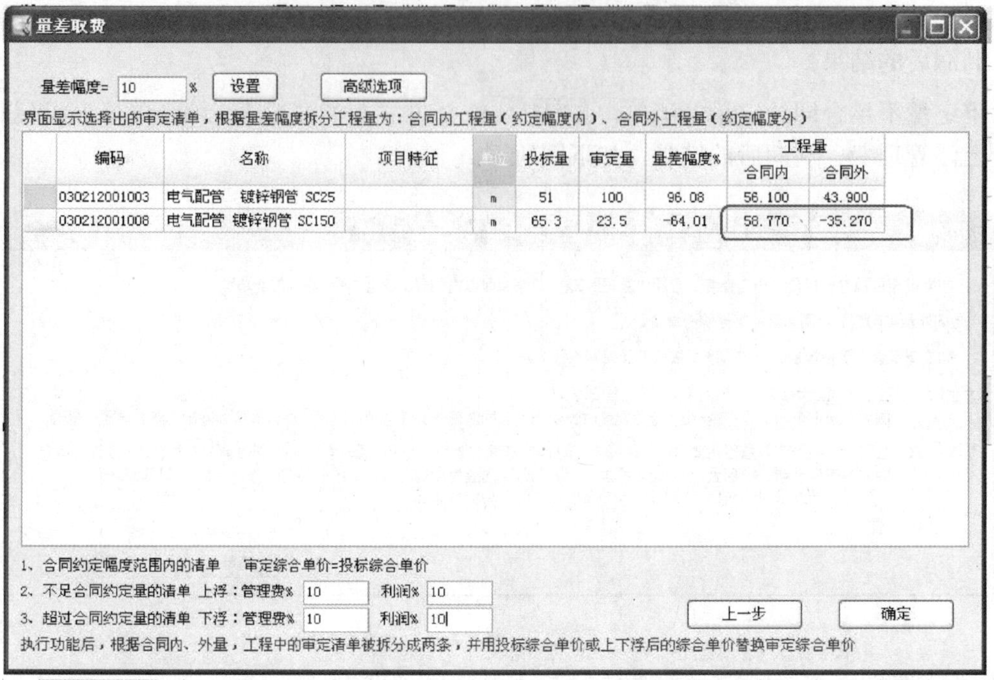

量差取费

量差幅度= 10 % 设置 高级选项

界面显示选择出的审定清单，根据量差幅度拆分工程量为：合同内工程量（约定幅度内）、合同外工程量（约定幅度外）

编码	名称	项目特征	单位	投标量	审定量	量差幅度%	工程量	
							合同内	合同外
030212001003	电气配管 镀锌钢管 SC25		m	51	100	96.08	56.100	43.900
030212001008	电气配管 镀锌钢管 SC150		m	65.3	23.5	-64.01	58.770	-35.270

1、合同约定幅度范围内的清单 审定综合单价=投标综合单价

2、不足合同约定量的清单 上浮：管理费% 10 利润% 10

3、超过合同约定量的清单 下浮：管理费% 10 利润% 10

上一步 确定

执行功能后，根据合同内、外量，工程中的审定清单被拆分成两条，并用投标综合单价或上下浮后的综合单价替换审定综合单价

	编码	类别	名称	单位	锁定组价	送审			审定			工程量差	增减金额	增减比例(%)	增减说明
						工程量	综合单价	综合合价	工程量	综合单价	综合合价				
	−		**整个项目**		☐			237190			237128.65		**-61.41**	**-0.03**	
1	+ 030212001016	项	电气配管 镀锌钢管 SC15	m	☑	506.5	15.42	7810.23	506.5	15.42	7810.23	0	0	0	
2	+ 030212001002	项	电气配管 镀锌钢管 SC20	m	☑	1102.5	14.69	16195.73	1102.5	14.69	16195.73	0	0	0	
3改	+ 030212001003	项	电气配管 镀锌钢管 SC25	m	☑	100	20.08	2008	56.1	20.08	1126.49	-43.9	**-881.51**	-43.9	[调量]
4增	+ 030212001003	项	电气配管 镀锌钢管 SC25	m	☐			0	43.9	19.79	868.78	43.9	**868.78**	100	[新增]
5	+ 030212001004	项	电气配管					3702.6	153	24.2	3702.6	0	0	0	
6	+ 030212001006	项	电气配管					3831.6	60	63.86	3831.6	0	0	0	
7	+ 030212001007	项	电气配管 镀锌钢管 SC100	m	☑	213	81.34	17325.42	213	81.34	17325.42	0	0	0	
8改	+ 030212001008	项	电气配管 镀锌钢管 SC150	m	☑	23.5	128.69	3024.22	58.77	128.69	7563.11	35.27	**4538.89**	150.08	[调量]
	+ 030212001008	项	电气配管 镀锌钢管 SC150	m	☐			0	-35.27	130.07	-4587.57	-35.27	**-4587.57**	-100	[新增]
10	+ 030212001020	项	电气配管	m	☑	1	8.15	8.15	1	8.15	8.15	0	0	0	
11	+ 030212001021	项	电气配管	m	☑	1	183284.1	183284.1	1	183284.11	183284.11	0	0	0	

不足合同约定量的清单也拆分为两条

第七步，输出报表。报表页面，查看量差取费表。

某楼盘电气工程-结算量差取费表

工程名称：某楼盘电气工程-结算　　金额单位：元　　第 1 页　共

序号	项目编码	项目名称	计量单位	投标数量	送审工程			审定工程							审增
					数量	综合单价	合价	审定数量	量差幅度	合同内数量	综合单价	合同外		合 价	
												数量	综合单价		
1	030212001016	电气配管 镀锌钢管 SC15	m		506.5	15.42	7810.23	506.5			15.42			7810.23	
2	030212001002	电气配管 镀锌钢管 SC20	m		1102.5	14.69	16195.73	1102.5			14.69			16195.73	
3	030212001003	电气配管 镀锌钢管 SC25	m	51	100	20.08	2008	100	96.08%	56.1	20.08	43.9	19.79	1995.27	-
4	030212001004	电气配管 镀锌钢管 SC32	m		153	24.2	3702.6	153			24.2			3702.6	
5	030212001006	电气配管 镀锌钢管 SC80	m		60	63.86	3831.6	60			63.86			3831.6	
6	030212001007	电气配管 镀锌钢管 SC100	m		213	81.34	17325.42	213			81.34			17325.42	
7	030212001008	电气配管 镀锌钢管 SC150	m	65.3	23.5	128.69	3024.22	23.5	-64.01%	23.5	130.07			3056.65	
8	030212001020	电气配管	m		1	8.15	8.15	1			8.15			8.15	
9	030212001021	电气配管	m		1	183284.11	183284.11	1			183284.11			183284.11	

1.6.2.10 查询合同预算

在竣工结算阶段，审核过程中，来确认审核后的综合单价，经常要拿送审预算的清单和合同预算清单进行对比，或在洽商编制过程中查询合同对应清单项；所以需要提供查询合同预算的功能，以方便核对或提取审定清单数据。

软件处理方法：

（1）点击【查询合同预算】功能，在下图中点击方框中的“三点”小按钮，选择要查询的合同预算文件。

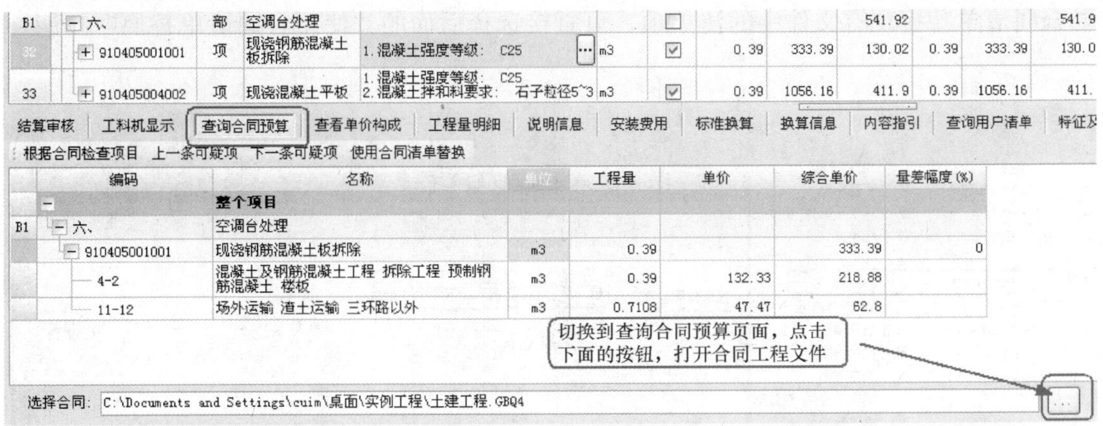

（2）然后，点击【根据合同检查项目】，会弹出下图框，出现相关提示信息，请在检查前仔细阅读。

软件会检查两种可疑之处：①送审清单在合同清单中不存在；②送审清单的综合单价或者工程量与合同清单不一致。

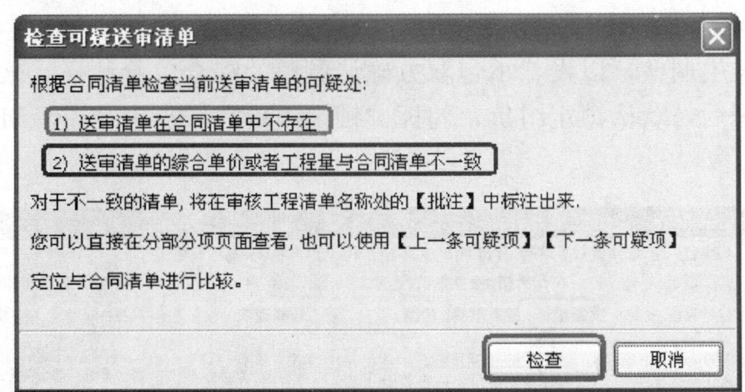

阅读上面的信息后，就可以点击“检查”按钮执行检查。

若通过检查，发现不一致的清单，将在审核工程清单名称处的【批注】中标注出来，如下图的结果。

	编码	类别	名称	单位	送审	
					工程量	综合单价
	−		整个项目			
1	− 010101001001	项	平整场地	m		
	1-1	定	人工土石方 场地平整	m		
2	− 010101002001	项	挖土方	m		
	1-2	定	人工土石方 人工挖土 土方	m		12
3	− 010301001001	项	砖基础	m3	400	
	4-1	定	砌砖 砖基础	m3		176.6
4	− 010302004001	项	填充墙	m3	741	
	4-2	定	砌砖 砖外墙	m3		190.9

与当前送审清单编码匹配的合同清单中，找不到工程量、综合单价都相等的项

可通过查看“上一条可疑项”和“下一条可疑项”查找需要修改的清单项，如下图中左边方框是随着“上一条可疑项”和“下一条可疑项”的点选而变化的，这个界面呈现的是当前方框中与合同预算文件中的哪一条清单项是对应的，且有可疑，如果需要合同清单替换现有文件中的清单项，可直接选择后面的“使用合同清单替换”功能。

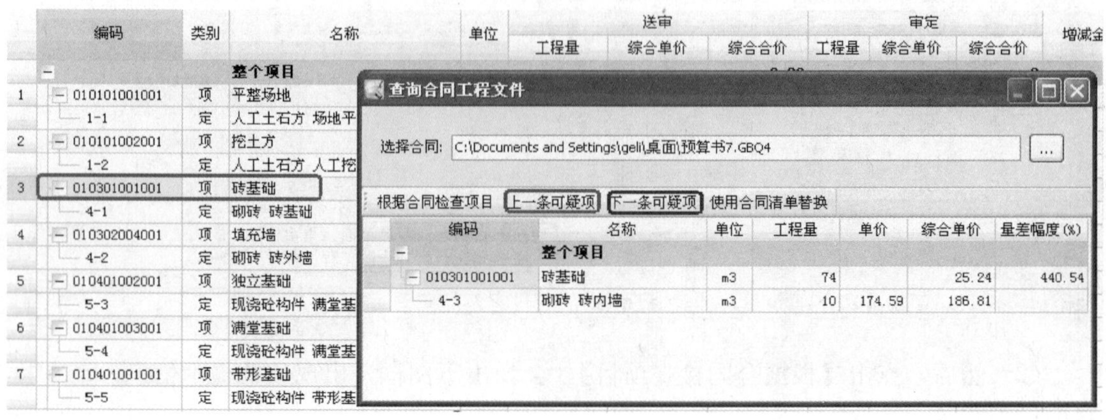

1.6.2.11 重新组价/锁定组价

08规范规定，竣工结算时分部分项工程费应依据双方确认的工程量、合同约定的综合单价计算；如发生调整，以发、承包双方确认调整的综合单价计算。软件处理为：新建审核导入送审工程后，默认锁定组价，勾掉“锁定组价”或点击“重新组价”后，才可以修改清单的组价。

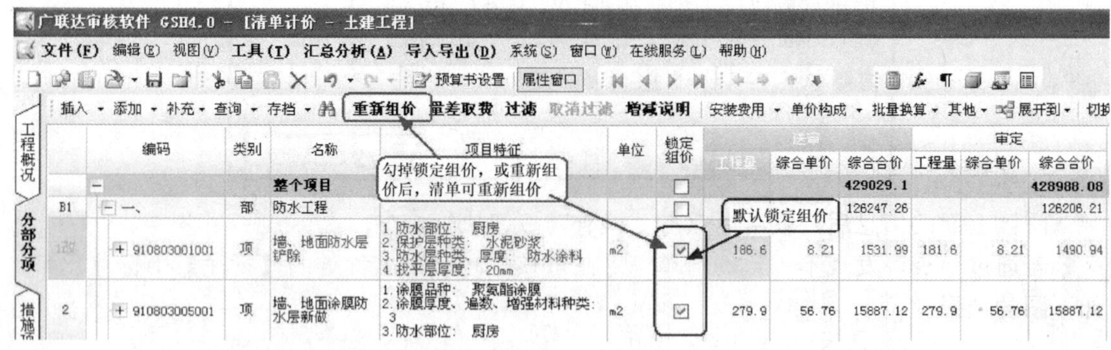

1.6.2.12 批注

记录内容不需要输出，只是方便自己查看的，可采用批注功能，类似Excel批注功能。

在右键功能加入【插入批注】、【编辑批注】、【删除批注】【删除所有批注】，如下图所示，选中清单项，右键，可选择【插入批注】。

结果如下图所示

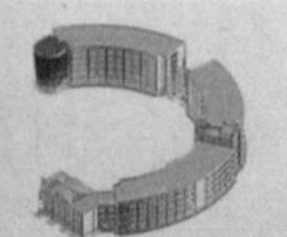

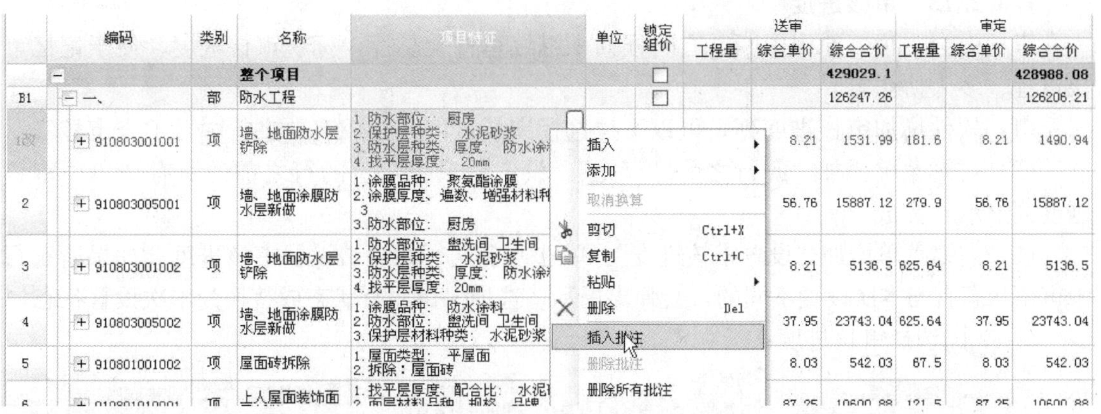

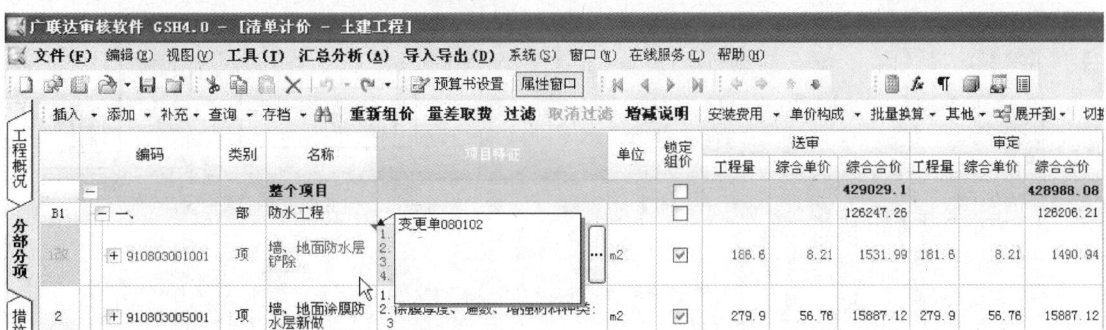

（1）此内容不能打印；

（2）批注符号默认显示在【名称】列；

（3）当光标移到此条清单的【名称】时，批注就可以显示出来；

（4）当某条清单项已经有“批注”后，再点击右键，就可以看到【编辑批注】、【删除批注】【删除所有批注】这两个功能了，如下图所示。

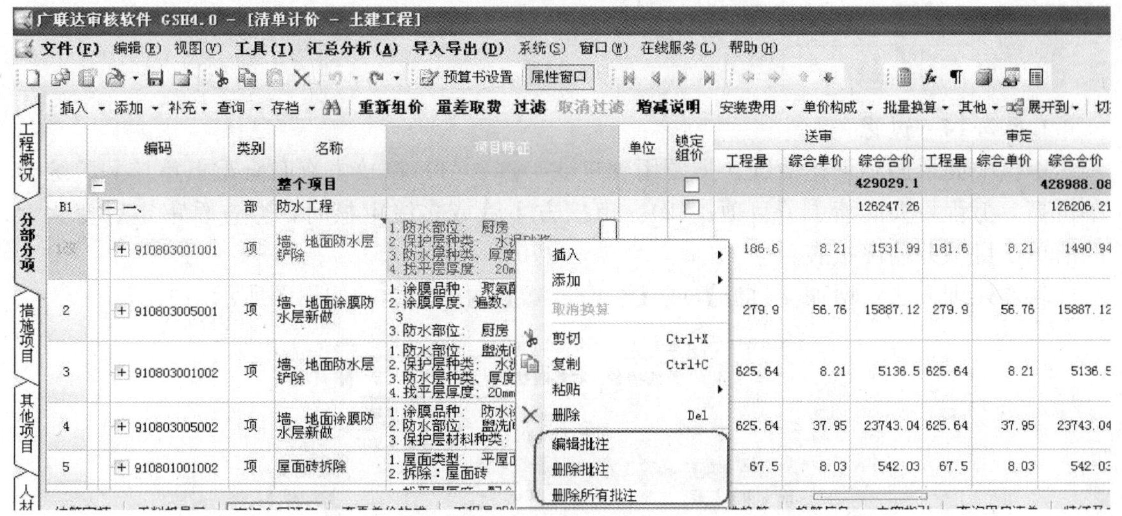

1.6.2.13 审核进度

审核中会因很多原因中断，有时候回来继续审核会忘掉，标识审核进度，便于记忆审核进程、多人协作等。

（1）软件增加审核进度列，可以下拉选择审核进度“完成”、“进行中”、“未审核”。

（2）右键菜单增加“此行之前已审完”：设置后鼠标定位的行之前的所有清单项审核进度列显示：完成。

（3）右键菜单增加“设置审核进度”：单选或多选行，点击设置审核进度。如果所选行中审核状态有与本次设置不同的，会弹出提示，选择保留原有状态或替换为本次设置状态。

a）下拉选择审核进度：

名称	单位	锁定组价	送审			审定			工程量差	增减金额	增减比例(%)	增减说明	审核进度
			工程量	综合单价	综合合价	工程量	综合单价	综合合价					
整个项目		☐			429029.1			428988.08		-41.05	-0.01		
防水工程		☐			126247.26			126206.21		-41.05	-0.03		
墙、地面防水层铲除	m2	☑	186.6	8.21	1531.99	181.6	8.21	1490.94	-5	-41.05	-2.68	[调量]	未审核 进行中 完成
墙、地面涂膜防水层新做	m2	☑	279.9	56.76	15887.12	279.9	56.76	15887			0		
墙、地面防水层	m2	☑	625.64	8.21	5136.5	625.64	8.21	5136.5	0	0	0		

点击按钮可下拉选择审核进度

b）右键设置审核进度：

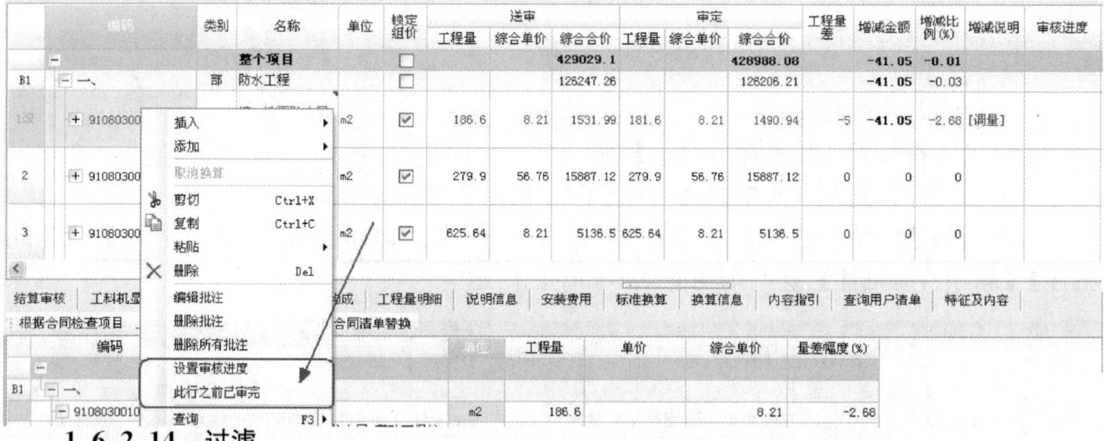

1.6.2.14 过滤

审核中如果遇到下述情况，需要用到过滤筛选。（1）审核方有时会重点审核一些综合单价高、工程量大的清单子目项；（2）、审核方主管或多级审核时，会查看审定后变化大的清单子目项并输出报表。

软件处理方法：增加【过滤】或【取消过滤】两个功能，如下图所示。

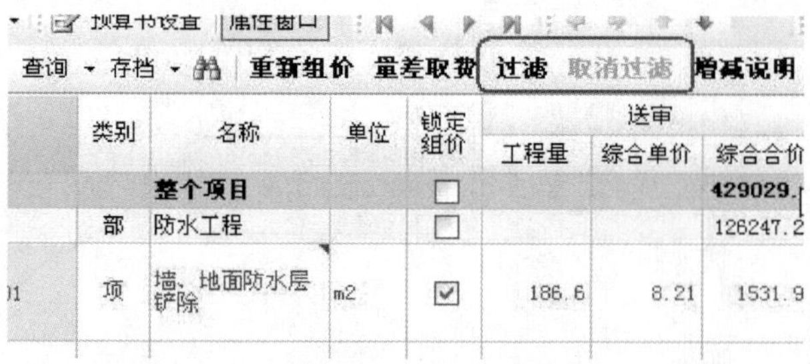

点击【过滤】，弹出下图框，在图框中可以针对不同的条件进行设置，并过滤。

红色方框是要过滤的条件，粉色方框，可以设置范围属性：＞、＜、≥、≤、≠、＝六种情况，蓝色方框输入范围值即可。设置后，点击“确定”按钮，分部分项编辑界面就只显示按此条件过滤的清单项。取绝对值的意思是：例如设置增减金额＞100，如勾选取绝对值，过滤结果是增减金额＞100 和＜－100 的；如不勾选取绝对值，过滤结果是增减金额＞100 的。

若显示全部的清单项，点击【取消过滤】功能即可。

设置过滤条件

条件名称	取绝对值	比较符	比较值
送审合价	☑	>	
送审单价	☑	>	
送审工程量	☑	>	
审定单价	☑	>	
审定工程量	☑	>	
增减金额	☑	>	
单价价差	☑	>	
工程量量差	☑	>	
增减比例(%)	☑	>	
工程量变化幅度(%)	☑	>	

清除条件　确定　取消

1.6.2.15 批量调整工料机价格

工程施工时间较长，不同阶段价格会不同，有时会较高，有时会较低，所以甲方会根据不同阶段的价格情况，决定有些阶段的清单子目可以按照合同价来执行，有些阶段按当时的价格执行，所以不同进度同样的人材机需要分别给出不同的价格。

软件处理方法：

增加【人材机批量换算】功能，如下图所示。

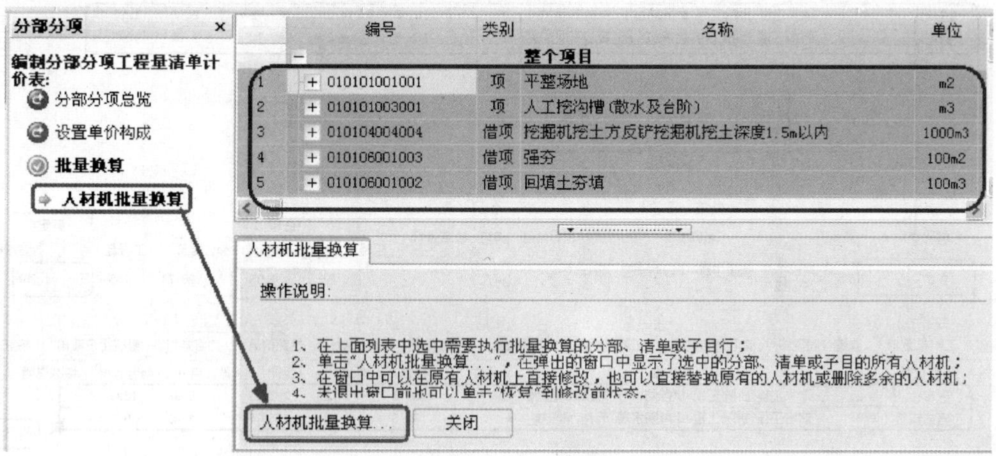

操作方法：先选择要执行批量换算的清单项，如上图中右上方框中的选项，然后点击："人材机批量换算"，结果如下图所示。

人材机批量换算

人材机汇总：

	编码	类别	名称	规格型号	单位	数量	预算价	市场价
改	R0002@1	人	技工		工日	1.4897	55.00	50.00
2	R0003	人	普工		工日	129.1833	40.00	40.00
3	R0003@1	人	普工		工日	45.1881	40.00	38.00
4	C0192	材	防水粉(剂)		kg	28.05	6.90	6.90
5	C0684	材	水		m3	1.938	2.60	2.60
6	13-275_1	浆	水泥砂浆	1:2(有价)	m3	1.0404	214.88	217.39
7	C0102	材	粗砂		m3	0.977976	50.00	42.00
8	C0684	材	水		m3	0.31212	2.60	2.60
9	C0691	材	水泥	32.5MPa	kg	579.5028	0.30	0.32
10	01068	机	夯实机电动夯击能力(N m)20~62小		台班	45.115	24.77	24.77
11	06016	机	灰浆搅拌机拌筒容量(L)200小		台班	0.1734	96.77	96.77

替换人材机　删除人材机　恢复　执行批量换算　取消

直接修改材料的市场价即可，此时，软件会自动生成一条仿制材料：即材料号在原来的基础上加上：@1，点击"执行批量换算"按钮即可。

1.6.2.16 错套的处理

送审方有时会出现清单/子目错套的现象，以子目错套为例，审定方需修改子目编码，审核结果需要体现送审与审定不同子目编码和单价的对比。软件中可以直接修改子目编码，【结算审核】中可以查看到送审编码保持不变，且报表可在一行体现送审与审定不同子目的对比。如下图所示。

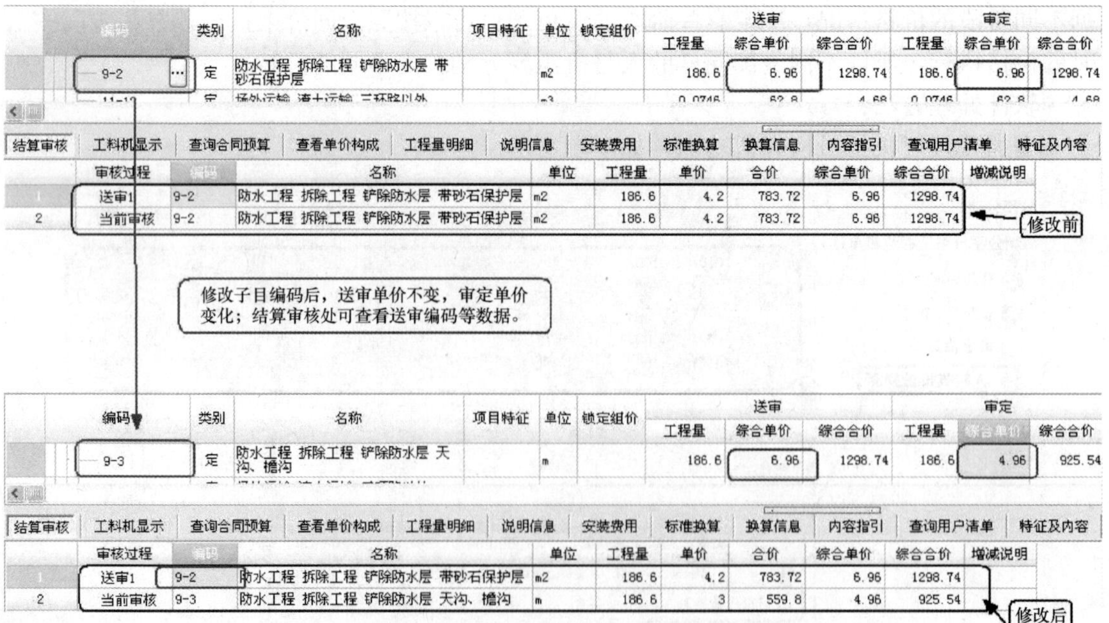

编码	类别	名称	项目特征	单位	锁定组价	送审 工程量	送审 综合单价	送审 综合合价	审定 工程量	审定 综合单价	审定 综合合价
9-2	定	防水工程 拆除工程 铲除防水层 带砂石保护层		m2		186.6	6.96	1298.74	186.6	6.96	1298.74

结算审核　工料机显示　查询合同预算　查看单价构成　工程量明细　说明信息　安装费用　标准换算　换算信息　内容指引　查询用户清单　特征及内容

	审核过程	编码	名称	单位	工程量	单价	合价	综合单价	综合合价	增减说明
1	送审1	9-2	防水工程 拆除工程 铲除防水层 带砂石保护层	m2	186.6	4.2	783.72	6.96	1298.74	
2	当前审核	9-2	防水工程 拆除工程 铲除防水层 带砂石保护层	m2	186.6	4.2	783.72	6.96	1298.74	

编码	类别	名称	项目特征	单位	锁定组价	送审 工程量	送审 综合单价	送审 综合合价	审定 工程量	审定 综合单价	审定 综合合价
9-3	定	防水工程 拆除工程 铲除防水层 天沟、檐沟		m		186.6	6.96	1298.74	186.6	4.96	925.54

结算审核　工料机显示　查询合同预算　查看单价构成　工程量明细　说明信息　安装费用　标准换算　换算信息　内容指引　查询用户清单　特征及内容

	审核过程	编码	名称	单位	工程量	单价	合价	综合单价	综合合价	增减说明
1	送审1	9-2	防水工程 拆除工程 铲除防水层 带砂石保护层	m2	186.6	4.2	783.72	6.96	1298.74	
2	当前审核	9-3	防水工程 拆除工程 铲除防水层 天沟、檐沟	m	186.6	3	559.8	4.96	925.54	

报表输出见下图。

分部分项工程清单子目对比表

工程名称：幼儿园-结构　　　　金额单位：元　　第 1 页　共 13 页

序号	项目名称	结算送审金额					结算审定金额					调整金额(+-)	调整比例(%)	备注
		项目编码	单位	数量	单价	合价	项目编码	单位	数量	单价	合价			
	防水工程	一、					一、							
1	墙、地面防水层铲除	910803001001	m2	186.600	6.98	1302.47	910803001001	m2	186.600	5	933	-369.47	-28.37	[调价]
	防水工程 拆除工程 铲除防水层 天沟、檐沟	9-2	m2	186.6	6.96	1298.74	9-3	m	186.6	4.96	925.54	-373.2	-28.74	
	场外运输 渣土运输 三环路以外	11-12	m3	0.0746	62.8	4.68	11-12	m3	0.0746	62.8	4.68			

第2章

广联达审核软件 GSH4.0 问答

1. 问：什么是变形缝?

答：当建筑物的长度超过规定，平面有曲折变化，同一建筑部分高度或荷载有很大差别时，建筑构件会因温度变化、地基不均匀沉降和地震等因素的影响，使结构内部产生附加应力和变形，使建筑物发生裂缝或破坏，所以在设计时应将建筑物用垂直的缝分成几个单独部分，使各部分能够单独变形，这种缝称为变形缝。

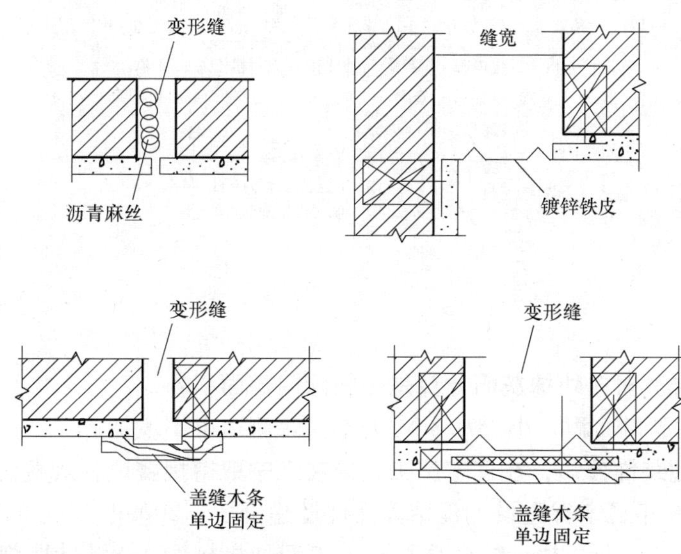

2. 问：电梯井的基础用什么构件绘制?

答：电梯井的基础一般用筏板来定义，一般的电梯井都有集水坑，集水坑必须在筏板里布设。

3. 问：山西 2011 定额旋挖机钻土和浇筑混凝土套用什么定额? 若采用履带式钻孔机钻一类土 17m 深是否套用"A2-38"编号（长螺旋钻孔灌注混凝土桩（桩长 18m 以内）履带式一级土)? 此项是否含混凝土在内?

答：工地上要求用的是旋挖机成孔、混凝土灌注桩，现行定额没有专项旋挖机成孔定额子目。一般是套用冲击钻机成孔、混凝土灌注桩定额子目。因为这两种机械成孔方法基本是一致的；旋挖机比冲击钻成孔效率高得多。

4. 问：天棚吊顶油漆怎样计算?

答：按吊顶面积计算。吊顶面积和油漆面积都是按展开面积计算。

5. 问：某工程在结算时是按清单规范结算的，现在结算给水土方，因为给水管下面没有垫层基础，按清单规范计算的话是不考虑放坡和工作面的，土方少得可怜，有没有什么办法解决?

答：清单工程量是清单的计算规则，定额是定额的，清单报价是综合单价，根据项目特征综合了定额的价格，但是实际是按照定额的计算规则计算，定额的工程量 * 定额价＝清单工程量 * 清单价，但是清单的量小，价高。

6. 问：审计时发现施工单位存在结算材料差价上漏项，此项为施工单位已报结算后，甲方才确定给予补差价的。审计公司在审计时材料差价可以补给施工单位吗? 若可补给，在审计软件中，需要新增列项补材料差价吗?

答：可以在软件中进行新增列项补材料差价。程序是施工单位按照与建设单位会议沟

通的结算资料即把补偿的价差做成文件报到甲方，由甲方再报到审计。在没有出具报告前，施工单位通过建设单位转送审计公司的结算单，均为有效。

7. 问：在装饰预算中，独立费用什么代号输入？

答：在预算书界面，点击左侧导航栏独立费，进入界面输入。

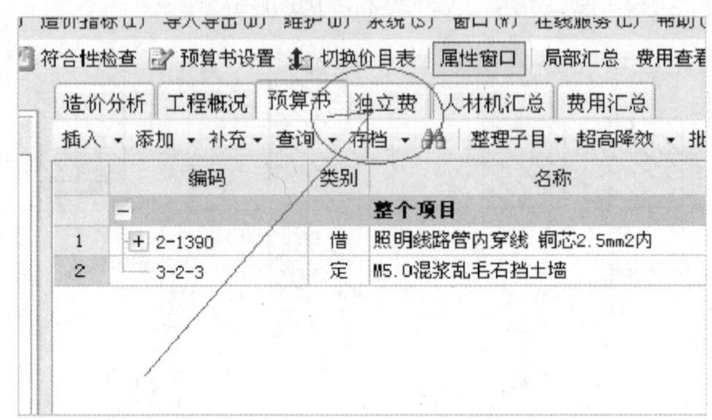

8. 问：工程结算时内外抹灰面计算是否扣除门窗面积？

答：扣除门窗洞口面积，小于 $0.3m^2$ 的不扣，侧边也不增加。

9. 问：某外地装饰公司，在辽宁施工，未在辽宁取得规费证，规费怎样计算？

答：按照2009年辽宁省建设工程结算文件辽建价发［2009］19号的规定：没有取得规费计取标准的施工企业，执行综合系数按人工费加机械费1.8%计取规费，系数1.8%未包括排污费和危险作业意外伤害保险。

10. 问：计算某建筑物中心吊顶，为纸面石膏板白色乳胶漆造型棚（跌级棚），其中某部分是有软膜天花材质，软膜天花单算面积了，那么计算纸面石膏板造型棚的面积还用把软膜天花的面积减掉吗？其中软膜天花的上部也有大芯板。

答：软膜天花单算面积了，算纸面石膏板造型棚的面积要把软膜天花的面积减掉。其中软膜天花的上部也有大芯板，另套定额子目。

11. 问：预算导入到审核软件中，补充主材，价格栏为何输入不了价格？

答：审核的是导入的预算，所以不能填写补充主材价格，可以在审核栏里，输入补充主材价格。

12. 问：桩有600mm和1000mm两种直径，那么清单单价怎样计算？总价包括通用、专用措施费，规费，税金吗？

答：清单单价按600mm和1000mm区分，分别计算综合单价。总价包括通用、专用措施费，规费，税金。清单单价就是定额加权汇总单方直接费单价，清单综合单价包括取费、风险、利润在内的单价。清单综合单价与定额单价意义不同，定额单价反映的是工序直接费成本，而清单综合单价反映的是特定项目单方造价。

13. 问：取费软件措施费不取费，应该怎样调整？

答：在费用计取栏内把取费费率进行归零即可。

14. 问：钢结构中连接檩条的螺栓需要计算吗？

答：钢结构中连接檩条的螺栓不需另外计算，定额中都包含了，螺栓、焊缝等都在定额中。

15. 问：外墙抹灰如何计算？

答：外墙抹灰也可以用广联达软件计算工程量，先要按图纸上的墙布置上，然后定义外墙面装修，再按抹灰的位置布置到墙上即可。工程量代码选用外墙抹灰的工程量代码。

16. 问：某工程一层高 3m，二层 6.6m，三层 4m，层间没有板只有梁，这种情况怎样算模板超高？

答：软件默认的是按层计算超高费，不管有没有板，都按有板计算，二三层的板和柱模板超高软件是按 6.6m 和 4m 计算，这是不合理的。二三层板和柱超高应该都从一层底开始计算，这个只能手动计算了。

17. 问：清单项目和内容指引为什么对不上呢？

答：软件中的内容指引本来就不是万能的，只是对于我们常用的一些清单定额进行了一个关联，所以有对应不上或者没有对应定额的情况是很正常的，需要自己去定额库中查询，双击插入即可。

18. 问：小区砖砌坐凳面及侧面贴石材如何套价？

答：按材质与瓷砖大小区分，套装饰定额中零星镶贴块料项目。

19. 问：GBQ4.0 清单计价报表中为什么找不到清单项下带有子项的报表？

答：清单项下带有定额子项的报表，比如：表-06 工程量清单综合单价分析表。

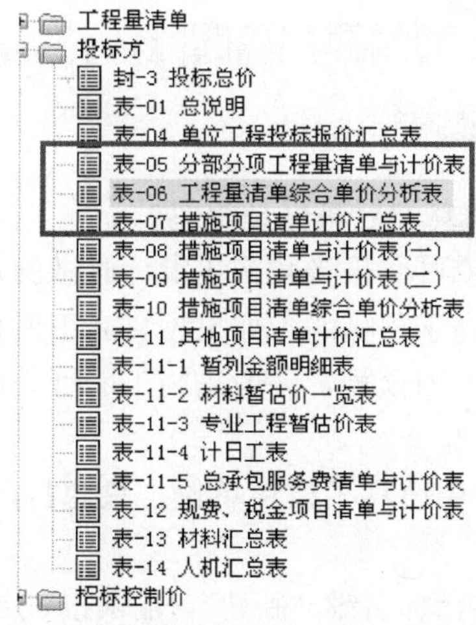

20. 问：降水井采用 DN75 的水泵抽水如何套定额？

答：采用 DN75 的水泵抽水，如果只是一般的抽水，降水井的抽水机械功率应该比 DN75 的水泵的功率大。如果要计算 DN75 的水泵抽水台班，可按当地定额机械台班计价。

21. 问：钢结构中，普通螺栓在清单中是否要单独列项？

答：普通螺栓不单独列项，也就是不计算，螺栓的重量不增加，螺栓孔的重量也不扣减。

22. 问：钢结构厂房中独立基础上的短柱，高度 800mm，脚手架需要计取吗？

答：看柱下独立基础高度是否超过 1m，超过 1m，按柱脚手架规定计算独立基础脚手架（看定额补充解释小蓝本）。独立基础上柱的脚手架高度是从独立基础上表面算起，如果高度较高，实际施工必须要搭设脚手架就计算，如果高度不是太高，施工时不需搭设脚手架就不用计算。

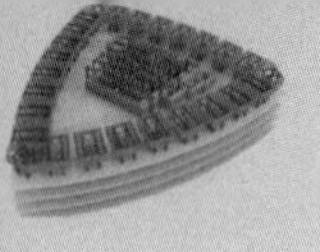

23. 问：河北工程一般外墙面抹灰后刷外墙涂料套用装饰定额 5-340 外墙涂料 (JH801) 抹灰面对吗？这项定额含腻子吗？

答：一般外墙涂料套 5-340 没问题，5-340 不含满刮腻子（包含腻子填缝堵沙眼），如果施工做法要求刮一遍腻子，则应单独计算套项。涂料含量高是定额编制的问题，并不等于包含腻子，定额材料中没有腻子材料。

24. 问：黑龙江墙面铲除大白套用什么定额？

答：套土建定额第 17 章拆除工程里的砍残灰皮项目。

25. 问：广联达审核软件 GSH4.0 山东版为何没有新建结算功能？

答：从新干线上下载一个新的程序安装，和最新的计价 4.0 配套的。

要下载的文件：

广联达审核软件 GSH4.0

文件大小：67.12 M

适用地区：山东

版　　本：4.105.21.4870

更新时间：2011-09-26

下载次数：475

说　　明：配合计价版本4.105.21.4870的审核版本！请下载使用

1、同时支持定额计价、清单计价两种计价模式。

2、结算、审核双模块，即可结算也可审核。

3、支持GBQ4.0文件审核、Excel文件审核、纸质文档审核三种方式。

4、送审数据和审定数据清晰对比，增删改项目以不同颜色区分。

5、支持多级审核。

6、仿Excel表格的“插入批注”功能。

7、自动进行审减原因分析。

8、送审文件工料机对比，检查送审文件中对工料机的修改。

9、筛选符合条件的清单、子目，可以设置工程量量差、单价价差、工程量变化幅度等8种过滤条件

10、支持价差单独取费。

11、对比合同预算文件。

12、自动分析材料价格波动幅度。

13、输出多种格式的审核对比分析明细表

26. 问：一个工程是先做概算然后再做预算吗？

答：概算一般是在可行性或可研报告和初步设计时做的，通常是概算指标、概算定额等计算和评估。概算通常是要高于预算的，如果预算高于概算就是前期的概算存在大的偏差或漏项。通常说的预算是施工图预算，一般是施工图纸完成后进行招投标或控制造价等计算，也是结算的主要依据。

27. 问：GSH4.0 工料机表中填写了材料单价，只想打印出已填写的材料单价，该怎样处理？

答：在人材机汇总界面点击鼠标右键“新建”，输入报表名称，“输出报表”打勾，点击“高级”按照提示选择自己想要的材料即可。最后在报表界面会单独出一张这样的报表。

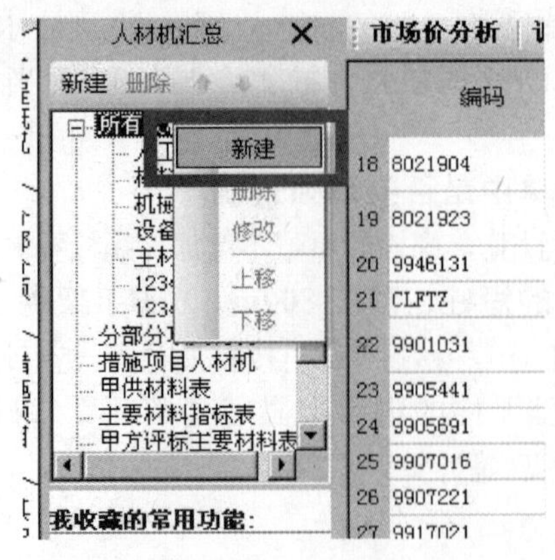

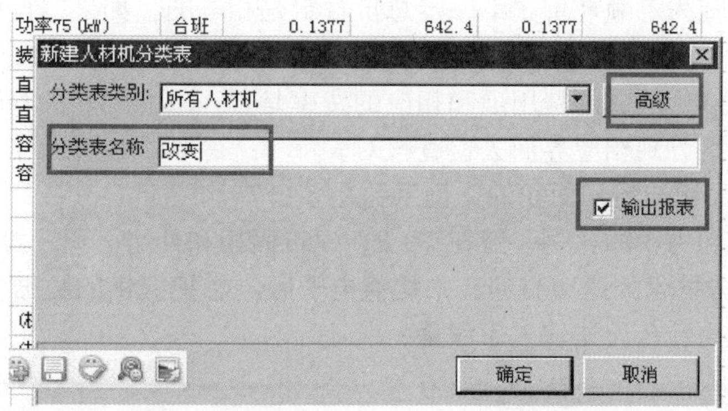

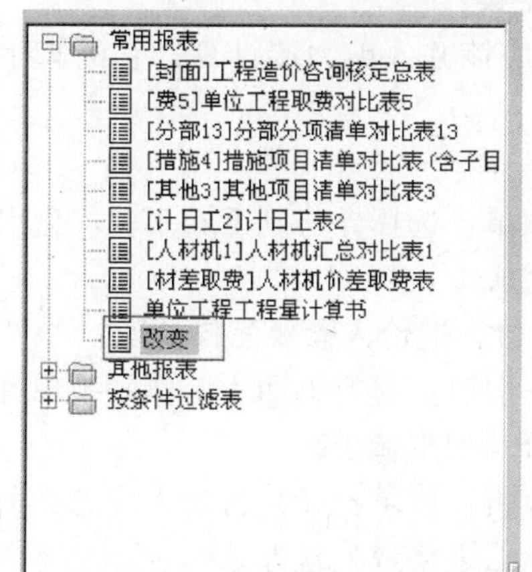

28. 问：楼梯粉刷含休息平台粉刷吗？

答：工程量休息平台也要列入计算，定额子目综合了楼梯段、休息平台、楼梯梁。

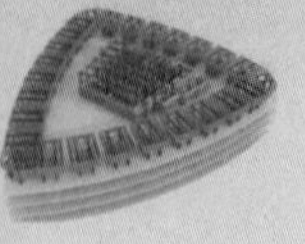

29. 问：河北清单计价转成定额计价总价为什么变了？

答：清单计价转为定额计价，不一定总价肯定是相等的。如果差得很多的话，建议从以下几个方面检查一下：(1) 是否都计取了措施费，而且措施费计取的项是一样的。(2) 检查两份预算书的单价构成的费用项和相应的费率是否一致。(3) 检查两份预算书的计价程序，看有出入的地方到相应界面去检查核对。

30. 问：建筑面积与粉刷面积的比例系数是多少？

答：建筑面积和内粉的比例一般在 1∶3；建筑面积和外墙面积一般在 2∶1。

31. 问：施工方提供的送审资料，未提供电子版。想把提供的数据先输进去，方便进行对比审核。如图为什么无法输入工程量？

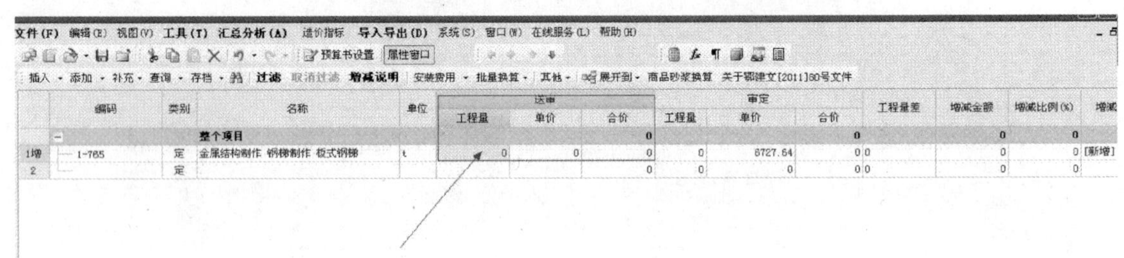

答：属性窗口【结算审核】页面里的送审信息可以输入，但是一条条输入还是比较麻烦。【结算审核】在【工料机显示】按钮旁边，建议录入到计价软件中，凑平后再导入审核软件。

32. 问：05J-14-地 20-B 图集怎样查找？

答：05J-14 图集的地面 20 做法的 B 选项。

33. 问：函数【GBQ4GrossRateDetai】参数不匹配，出现这样的情况如何处理？

答：用高版本做的，用低版本的程序打开就会报出“函数参数不匹配”，请升级到最新的计价程序版本后即可打开。

34. 问：框架-剪力墙结构附墙柱是否计算脚手架？

答：框架-剪力墙结构附墙柱按照计算规则，应该并入剪力墙计算，它的脚手架应该按照剪力墙的计算规则计算。

35. 问：费用汇总表怎样导出 Excel 表？

答：在费用汇总表界面点击右键，出来一个菜单，选择导出到 Excel 表，会出现一个窗口，选择路径，改写文件名，点击确定，导出完成。

36. 问：建设单位已和施工单位定了的材料单价，造价人需要怎样处理？

情况：建设单位和施工单位定了的材料单价，但所定材料书面为工作联系单并有建设单位负责人签字，本工程有造价公司管理现场造价及初审造价。

疑问：(1) 所采用的工作联系单是否符合结算审计要求？(2) 造价人应怎么回复或签字？(3) 若工作联系单不符合结算要求，要采用什么表格或处理办法？

答：原则上经过甲乙双方和中介单位现场认可的量价，在结算审核时应给予认可，除非有直接证据表明量价有重大错误。材料单价可以工作联系单形式出现，不算错误。

37. 问：GSH4.0 中打印报表时工程量清单中定额子目无法显示，如何解决？

答：选分部分项清单子目对比表。

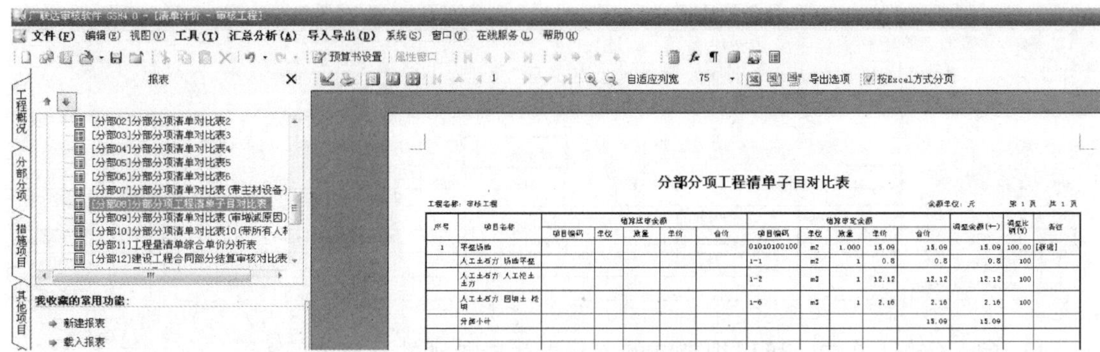

序号	项目名称	结算送审金额					结算审定金额					调整金额(+-)	调整比例(%)	备注
		项目编码	单位	数量	单价	合价	项目编码	单位	数量	单价	合价			
1	平整场地						010101001001	m2	1.000	15.09	15.09	15.09	100.00	[新增]
	人工土石方 场地平整						1-1	m2	1	0.8	0.8	0.8	100	
	人工土石方 人工挖土土方						1-2	m3	1	12.12	12.12	12.12	100	
	人工土石方 回填土 松填						1-6	m3	1	2.16	2.16	2.16	100	
	分部小计										15.09	15.09		

38. 问：在装修吊顶工程中，由于顶部有很大消防管道，在做装修吊顶时只能在墙上打钢架作为龙骨吊杆的受力点，也就是说顶部会有很多水平角钢排列，这种情况套钢支撑子目还是套钢墙架子目？

答：（1）钢墙架：钢墙架 ，一般多为型钢制作的墙的骨架，墙架构件应包括：抗风桁架、抗风柱、墙面檩条，这三种构件都可以用实腹式构件（H 型钢、冷弯 C 型、Z 型钢）或格构式构件（角钢桁架、槽钢桁架、其他形式桁架），区别于其他墙体的主要是材料。

（2）钢支架：用于支撑大型的混凝土基础、设备基础。

（3）钢托架：支承中间屋架的桁架称为托架，托架一般采用平行弦桁架，其腹杆采用带竖杆的人字形体系，直接支承于钢筋混凝土柱上的托架常采用下承式；支于钢柱上的托架常采用上承式，托架高度应根据所支承的屋架端部高度、刚度要求、经济要求以及有利于节点构造的原则来决定。一般取跨度的 1/5～1/10。托架的节间长度一般为 2m 或者 3m。

问题所提情况应该套钢支撑。

39. 问：改架工的计算规则是什么？

答：改架工没有具体的计算规则，可以参考对应定额。软件里面有，可以条件查询“改架工”，对应 1.28 工日。

40. 问：在审核软件中，按方法二建立的新预算，送审栏里输定额为什么没有相关的信息？

答：选择方法二，新建预算文件，注意在新建窗口要选择清单计价还是定额计价。在定额计价模式下，输定额编号或浏览选择定额子目都没有问题的。

41. 问：在审计版中怎样提取几项的单独取费？

答：审核软件中不能单独提取某几项的取费，可以在“工具”下的“生成审定预算文件”，或者直接打开送审的预算文件，利用局部汇总的功能来看其中某几项的取费。

42. 问：想要从 GSH4.0 审核软件里导出一张带有项目特征的分部分项清单对比表，怎样能调出来？

答：在选择的报表点右键“报表设计”后进入到报表设计器中，选择相对应的列，利

用“后插列”插出一列空列后，在“审核_分部分项清单”这一行中找项目特征的代码［spec］即可。

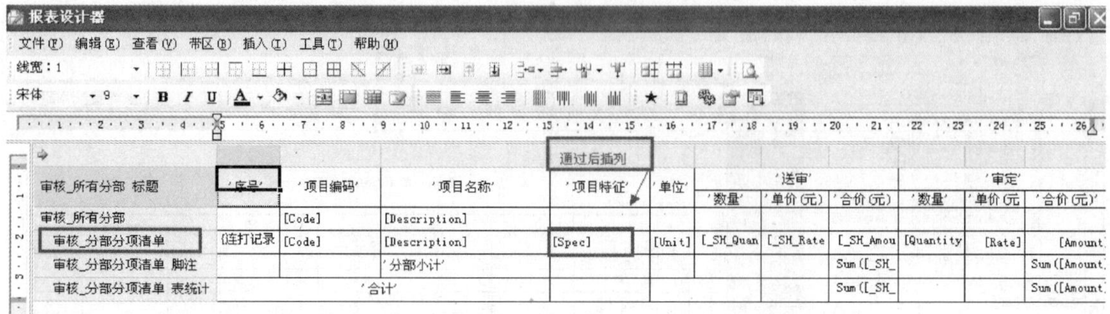

43. 问：GSH4.0 中，可以把审减的工程量生成单独的预算书吗？

答：可以，只要把审减的工程量输入 4.0 即可，就是把审减的工程量重新在 4.0 里输入（新建一个工程）。

		整个项目				**-115119.29**
2-1-13	定	C154现浇无筋砼垫层	10m3	-15.2	2129.78	-32372.66
10-4-49	定	砼基础垫层木模板	10m2	-14.7	332.62	-4889.51
3-1-14 H81002 8	换	M2.5混浆混水砖墙 240换为【M5.0混浆】	10m3	-25.7	3029.46	-77857.12
	定			0	0	0

44. 问：审核软件中，人材机表中审核单价有的为什么无法改动？

答：有可能是因为那些材料是混凝土，因为混凝土软件默认是进行二次分析的，所以不能直接修改混凝土的单价，可通过修改水泥、砂子、石子的价格实现。如果想直接修改，可以在预算书设置中将现浇混凝土可直接修改市场价打勾即可。

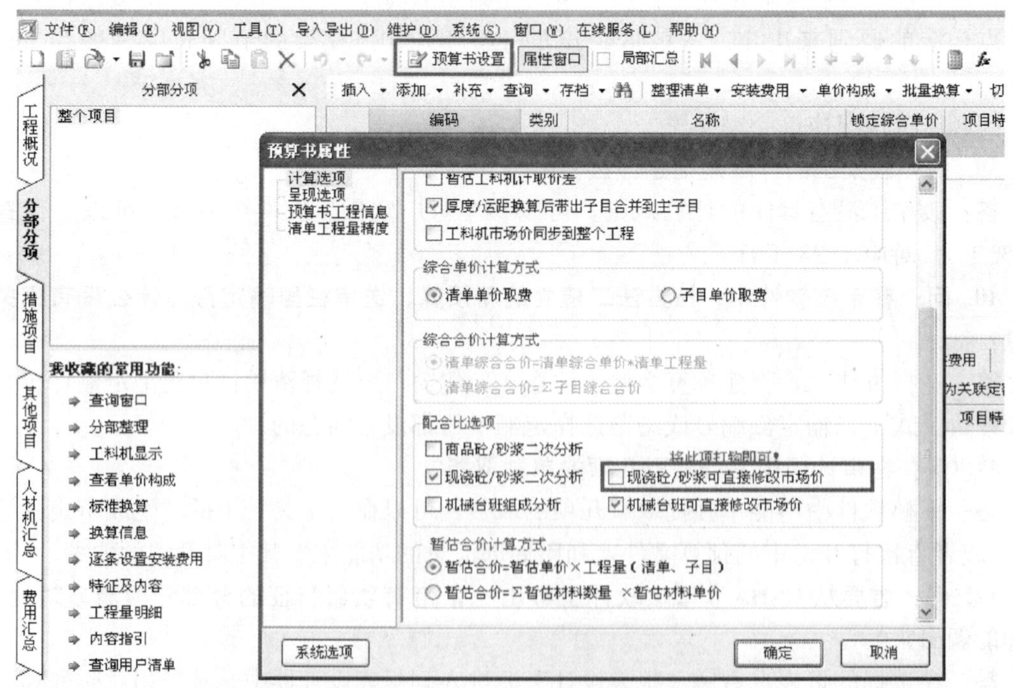

45. 问：在广联达审核软件里如何打开广联达 GPB9.0 文件？

答：如下图所示。

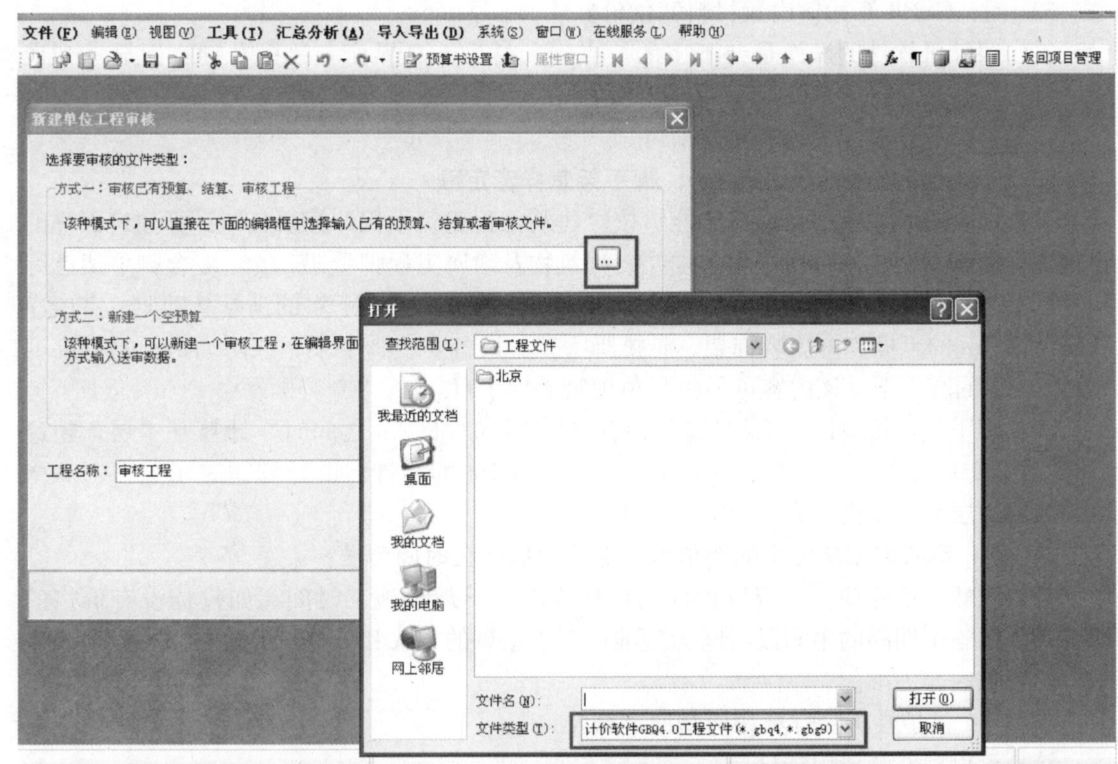

46. 问：广联达审核软件 GSH4.0 中送审、审核分别是什么意思？

答：送审是自己编制的预决算报送，审核是指审计部门对报送的预决算进行审核。

47. 问：怎样装载月度信息价？

答：广联达 GBQ 载入信息价的方式：首先在网站上下载信息价，.exe 格式的直接双击安装使用。如果其他格式，到人材机汇总表中载入信息价的功能。如果是上海地区的信息价，到人材机汇总界面，先利用载入信息价文件载入下载的信息价，再用查询信息价的功能选择要载入的信息价月份，再点击载入信息价，这样才会把信息价载入到预算文件中。

48. 问：审计软件已审好的工程能否还原为原来的 GBQ4.0 工程？

答：在电脑“文档库”中点击打开 GrandSoft Projects—点击打开 GBQ4—点击打开 WorkCopy，在这个文件夹中可以找到原来的 GBQ 4.0 清单工程。前提是没有将此处的文件删除。

49. 问：消耗量定额墙基防水是几面防水？

答：是指的“基础防水砂浆防潮层”，定额是按单面抹灰 20mm 厚考虑的。

50. 问：在审核软件中，单价构成把管理费费率改为 50%，去掉利润，分部分项中综合单价都跟着变化了，为什么费用汇总栏中价钱不变呢？

答：修改单价构成中的费率，综合单价肯定要变化，锁定综合单价。

51. 问：签证计日工遵循签证签订价格还是按 2003 定额综合人工审定？

答：应遵循清单计日工里面的价格，或者是合同里面的价格。如果前两者都没有，一般按造价信息平均值。

52. 问：GSH4.0 如何设置材料暂估价？

答：跟计价软件的操作是差不多的，点到人材机汇总界面，鼠标右键页面显示列设置，将是否暂估那一项打勾。回到人材机主界面的时候就多了一列是否暂估，哪些材料是要暂估的只需要在对应的地方打勾即可。

53. 问：地下室层高超过 3.6m，脚手架怎样套定额？

答：综合脚手架：(1) 适用于能够按"建筑工程建筑面积计算规范"计算建筑面积的建筑工程的脚手架。不适用于房屋加层、构筑物及附属工程脚手架。(2) 综合脚手架已综合考虑了施工主体、一般装饰和外墙抹灰脚手架。不包括无地下室的满堂基础架、室内净高超过 3.6m 的天棚和内墙装饰架、悬挑脚手架、设备安装脚手架、人防通道、基础高度超过 1.2m 的脚手架，该内容可另执行单项脚手架子目。

满堂脚手架，按室内净面积计算，其高度在 3.6～5.2m 之间时，计算基本层，超过 5.2m 时，每增加 1.2m 按增加一层计算，不足 0.6m 的不计。以计算式表示如下：满堂脚手架增加层＝（室内净高度－5.2m)/1.2m。

54. 问：审核施工单位报的清单量定额价格以什么时间为准？

答：既然是投标项目，应以投标的价格为准。不理会施工时间。如投标没有价格的话，应该以施工期间的中间段时间为基准。至于结算的方式和人材机的价格水平以合同中相应的条款内容为准。

55. 问：保护性拆除灯具如何套取定额？

答：可以按安装费用计价。

56. 问：下图的外墙保温应该套些什么定额？

外1	干挂花岗石	1) 墙基层处理	部位详平面
		2) 12厚1：3水泥砂浆打底，两次成活	
		3) 7厚1：3水泥砂浆找平	
		4) 30厚岩棉保温板	
		5) 干挂花岗石	

答：上图的外墙保温套用的定额如下：

(1) 墙面基层抹灰；

(2) 30mm 岩棉保温；

(3) 7mm 水泥砂浆抹灰（保温层上）。

以上三项是保温清单子目。

干挂花岗石：

(1) 外墙龙骨；

(2) 干挂石材。

57. 问：如何在审定中修改通用措施费率？

答：点击费用汇总中这一栏，在审定栏下的费率里修改费率，修改费率不要直接输

入，应该点击框里，选择费率。

58. 问：土建审计主要用到的软件有哪些？

答：计价、钢筋、图形、对量软件、审核软件、精装修软件。

59. 问：下图中的项目该怎样套价？

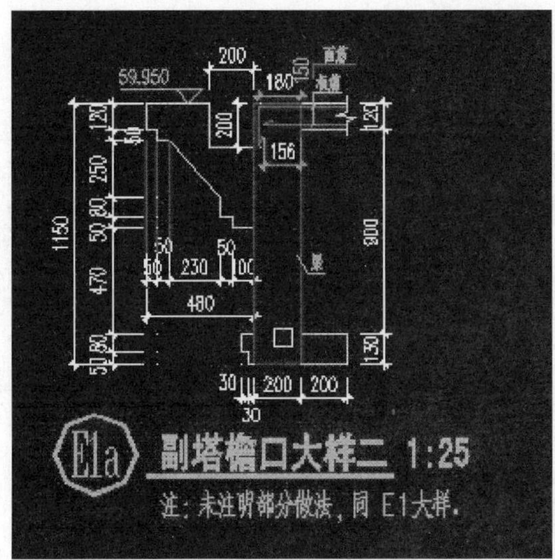

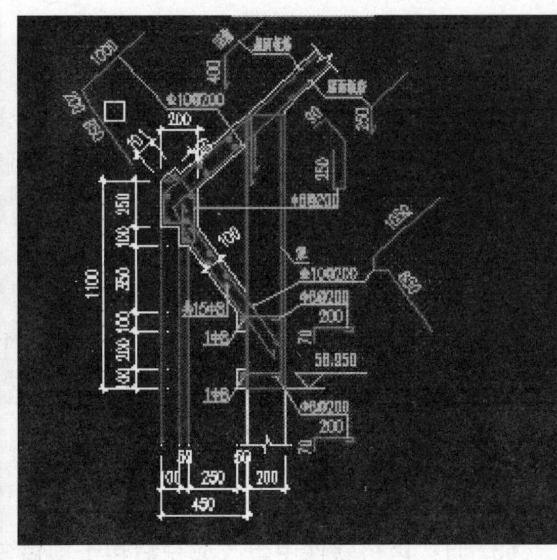

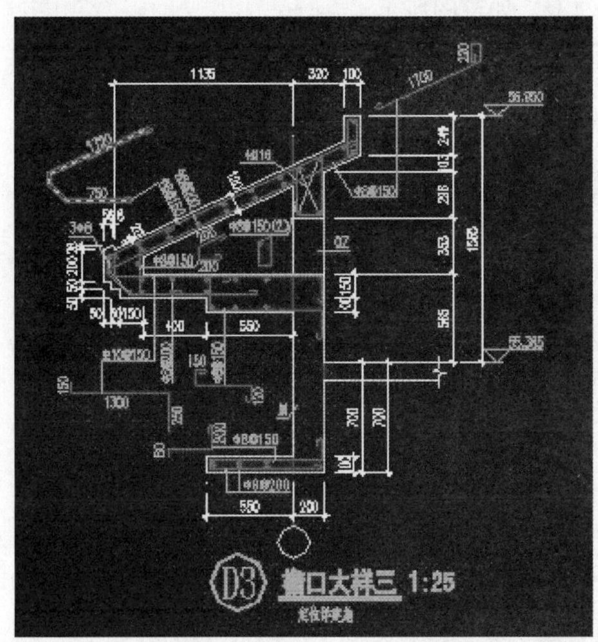

答：分别套用栏板及挑檐，突出部分可以套用零星构件。在钢筋计算时可以用单构件或用自定义线在其中选择图形并输入钢筋信息。

如果是一圈时只有并入到栏板或挑檐中。

60. 问：MF/ABC3＊2 灭火器是什么意思，怎样套用定额？

答：M：灭火器；

F：干粉型；

A：A 类固体火；

B：B 类液体火；

C：C 类气体火；

3：ABC 后面的数字代表公斤数；

□2 表示的是两具灭火器，可以做个补充定额。

61. 问：辽宁造价指数材料价格计算，投标所在月的价格指数是 10.81，网刊钢材价格为 4100，结算所在月的价格指数是 35.73，钢材结算材料价格在广联达中输入的主材价格应该为多少？

答：不用管发票开多少，就先按施工所在月的网刊价计入，投标时候和结算时候价格不超过 5%浮动不调整，超过 5%的，按原投标价格＋浮动价格（扣除 5%）计入。

例如：投标 4000，那么结算在 3800～4200 之间不调整，如结算时 4300 就按 4000＋(300－200)＝4100 计算。

62. 问：施工缝的涂膜防水怎样预算？

答：执行屋面防水子目。

63. 问：审核软件中想改成税后包干项目怎样修改？

答：审核软件和计价软件的设置相同，如果导入进来的是清单计价，就在分部分项界面—右键—页面显示列设置—包干价类别勾上，如下图所示。

然后在分部分项—包干价类别进行选择：税前包干价、税后包干价即可，如下图所示。

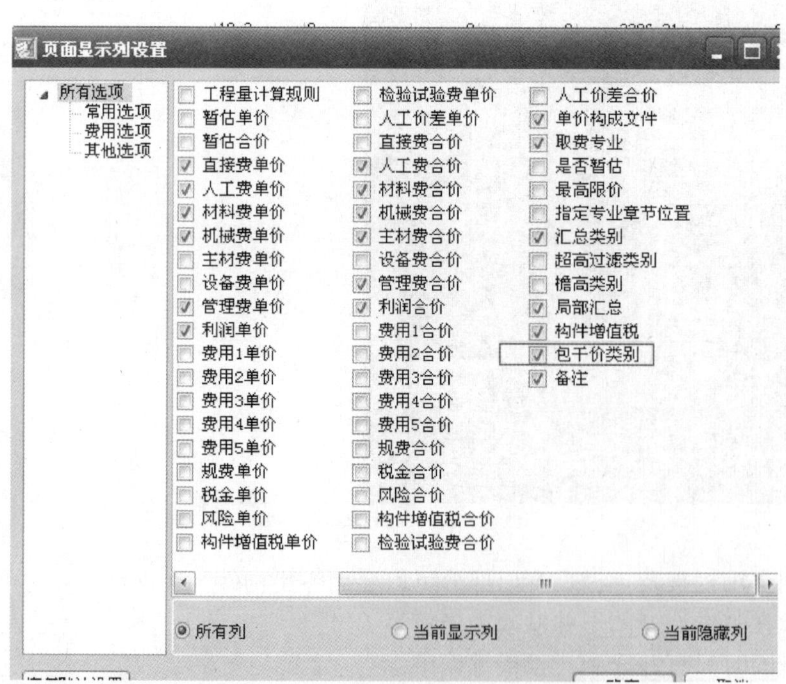

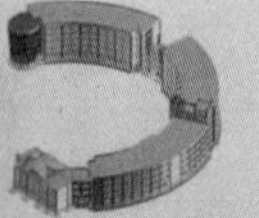

64. 问：为什么审核的工程越审越多了？

答：在审核工程时，首先应了解施工现场，看哪些是增加了，哪些没有按图纸去做，做到心中有数。再就是把图纸中内容和变更部分分开，不要混在一起，在审核过程中，看工程设置工程量一部分一部分对照，多了是多在哪里，把问题仔细对照清楚，是为什么多了，工程变更分开后，原工程部分就不应多的，这样好找原因。另外还要仔细研究合同，严格按照合同约定去执行。

65. 问：导入 Excel 表工程数量为负数时不能导入，怎样导入识别呢？

答：工程数量不能导入，导入识别的时候，把为负数的这一行，识别成无效行即可。这样工程数量为负数的就不会导入。或者先把负数改为正数进行导入，然后导入后，手动改为负数。

66. 问：变电工程竣工结算报告里的附件资料都包括哪些？

答：有工程彩照、可行性研究报告、投资计划、初步设计审查意见的通知、监理合同、征地事宜的有关协议、施工结算审核报告、启动竣工验收证书等。

67. 问：SCJ 文件怎样打开？

答：SCJ 是广联达做的信息价文件，是需要导入到计价软件才可以用的。

68. 问：花园墙体鱼鳞式瓦片套用什么定额？

答：花园墙体鱼鳞式瓦片套《仿古建筑定额》子目。

69. 问：某工程 2011 年 3 月完工，建设单位入住，2011 年 11 月办理竣工验收，12 月结算，2011 年 3 月 29 日核定了新的规费费率。那么结算按投标费率结算，还是按核定的新的费率结算，还是按旧的费率结算？

答：应该是按完工时核定的新的费率结算。

70. 问：河北审核软件中，删除子目（人工有价差）后为什么报表中的人材机差价不变？

答：报表中的人材机差价，只是说明某一项的人工、材料或者是机械的定额价和市场价之间的差价，不是针对某一个定额子目，而是这一种人工、材料或者是机械的价格。如果工程里还有这一项人工（或者材料、机械），只是删除了其中的一项定额子目，那么这个价差还是存在这个工程里的，还是在报表的价差表里的。市场价差不会变，但是市场价差的合计会变化，因为这项的工程量减少了。

71. 问：PVC 室外给水管套用什么定额？

答：PVC 室外给水管连接方式是粘接，套“室外给水塑料管粘接”定额，挖填土方按土建定额考虑。

72. 问：脚手架的费用是在措施费里吗？

答：是在措施费用里，在措施项目二中。

73. 问：铝合金方通怎样套定额？

答：没有定额，补充定额子目即可。

74. 问：将送审单位的 Excel 文件导入送审栏中，审核文件也已做好，现在想把做好的独立 Excel 表导入对比表中审核栏，如何导入？

答：新建“单位工程文件审核”，完成后，“导入导出”，选择 Excel，按照操作说明识别行、列，导入数据。

75. 问：审核软件 GSH4.0 为什么不能打开 GBQ3.0 的文件呢？

答：审核 GSH4.0 不能直接审 GBQ3.0 工程，如果需要审可以采用如下方式：(1) 将 GBQ3.0 导成 Excel 文件，在审核 GSH4.0 中通过导入 Excel 审；(2) 用审核里的新建对比工程功能，新建对比可以对比 GBQ3.0 的工程，要求是送审和审定都必须是 GBQ3.0 工程，但是对比后不能转编审，原因是 GBQ3.0 的程序和审核 GSH4.0 不是一个开发平台。

76. 问：钢架厂房工程中钢框架套什么定额（钢框架是 H 型钢，是出陕西 04 的清单）？

答：可以按设计图纸计算工程量，分别套取钢柱、钢屋架子目，计取费用。

钢梁可以套取钢屋架子目，计取费用。

77. 问：在选择 GBG9 已有的文件时，点完成提示出“下标访问越界”，是怎么回事？

答：这种情况下，很可能是版本低了，在新干线上下载新的程序安装上即可。

78. 问：屋面 60mm 厚混凝土面层套哪个定额？

答：假如是定额里面有 40mm 厚面层的子目，60mm 厚的就是在套完 40mm 厚之后，再套每增减 5mm 子目，并给 5mm 的子目□4 即可。

79. 问：内蒙古冬期施工费怎样计取？

答：冬期施工的项目按照定额进行计费，然后人工＋机械再增加 15%是冬期施工的降效费用。为冬期施工搭设的防护棚、升温设备等措施费用需要有专门的冬期施工方案和现场签证作为结算依据。

80. 问：厂区道路套用山东 03 消耗量建筑定额，平整场地还需要计算吗？

答：厂区道路套用山东 03 消耗量建筑定额，平整场地不需要计算。不封闭空间，不计算场地平整的。

81. 问：在 GSH4.0 审核软件中，新增的江苏 2001 综合定额中的单项子目换其他子目后工程量为零，怎样处理？

答：把原来的工程量重新输入进来即可，在含量一栏中输入原来的工程量。

82. 问：审核能出结算表吗？

答：审核软件的报表页面提供各种格式的对比分析表，如果需要打印结算表，可以利用审核软件的功能“审定转预算”将审核后的数据导出到 GBQ4.0 格式，打印结算报表。

83. 问：审核软件主要有什么作用？

答：广联达审核软件 GSH4.0 专指对于计价工程的审核，用钢筋或图形软件算出的工程量可以录入到审核软件中；广联达公司还有钢筋对量软件 GSS2011 和图形对量软件 GST2011，是专门做钢筋和图形对量用的，可以快速查出差异，定位到图形软件中修改。图形对量软件算出的工程量还可以导入到审核软件中，然后继续审核价格。

84. 问：进行多级审核的时候，是否能出审核过程记录表？比如修改了什么清单，总造价发生了哪些变化等信息的报表。

答：（1）对于多级审核的过程流转记录表、软件的工程概况，过程记录界面可以录入和导出 Excel。可以将审核日期、审核级别、审核人，分别录入到日期、内容、备注中。

（2）修改清单，希望看到此清单对于造价的影响。可以在软件的汇总分析—审增减原因分析中查看到。软件可自动分析出因为某条清单的变化，何种变化，影响造价的情况，并可导出到 Excel 表。

对于一条清单改变对总造价的影响情况，暂无报表提供。

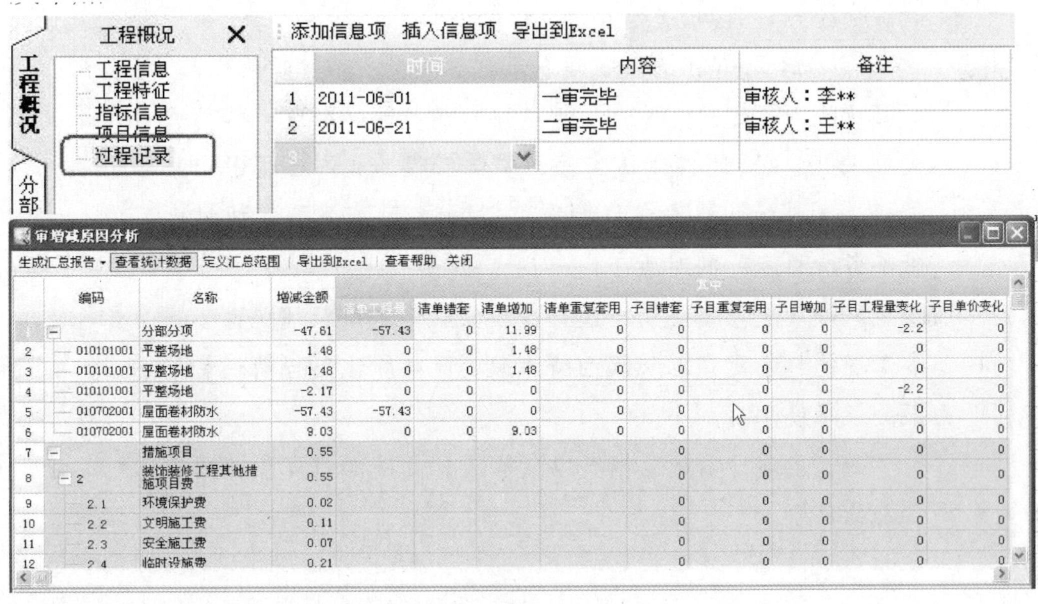

	时间	内容	备注
1	2011-06-01	一审完毕	审核人：李**
2	2011-06-21	二审完毕	审核人：王**
3			

	编码	名称	增减金额	其中								
				清单工程量	清单错套	清单增加	清单重复套用	子目错套	子目重复套用	子目增加	子目工程量变化	子目单价变化
1		分部分项	-47.61	-57.43	0	11.99	0	0	0	0	-2.2	0
2	010101001	平整场地	1.48	0	0	1.48	0	0	0	0	0	0
3	010101001	平整场地	1.48	0	0	1.48	0	0	0	0	0	0
4	010101001	平整场地	-2.17	0	0	0	0	0	0	0	-2.2	0
5	010702001	屋面卷材防水	-57.43	-57.43	0	0	0	0	0	0	0	0
6	010702001	屋面卷材防水	9.03	0	0	9.03	0	0	0	0	0	0
7		措施项目	0.55					0	0	0	0	0
8	2	装饰装修工程其他措施项目费	0.55					0	0	0	0	0
9	2.1	环境保护费	0.02					0	0	0	0	0
10	2.2	文明施工费	0.11					0	0	0	0	0
11	2.3	安全施工费	0.07					0	0	0	0	0
12	2.4	临时设施费	0.21					0	0	0	0	0

85. 问：工程中预算铝塑板还有损耗系数吗？

答：山东省 03 消耗量定额，铝塑板有损耗系数：墙柱 1.1，天棚 1.05。

86. 问：在 2009 年 9 月份的投标文件中土建人工费 36 元，安装为 42 元，某项目的施工日期为 2009 年 12 月到 2010 年 9 月，合同规定了为固定综合单价，决算中有一个人工补差费，施工单位解释从 2010 年 3 月 1 号实施建设厅发布的陕建发［2009］199 号文件，执行 09 计价规则，这个人工补差应该加吗？

答：文件有明确说明，如图所示，合同中约定了按市场价和政策性调整，则以 2010 年 3 月拆分施工工作量，以前的不调，以后的部分给予调整。

发，自2010年3月1日起实施，并提出以下意见，请一并贯彻执行：

一、2010年3月1日起新开工的建设工程应执行新的计价依据。2010年3月1日前未办理竣工结算的在建工程，合同约定执行国家调价政策的，2010年3月1日以后完成的工作量执行新的计价依据；合同未约定或约定不明确的，是否调整及调整幅度由合同双方商定。

二、依法可不招标的建设工程项目，如不采用工程量清单计价模式时，可参照2004《陕西省建筑、装饰工程消耗量定额》、《陕西省安装工程消耗量定额》、《陕西省市政、园林绿化工程消耗量定额》及新的计价依据编制工程预结算。其计价程序另行通知。

三、原2004《陕西省建设工程工程量清单计价规则》、2006《陕西省建筑、装饰、安装、市政、园林绿化工程价目表》、2004《陕西省建筑工程、安装工程、装饰工程、市政工程、园林绿化工程参考费率》、2005《陕西省施工机械台班参考价目表》同时废止。

2004《陕西省建筑、装饰工程消耗量定额》、《陕西省安装工程消耗量定额》、《陕西省市政、园林绿化工程消耗量定额》继续使用。

四、上述计价依据的日常管理工作由陕西省建设工程造价总站负责。

87. 问：08定额消声器怎样套定额和清单？

答：清单输入项030903020001，消声器制作安装，根据消声器种类套定额即可。

88. 问：审核软件里如果设置时是装修工程，内容有一部分安装工程，在报表输出时，分部分项内有关安装工程的这部分子目中的主材就没有合价，怎样设置报表？

答：在报表界面—点击报表设计或者预览的时候，右键—报表设计；

进入后，在定额子目（分部分项）对应行，点击插入—带区—选择主材—勾选名称、代码、数量等代码。退出，保存即可。

89. 问：在学习 GSH4.0 时，使用 Excel 方式导入工程量表，工程项目名称和编码均可以导入，但工程数量、单价、合价无法导入是什么原因？

答：Excel 导入之后，可以设置识别列，系统会自动识别一部分列，但是有可能 Excel 的格式不一样，某些列是不会识别的，因此要手动匹配一些识别列。等设置好需要的识别列后，然后点击导入，即可导入审核工程中。

90. 问：决算书上出现单引号怎样清除？

答：一般情况是没有单引号的，因为报表的内容是软件设计好的，名称和时间等是和工程概况联动的。如果有单引号是因为在报表时间里，各项内容自己输入了内容含有单引号，就直接显示了，在报表设计—表体设计中输入的时间不输入单引号即可。

91. 问：在 03 清单工程中，塔吊工程应该单独计取措施费用，还是包含在主体工程的措施费里？

答：塔吊的相关费用有：进出场费用、基础的安拆费用、塔吊的安拆费用等。

这些费用是在主体工程的措施费里面的，属于技措，不用单独计算措施费用。

92. 问：使用审核软件 GSH4.0 操作中把价目表选错了，如何进行切换或修改？

答：如图所示。

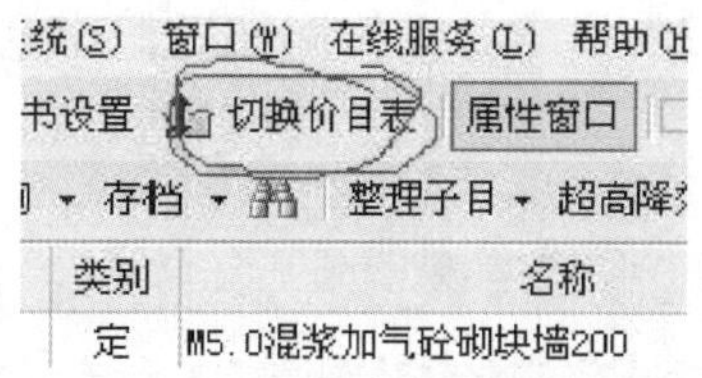

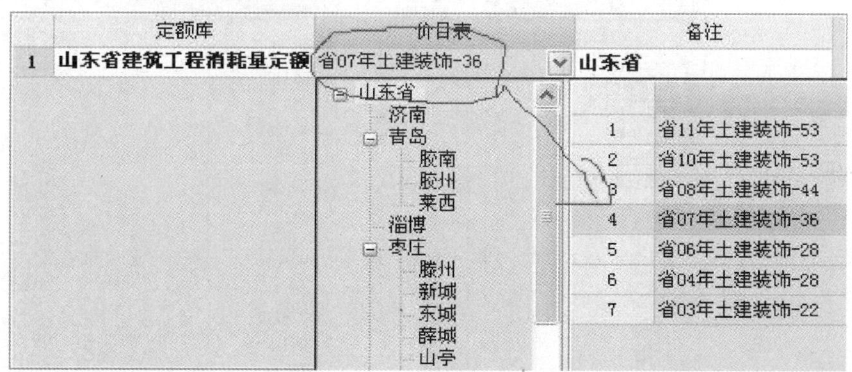

93. 问：某项目设计变更的审核，整个项目以变更单号编辑成各分部，各分部旗下的各子目【审定单价构成】有比较快捷的调整费率的方法吗？新增的清单下子目的单价构成文件都不一致，如建筑工程_40…建筑工程_24…等，在总体的【单价构成】里调整起来文件数量很多，在单个【审定单价构成】中调整费率后有一个【保存修改】的功能，里面有三种应用：【应用到当前记录】、【应用到当前分部】、【应用到所有引用记录】，这三种应用各自的原理是什么？

为什么把混凝土子目的费率【应用到当前分部】之后，土石方子目费率也跟着变化？

答：【单价构成】里是对整体进行调整，例如对建筑工程、钢结构工程等。

【应用到当前记录】是对对应的定额子目进行调整，【应用到当前分部】是对当前分部进行调整，【应用到所有引用记录】是对当前工程进行调整。如果点击【应用到当前分

部】，而土石方的子目也跟着变化了，如果没有进行分部整理，会把所有的定额子目当成一个分部进行整理。在之前，应该进行对应的分部整理，土石方子目如不在当前分部下，当点击应用到当前分部的时候，费率就不会跟着变化了。

94. 问：桥梁的护轮坎应该套什么定额？

答：建议参套近似定额，如果实在没有，可以依据实际情况组价补充子目合理计取费用。

95. 问：烧结页岩砖属于黏土砖吗？怎样套取定额？

答：套用普通的标准砖然后换成烧结页岩砖，还要记得砖的不同规格要换算砖的含量。

96. 问：市政工程长 836.8m，宽 12m，两边绿化带各 1.5m。怎样计算 1＋080～1＋050 段的钢筋？

答：30m 的道路，如果是混凝土道路设有传力杆，需要依据设计长度，或者叫图示长度乘以道路的长度除以间距加 1 根计算。另外有板角处也设有防裂钢筋也要计算。其他的暗涵、暗沟等要单独计算。钢筋比重：7.85。

97. 问：钢筋的比重是 0.00617 $*$ D^2 吗？

答：0.00617 是近似值，D 是钢筋直径，两者相乘就是对应的钢筋近似比重。在钢筋抽样的工程设置，可以看到不同钢筋规格的比重。

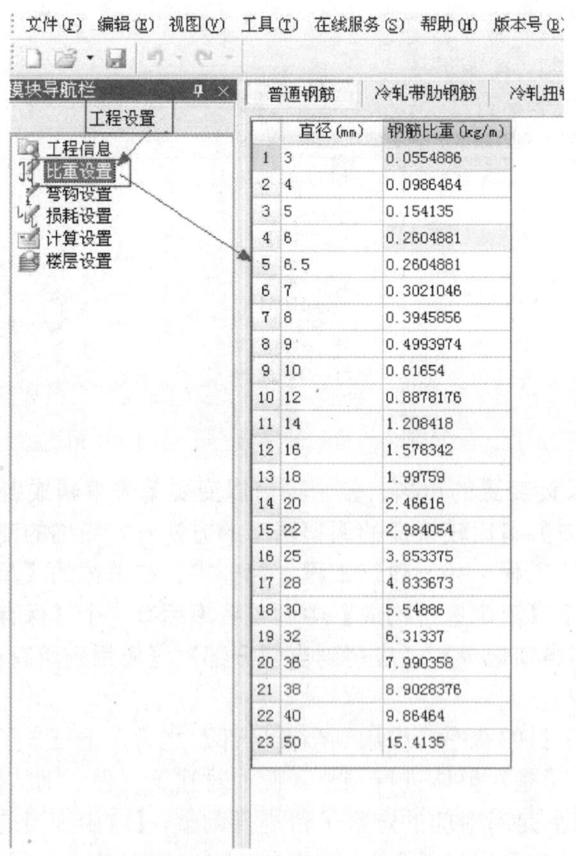

	直径(mm)	钢筋比重(kg/m)
1	3	0.0554886
2	4	0.0986464
3	5	0.154135
4	6	0.2604881
5	6.5	0.2604881
6	7	0.3021046
7	8	0.3945856
8	9	0.4993974
9	10	0.61654
10	12	0.8878176
11	14	1.208418
12	16	1.578342
13	18	1.99759
14	20	2.46616
15	22	2.984054
16	25	3.853375
17	28	4.833673
18	30	5.54886
19	32	6.31337
20	36	7.990358
21	38	8.9028376
22	40	9.86464
23	50	15.4135

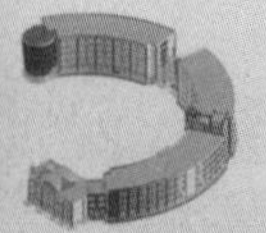

98. 问：审核软件可以审外地工程吗?

答：广联达审核软件可以审核全国各地的工程，且无需分别购买，审核前需要安装工程所在地的定额库和审核程序。可以在服务新干线网站的升级下载中找到。

99. 问：用审核软件 GSH4.0，想针对送审合价超过 1000 的进行重点审核，如何实现?

答：用广联达软件做工程审核的小妙招——妙用“过滤”功能。

（1）审核前用“过滤”

做复审或只想挑重点审核。通过“过滤”，综合单价高、工程量高等的清单、子目都跳了出来，一目了然。

（2）审核中用“过滤”

审核中想看看现在哪些项有审增减金额。通过“过滤”，选择增减金额>0，有审增减的清单、子目就呈现出来了。

（3）审核后用“过滤”

审核结束，大功告成。需要打印一份变动项的报表看看。可容易地利用审核的过滤功能，提供相应报表。

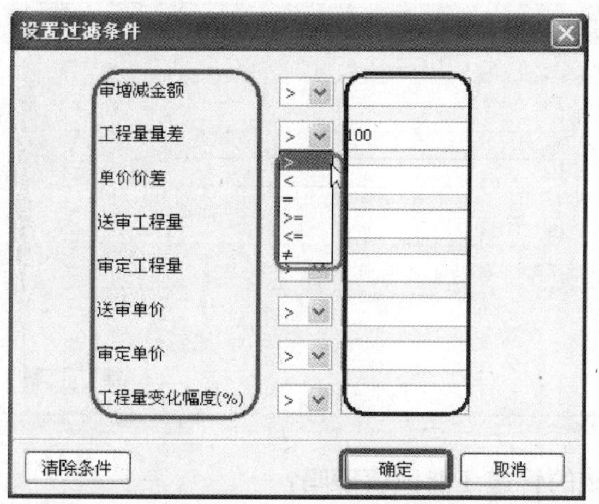

100. 问：山西地区，在施工楼板时，施工单位搭设满堂脚手架，在结算时是考虑模板和超高还是考虑满堂+模板+超高? 楼板模板和满堂脚手架的人材机，发现模板中的钢管特别多。实际如果搭设了满堂脚手架，就会节约模板中的钢管和支撑，是不是应该扣除呢?

答：（1）各种现浇混凝土板、现浇混凝土楼梯，不单独计算脚手架。

（2）室内天棚装饰面距设计室内地坪在 3.6m 以上时，可计算满堂脚手架。

以上是山东省的定额解释，板的脚手架包含在支撑中，实际施工中的脚手架较多不仅仅是因为板的支撑，还有梁和柱的脚手架都包含在其中，满堂脚手架的解释是装饰脚手架，如果主体施工时套用满堂脚手架肯定是有问题的，建议翻阅一下本省的定额解释。

101. 问：怎样手算止水钢板?

答：高度设计一般都有说明，止水板定额是按照米计算的。

102. 问：室内管道支架怎样计算？管道安装高度高于 3.6m 是否还要乘以系数，系数是多少？

答：管道直径 DN32 以内的不用计算，已经含在管道安装中了，如果使用型钢做支吊架要计算直接重量，按照华北安装标准图集 91SB 系列或国家安装标准图集 S 系列中的支吊架做法及安装形式选择相应支架，根据选择的支架计算单个重量，按照 GB 50242—2002 中给出的不同管道的支架安装距离计算个数，单个重量乘以个数就是所要的支架重量综合。这样计算出来的工程量是准确的。

103. 问：奶牛场的干草棚翻修应该套什么定额？

答：干草棚翻修没有合适的定额项可以套用，可以按照所需用的人工机械和材料做估价表。

104. 问：广联达审核软件 GSH4.0 可以审核图标为“项”的预算吗？

答：可以审项目文件，打开审核软件点左上角的“文件”里有个“新建项目”→点浏览，就可以打开预算项目文件了。

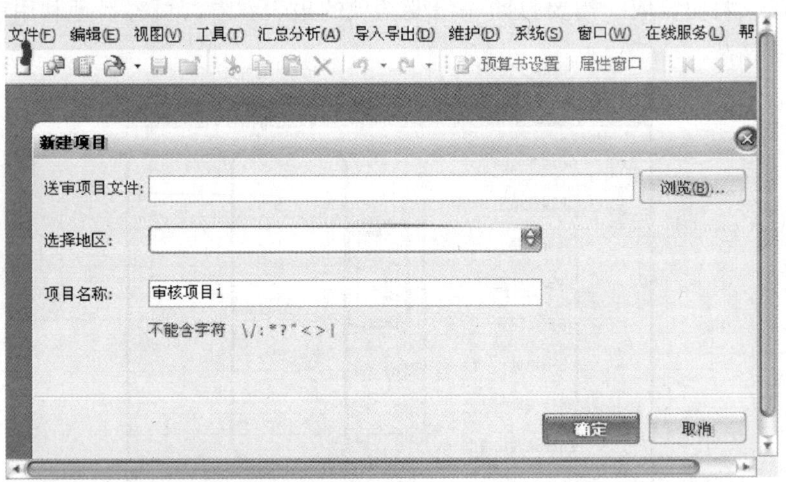

105. 问：砂石基础的管道还能回填砂吗？

答：在管道四周都要有一层砂来保护管道的防腐层，砂里最好不含石子，其他的是回填土，砂石基础的管道如果设计沟槽都是用砂回填，那就是用砂回填，设计只是注明管道四周有砂保护层，回填砂后，管道上部砂层以上的就是回填土。

106. 问：聚合物抗裂砂浆（两层耐碱玻纤网格布）套用钢板网墙抹水泥砂浆可以吗？

答：聚合物抗裂砂浆（两层耐碱玻纤网格布）套用钢板网墙抹水泥砂浆可以，但是需要换算定额中的砂浆含量和品种。

107. 问：混凝土拆除套哪个定额，体积按实体还是乘系数后的？

答：混凝土构件拆除可以根据拆除方式选用修缮或市政定额混凝土拆除项目，构件拆除按构件体积或面积计算工程量，垃圾清运套修缮定额需要按混凝土构件体积乘以变渣系数，套市政定额，还按混凝土构件体积计算。

108. 问：砖墙拆除后体积乘系数是多少？

答：砖墙拆除后体积乘系数是 1.5，因为砖墙是实方，拆除后折算成虚方系数是 1.5。

109. 问：手算土方方格网，按多个计算，误差为什么很大?

答：方格网法计算土石方工程量，其基本原则就是：方格越小，工程量越精确；方格方向不同，工程量不同。

如果平场面积在 5000m^2 以内，5m 方格最好，并且方格方向最好南北、东西方向布置；如果平场面积在 5000m^2 以上，10m 方格最好，方格方向最好也是南北、东西方向布置。当然，大型土石方工程量的计算，每个人计算出的工程量肯定都不一样。这是正常现象。10%～20%的偏差是正常的。

110. 问：为什么冶金定额中油压管道子目中没有主材一项?

答：油压管道同工艺管道，其主材是未计主材，根据定额中主材的消耗量，确定主材的用量。

111. 问：混凝土、钢筋混凝土模板及支架费中的分项中定额项目的工程量为什么无法修改?

答：如果使用的是清单计价，在措施项目界面点击鼠标右键“页面显示列设置”—勾选“锁定综合单价”—确定。这样在措施项目界面可以看到“锁定综合单价”这样的一列。哪个项目需要修改就把这个项目的锁定综合单价对勾取消，就可以修改了。

112. 问：2008 清单工程，合同约定措施项目结算时不调整，使用审核软件如何操作计算基数、费率?

答：在审核软件中“按实计算”打上对勾就可以在审定处修改计算基数和费率了。

113. 问：某市政工程需素土回填，需要全部外购，外购虚方还是自然方?

答：按自然方计算工程量。

114. 问：江苏园林中，旱溪混凝土壁挂钢丝网片套什么子目?

答：旱溪混凝土壁挂钢丝网片在园林定额中一般是没有合适的定额子目可套的，可以根据施工的实际情况和江苏园林定额中有关编制补充定额的规则去编制“补充定额子目”使用。

115. 问：抹灰面批老粉套什么定额？老粉是什么?

答：胶油老粉腻子是由熟桐油、松香水、老粉、化学浆糊、胶水再加适量的色漆和石膏粉调配而成。胶油老粉可用于不透明漆或半透明漆的涂饰中，常用于室内抹灰面油漆及木制品油漆基层嵌批打底用，尤其适合在抹灰面上作底层批刮嵌补之用。这种做法平整光滑、附着力强，且不易卷皮和龟裂。

116. 问：聚合物砂浆在辽宁省 2008 定额如何套取?

答：套用辽宁省 2008 定额中抹水泥砂浆定额子目，换算水泥砂浆为聚合物砂浆。

117. 问：地道怎样套取内蒙古 2009 定额?

答：套道路桥涵工程定额子目。

118. 问：钢筋拆除如何套用定额子目?

答：钢筋拆除，按绑扎的用工计算。可查劳动定额。

119. 问：定额计价和清单计价时什么情况下需要考虑工作面和放坡系数?

答：定额计价时，是要考虑工作面和放坡系数的；清单计价通常不考虑工作面和放坡；清单中没有考虑，但是组价的时候要考虑，所以这部分费用还是计算在该项清单中。

比如说不考虑放坡和工作面的情况下土方开挖工程量为 100m^3，那组价的时候应该按照定额计算规则计算出来的工程量填写，一定是一个大于 100m^3 的工程量。

120. 问：袖阀管注浆，袖阀管内径 ϕ56mm，外径 ϕ68mm，成孔直径 ϕ100mm，套什么子目比较合适?

答：袖阀管注浆与锚杆不同，与旋喷桩类似，现在市场价格大约也在 180 元/m，价格与工程量大小、施工作业条件、工程地点等有关。每米用水泥量不同，可以相应调整。

121. 问：定额计价的优缺点是什么?

答：定额计价的优点是：简明、快速（清单计价如果两条清单定额相同，得套两次，而定额计价只需要一条）；

缺点是：不知道具体由什么构成及其详细量（比如：C2-5 子目是混凝土的，定额计价却看不到具体是墙梁柱的混凝土还是别的，而且墙梁柱的量到底多少也不清楚）。

定额计价适合于控制成本，但不适合于市场；如果用定额计价，每一家的成本算出来是一样的，不像清单计价，企业自主报价，迫使企业自身加强管理，控制成本。

可以参考下面定额与清单计价的对比：

（1）定额计价一般用于管理；清单计价一般用来支付。

（2）定额模式下的投标是为了中标；清单模式的投标是为了中标且有利润。

（3）两种计价方式主要的区别是适用于不同的定价阶段：

定额计价是指导价，清单计价是市场价。

（4）定额计价是根据定额也就是成本原料计算出的造价，也就是我们通常说的预算；清单计价是根据工程项目成品构件进行计价。

（5）清单要参照消耗量定额，因为自己有企业定额的单位不多，一般都是参照各省的定额计价。

（6）两种计价办法的区别：

① 以定额为基础，突出政府的作用，强调工程总造价的计算；

② 清单计价（综合单价法）以清单为基础，强调甲乙双方的责任，在工程总造价的基础上，更加强调分项工作综合单价的计算。

（7）两种方式都适合工程的预结算：

① 定额计价适合于按实结算的工程；

② 清单计价适合于工程承包单价。

（8）单位工程造价构成形式不同：

① 按定额计价时单位工程造价由直接工程费、间接费、利润、税金构成，计价时先计算直接费，再以直接费（或其中的人工费）为基数计算各项费用、利润、税金，汇总为单位工程造价；

② 工程量清单计价时，造价由工程量清单费用（$=\sum$清单工程量×项目综合单价）、措施项目清单费用、其他项目清单费用、规费、税金五部分构成，作这种划分的考虑是将施工过程中的实体性消耗和措施性消耗分开，对于措施性消耗费用只列出项目名称，由投标人根据招标文件要求和施工现场情况、施工方案自行确定，以体现出以施工方案为基础的造价竞争；对于实体性消耗费用，则列出具体的工程数量，投标人要报出每个清单项目的综合单价。

（9）现在只要是政府投资的项目都要采用清单计价，其余项目可以自由选择，定额计价指导性较强体现不出企业的竞争力，清单计价能够自由竞争。

（10）分项工程单价构成不同：

① 按定额计价时分项工程的单价是工料单价，即只包括人工、材料、机械费；

② 工程量清单计价分项工程单价一般为综合单价，除了人工、材料、机械费，还要包括管理费（现场管理费和企业管理费）、利润和必要的风险费。采用综合单价便于工程款支付、工程造价的调整和工程结算，也避免了因为“取费”产生的一些无谓纠纷。综合单价中的直接费、费用、利润由投标人根据本企业实际支出及利润预期、投标策略确定，是施工企业实际成本费用的反映，是工程的个别价格。综合单价的报出是一个个别计价、市场竞争的过程。

（11）单位工程项目划分不同：

① 按定额计价的工程项目划分即预算定额中的项目划分，一般土建定额有几千个项目，其划分原则是按工程的不同部位、不同材料、不同工艺、不同施工机械、不同施工方法和材料规格型号，划分十分详细；

② 工程量清单计价的工程项目划分较之定额项目的划分有较大的综合性，新规范中土建工程只有 177 个项目，它考虑工程部位、材料、工艺特征，但不考虑具体的施工方法或措施，如人工或机械、机械的不同型号等，同时对于同一项目不再按阶段或过程分为几项，而是综合到一起，如混凝土，可以将同一项目的搅拌（制作）、运输、安装、接头灌缝等综合为一项，门窗也可以将制作、运输、安装、刷油、五金等综合到一起，这样能够减少原来定额对于施工企业工艺方法选择的限制，报价时有更多的自主性。工程量清单中的量应该是综合的工程量，而不是按定额计算的“预算工程量”。综合的量有利于企业自主选择施工方法并以之为基础竞价，也能使企业摆脱对定额的依赖，建立起企业内部报价及管理的定额和价格体系。

（12）计价依据不同：

① 这是清单计价和按定额计价的最根本区别，按定额计价的唯一依据就是定额，而不是工程量；

② 清单计价的主要依据是企业定额，包括企业生产要素消耗量标准、材料价格、施工机械配备及管理状况、各项管理费支出标准等。目前可能多数企业没有企业定额，但随着工程量清单计价形式的推广和报价实践的增加，企业将逐步建立起自身的定额和相应的项目单价，当企业都能根据自身状况和市场供求关系报出综合单价时，企业自主报价、市场竞争（通过招投标）定价的计价格局也将形成，这也正是工程量清单所要促成的目标。工程量清单计价的本质是要改变政府定价模式，建立起市场形成造价机制，只有计价依据个别化，这一目标才能实现。

122. 问：1996 定额中的综合脚手架超过 20m 时是否还计算（超高费计算了）？

答：脚手架超过 20m 还要计算。超高费是指超高降效的费用。

123. 问：绘制已有依附构件房间时，三维发现突出墙面柱、门窗框侧边、窗台面没布置上墙面装修，是否已算量？

答：虽然看上去没布置上装饰，但是只要房间依附，就已经算过装饰，只是抹灰面积是没有算门窗框侧边面积的，只有块料面积中算到这部分。

124. 问：墙面装修中，定义墙面时，有墙顶、层顶标高，二者有什么区别？

答：墙顶就是墙的顶面，层顶指层顶标高，这个区别在某段墙体高于或低于层高时会有体现。

125. 问：工程量表中，墙面抹灰包括柱面、梁侧、混凝土墙、砖墙抹灰吗？

答：是的，已经包括在墙面抹灰内。

126. 问：楼梯已设置为组合楼梯，包括梯段、平台、梯梁、梯井，已在工程量表中定义好楼梯底板、侧面抹灰，楼梯段和平台的墙裙、踢脚板装修以及楼梯面、平台面地砖装修，楼梯墙面抹灰如何布置？如何扣除梯段和平台的墙裙、踢脚板装修占据的墙面抹灰量？

答：直接定义墙面抹灰即可，至于扣减关系，软件默认四川地区定额计算规则，墙面扣除墙裙高度，踢脚线如果是块料，扣除踢脚线高度，如果是抹灰则不扣除，当然也会扣除梯板的位置。

127. 问：将审核文件的原脚手架的取费删除后，如何取定综合脚手架费用（99 安装定额）？

答：原脚手架的取费删除后，再输入正确的综合脚手架费用（99 安装定额）。

是安装工程，点上方菜单栏【安装费用】，在弹出的列表里勾选【脚手架搭拆费】即可，如截图所示。

128. 问：山东省综合定额如何将普通混凝土换算为商品混凝土？

答：在计价软件 GBQ4.0 中，点中其中一个含混凝土的子目—右键—在弹出的对话框中—现浇混凝土转商品混凝土—所有项目—确定。人工机械含量不需要增减了，在转换时，软件已经进行了相关的换算。

129. 问：审核软件里如何修改市场价格？

答：审核软件是两个工程文件的对比，不需要修改材料价格，需要修改的话在自己文件中更改即可，审核只是核对差价的。审核软件，一般是自己做的报价和原来送审的进行比较，可以在送审的基础上修改，也可以自己单独做好后比较。

130. 问：工业管道材质是焊接钢管。相应的三通、弯头是套第六册第二章管件连接还是第五章板卷管制作与管件制作项目?

答：工业管道材质是焊接钢管。相应的三通、弯头是套第六册第二章管件连接，管件按照实际价格计取。

131. 问：湖北天棚及墙面装修脚手架在土建中已套用了综合脚手架，装修时还需要套 B7-3、B7-4 吗?

答：只要层高不超过 3.6m，就不需要再套其他脚手架子目了，层高超过 3.6m 时，可以按面积套一个满堂脚手架。

132. 问：天然气安装工程（包括入户、室外、锅炉房、管道等）预决算应该选择哪类软件?

答：选择当地建筑安装的定额，软件可以用 GBGV8.0 或 GBQ4.0 定额模式即可。GBQ4.0 可以用于招投标、结算、预算、定额计价模式、清单计价模式等，工程造价管理系统 GBG V8.0 也是计价软件，只能计算定额模式下的数据。

133. 问：某清单预算审核时，导入后，只能修改"项"一行的工程量，下面"定额"的工程量为什么不能修改?

答：这是锁定了综合单价，在分部分项界面点击右键—页面显示列设置—把锁定综合单价打对勾—确定—点击锁定综合单价对勾—再修改。

134. 问：审计软件中删除的定额项还能恢复吗?

答：审计软件中删除的定额项不能恢复，只能重新输入了。

135. 问：如何将其他预算转入广联达软件?

答：打开一个广联达的计价软件，点开导入导出的按钮，找到导入 Excel 文件的按钮，点开后在浏览中找到从其他软件中导出来的 Excel 文件导入即可，这样就把 Excel 文件导入到广联达文件中了。

136. 问：供水排水工程套用什么定额?

答：供水排水工程属于小区内套安装定额，小区外套市政定额。

137. 问：截图部分都需要套什么定额?

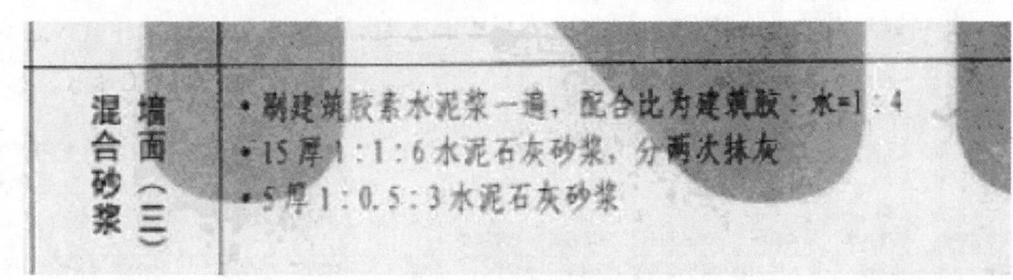

答：这个问题有很多人纠结，因为套定额的时候只是套取了一遍的水泥石灰砂浆，而图纸上又说刷两遍，其实可以看到有一遍是 5 厚，也就是 5mm，这就是先预刷一遍，15 厚的才是真正的混合砂浆，所以这里只需要套一遍，因为定额内已经含有了两遍，可以看一看定额含量。素水泥浆就是水泥掺点水，在抹灰的时候表面就已经有一层了，所以这个素水泥浆也不需要套定额。

138. 问：打开审核软件 GSH4.0 措施费，里面全是被横线删除的，怎样选择和更改?

答：划横线或颜色有变化的说明送审措施费被修改过或全部清零了，如果是修改审核

措施的话，只要在审核数量或定额中修改就行，如果不想修改就还原送审数量和定额即可。另外审核措施费之前要先点取“按实计算”审核送审措施。

139. 问：审核里子目错套怎么办？

答：如子目错套，可直接修改子目编码，软件会记录送审的子目信息不变。结算审核页面可以显示出送审的子目编码。报表页面也可以看到送审和审定的子目信息。

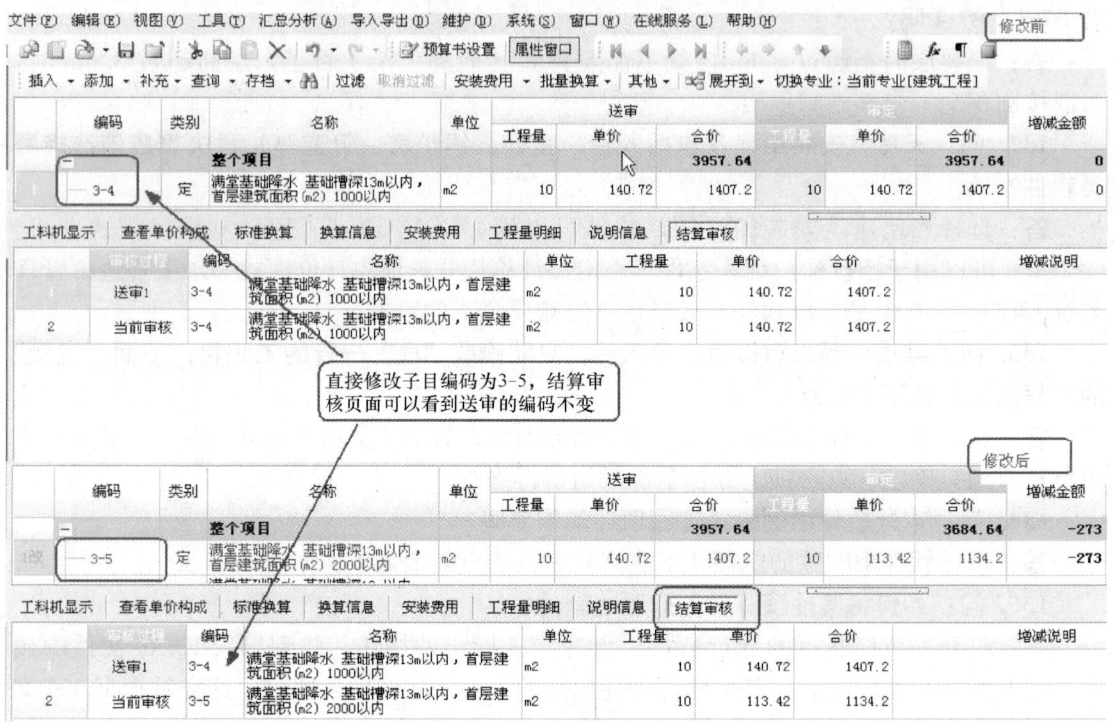

140. 问：如何查看砖的损耗量？

答：套好定额后，查看工料机即可。

- 【定额计价（工料机法）- 预算书1】

工具(T) 导入导出(I) 维护(M) 系统(S) 窗口(W) 在线服务(L) 帮助(H)

预算书设置 属性窗口 局部汇总

插入 · 添加 · 补充 · 查询 · 存档 · 整理子目 · 安装费用 · 批量换算 · 其他 · 展开到 ·

	编码	类别	名称	单位	含量	工程量	单价	合价	取费专业	施工组织措施类别
	−		整个项目					7040.26		
1	B1-99	借	块料面层 陶瓷地砖楼地面（水泥砂浆）每块周长（mm以内）3200	100m2		1	7040.26	7040.26	装饰工程	装饰装修工程
2		定				0	0	0		随主工程

工料机显示 | 查看单价构成 | 标准换算 | 换算信息 | 安装费用 | 工程量明细 | 说明信息

	编码	类别	名称	规格及型号	单位	损耗率	含量	数量	定额价	市场价	合价	是否暂估	锁定数量	原始含量
1	R00001	人	综合用工一类		工日		28.5	28.5	45	45	1282.5		☐	28.5
2	+ ZF1-0399	浆	抹灰砂浆 水泥砂浆 1:4 中		m3		2.02	2.02	107.9	107.9	217.96	☐	☐	2.02
6	+ ZF1-0512	浆	抹灰砂浆 素水泥浆		m3		0.1	0.1	332.11	332.11	33.21	☐	☐	0.1
9	C00040	材	白水泥		kg		10.3	10.3	0.39	0.39	4.02	☐	☐	10.3
10	C01162	材	陶瓷地面砖	800×800	m2		104	104	52	52	5408	☐	☐	104
11	C00791	材	棉纱头		kg		1	1	5.83	5.83	5.83	☐	☐	1
12	C00589	材	锯屑		m3		0.6	0.6	12	12	7.2	☐	☐	0.6
13	C01030	材	石料切割锯片		片		0.32	0.32	18.89	18.89	6.04	☐	☐	0.32
14	CL0026	材	中砂		t		-0.0001	-0.00006	25.16	25.16	0	☐	☐	-0.0001
15	CL0265	材	水泥	32.5	t		-0.0003	-0.00028	220	220	-0.06	☐	☐	-0.0003
16	CL0275	材	水		m3		2.6	2.6	3.03	3.03	7.88	☐	☐	2.6
17	+ 06016	机	灰浆搅拌机	拌筒容量200	台班		0.25	0.25	75.03	91.76	18.76		☐	0.25
26	+ 13155	机	石料切割机	小	台班		1.51	1.51	32.4	32.4	48.92		☐	1.51

141. 问：工程的竣工图，工程的图纸和现场样板不一样，也没有联系单，竣工图怎样绘制？

答：主要看方案上的具体内容，仅仅是施工技术（工艺）的问题，没有牵扯到更改原设计图纸，就没必要补办技术核定单，但是要是更改了原图纸，则必须经设计单位同意，一是可以让设计单位下发变更，或者办理技术核定单。凡是与图纸不符的，一定要在图纸上注明。联系单上的内容，同样如此，如果是变更了图纸，必须经设计单位同意，如果是增加图纸以外的施工项目（内容），应该要标注在图纸上，因为图纸是以后查阅施工内容的主要依据之一。

142. 问：工程签证，如果地砖换了材料，以前是 600 * 600 的地砖，现场样板房为 800 * 800 地砖，可以不用签证吗？联系单几方确认，竣工图上按 800 * 800 地砖画，大工程联系单未得到发包方签证的，工程量、工程价款发生争议应如何认定处理？

答：承包人提请发包人签证的联系单得不到发包人的签证、甚至得不到已经送交签证的回执，是一个令承包人十分无奈且较为普遍的现象，综观通用条款有关签证的规定，对工期顺延、安全防护设施、工程量的确认和进度款的支付、变更工程及价款的调整等等，都要求承包人在规定的时间内向工程师提交相应的联系单或报告。但实际情况是送了人家一不收，二不签，或收了不给回执。而联系单得不到签证或不能取得送交回执的直接后果影响到工程价款的结算、索赔和进入司法程序后对事实的认定。最高人民法院根据当前的实际情况，为保护施工企业的权益，在《关于审理建设工程施工合同纠纷案件适用法律问题的解释》第十九条中对有关工程量的认定等，作出了有利于承包人的规定，即“当事人对工程量有争议的，按照施工过程中形成的签证等书面文件确认。承包人能够证明发包人同意其施工，但未能提供签证文件证明工程量发生的，可以按照当事人提供的其他证据确认实际发生的工程量”。当然，这里还有一个如何证明的问题。实践中，有关会议纪要，施工组织实施方案，经变更的工程发包人同意通过竣工验收的，都可以作为认定发包人同意施工的证据。对变更的工程量有争议的，承包人可以申请委托造价审定机构实地勘验等方法确认，而不必拘泥于承包人是否提交了工程量变更增加的联系单。

对设计变更工程的价款有争议，最高人民法院司法解释第十六条的规定，“因设计变更导致建设工程的工程量或者质量标准发生变化，当事人对该部分工程价款不能协商一致的，可以参照签订建设工程施工合同时当地建设行政主管部门发布的计价方法或者计价标准结算工程价款”。但是，如果双方当事人是适用建设部的示范合同文本签订合同的话，适用最高院的该规定，还需要以向发包人提交工程价款变更的联系单为条件，因为建设工程合同的通用条款第 31.2 条规定，“承包人在双方确定变更后 14 天内不向工程师提出变更工程价款报告时，视为该项变更不涉及合同价款的变更”。按该条款规定，承包人必须向发包人提出变更工程价款的报告或联系单。现在的问题是你有否提出变更价款的报告，如何证明你已经提交变更工程价款的报告。该问题的认定与工程量的确认方面是有区别的：

（1）适用的条件不同，工程量的签证通用条款上没有说不在规定时间内提出就视为没有变更。而价款的变更条件在双方签订合同的通用条款上已有明确的规定，即承包方必须在 14 日内出联系单提出变更要求。如果没有出联系单，最高人民法院司法解释第十六条的规定也就难以适用。在这里联系单是条件。根据我国法律的规定，在非强制性的法律规

定与合同的约定不一致的情况下，应当按照合同的约定处理。最高人民法院的上述规定属于弥补性规定而非强制性规定。

(2) 在事实认定上的区别在于，工程量是有形的，可用实际结果加以证明，而价款的变更重在程序上的提出，一旦发生争议很难举证，也很难认定。因此，施工企业要研究对价款变更条款的约定，及时出具变更价款的联系单。

最高院司法解释第十六条　当事人对建设工程的计价标准或者计价方法有约定的，按照约定结算工程价款。因设计变更导致建设工程的工程量或者质量标准发生变化，当事人对该部分工程价款不能协商一致的，可以参照签订建设工程施工合同时当地建设行政主管部门发布的计价方法或者计价标准结算工程价款。第十九条当事人对工程量有争议的，按照施工过程中形成的签证等书面文件确认。承包人能够证明发包人同意其施工，但未能提供签证文件证明工程量发生的，可以按照当事人提供的其他证据确认实际发生的工程量。

143. 问：在结算时调整价差的问题，调整后的价差需要计算规费和更新措施费吗?

答：需要看施工合同里面的具体规定，多数合同都规定材料价差要计取规费和税金。材料价差可以计取规费和税金，其费率是按当地文件规定执行。措施费也要看合同具体规定，如果是措施费包干就不能调整。

144. 问：广联达送审软件中送审一栏怎样填补数据?

答：送审列是不能修改的，只能在审定列修改。如果非要在送审列修改，在界面的下方有个【结算审核】，可以修改送审的数据。

145. 问：车道挡土墙开裂做化学注浆怎样套取定额?

答：根据设计套隧道锚杆中注浆定额计算一下，调整设计给的材料即可。

146. 问：河南地区旧楼进行二次内粉及刷涂料是否计算脚手架?

答：一般来讲净高不超过 3.6m 的装饰工程不计算脚手架费用。

147. 问：钢结构（4S 店）的脚手架是否计取？怎样计取？套什么定额?

答：钢结构（4S 店）的脚手架是需要计取的，可以按双排外脚手架计算并计取，套用双排外脚手架定额子目。

148. 问：审核软件中，单价有时修改不了是怎么回事?

答：在人材机汇总界面修改价格，不能修改价格的是配合比材料或是配比机械。

149. 问：GBG V8.0 预算文件导入 GBGV8.0 审核软件中，金额为什么发生了变化?

答：说明审核文件的费率设置与预算文件不同，对照检查，看是哪个费率存在差异。

如果是小数运算的误差，不用处理。最好在同一台计算机上、用同一个程序、同一把加密锁打开。文件导来导去，在不同的软件中打开，都会重新计算，有一些差距是正常的，看看相差的金额占总造价的百分比，如果超过了 1%就必须调整了。这是程序后台运行差距，没法调整，如果调整，量、价就有变化了。

150. 问：GSH4.0 导入 Excel 时，提示“清空，追加”，误选为清空导入，结果导入的项目工程量及单价合价全为空，如何重新设置追加导入?

答：这里的“清空，追加”并不是针对 Excel 文件内容，而是指计价里的内容是清空后导入还是直接追加导入到原有内容后面，导入的项目工程量及单价合价全为空是因为没有识别列内容，重新识别导入。

151. 问：多少千米以内的土方运输只计取机械台班费？

答：机械台班费是指：

（1）折旧费；

（2）大修理费；

（3）经常修理费；

（4）安拆费及场外运输；

（5）人工费——特指机上人工费；

（6）燃料动力费；

（7）养路费及车船使用税。

查询定额子目（机械装运土方、机械装运石方）可知：

（1）100m 运距内的计算材料费，但必须计算综合人工费和机械台班费。

（2）100m 运距以外的，综合人工费、材料费、机械台班费全部计取。

根据所提问题，可以得出以下结论：

不管多少千米内的土方运输，都必须计取机械台班费。但是 100m 运距内的，不计算材料费。

详见下图：100m 内的，没有材料费。

		整个项目						1.75	
.6	定	机械挖运土方 全程运距 100m以内 运距 20m内	1000m3	1	...	0.001	1754.55	1.75	机械土石方工程

查看单价构成 | 标准换算 | 换算信息 | 工程量明细 | 说明信息

类别	名称	规格及型号	单位	损耗率	含量	数量	定额价	市场价	合价	是否暂估	锁定数量
人	土石方综合工日		工日		6	0.006	22	22	0.13		☐
机	履带式推土机	105kW	台班		0.338	0.0003	556.84	556.84	0.17		☐
机	履带式推土机	135kW	台班		0.302	0.0003	716.83	716.83	0.22		☐
机	履带式推土机	165kW	台班		0.982	0.001	961.61	961.61	0.96		☐
机	履带式推土机	240kW	台班		0.221	0.0002	1237.82	1237.82	0.25		☐

152. 问：密集型插接母线怎样套取定额？

答：密集型插接母线可以套自己编制的补充定额子目项。

153. 问：房屋拆后表面留下的残砖等是否是严格意义上的渣，是否可以套用挖渣定额？

答：拆除房屋后的残砖算渣土运输，记得要乘变渣系数，如果是砖墙 $1m^3$ 要变成 $1.53m^3$。

154. 问：项目文件审核软件统一调整人材机在哪里调整？

答：审核软件只有 gbq 和 gbg 的后缀名文件，导入只能导入单位工程，不能导入项目工程，所以没有“统一调整人材机”这个功能。

但是可以在“人才机汇总”里查看，在“其他”—“相似材料合并”，来达到一种材料一种价格的功能。

155. 问：拆除花坛套什么定额？

答：拆除花坛可以根据花坛的拆除部位及所使用的材料套当地的修缮定额中相关的拆除定额子目。

156. 问：审核在哪里能看到子目下材料含量对比？

答：审核 4.0 软件新版本，是有子目下材料对比的，可以在分部分项页面点击其他下面的显示工料机明细，每一条子目下面就可以看到材料的送审与审定对比了。

广联达审核软件 GSH4.0 - [清单计价 - 审核工程]

文件(F) 编辑(E) 视图(V) 工具(T) 汇总分析(A) 导入导出(D) 维护(M) 系统(S) 窗口(W) 帮助(H)

预算书设置 属性窗口

插入 添加 补充 查询 存档 重新组价 查询合同预算 过滤 取消过滤 单价构成 批量换算 其他 展开到

工程概况 分部分项 措施项目 其他项目 人材机汇总

	编码	类别	名称	单位	送审 工程量	送审 综合单价
			整个项目			1
1	040101002001	项	挖沟槽土方	m3	1149	13.73
	1-234	定	反铲挖掘机(斗容量1.0m3)挖三类土不装车	1000m3	1.57973	4137.37
	SZRGR	人	二类工	工日	8.53054	44
	01043	机	履带式单斗挖掘机(液压)	台班	3.94933	1121.76
	01002	机	履带式推土机	台班	0.39493	661.1
	GLF	管	管理费	元	447.86925	1
	LR	利	利润	元	122.14472	1
	1-9	换	人工挖沟、槽三类土方＜4m 子目乘以系数1.5	100m3	1.75525	5261.12
	SZRGR	人	二类工	工日	162.69588	44
	GLF	管	管理费	元	544.39956	1
	LR	利	利润	元	148.46782	1

其他菜单：子目关联、修改未计价材料、复制组价到其他清单、提取其他清单组价、提取模板子目、提取钢筋子目、强制修改综合单价、强制调整编码 Ctrl+B、工程量批量乘系数、设置为主要清单、取消设置为主要清单、只显示主要清单、✓显示工料机明细、提取消解石灰、现拌转预拌砂浆

工料机显示 查看单价构成 标准换算 换算信息 特征及内容 工程量明细 内容指引 查询用户清单

	编码	类别	名称	规格及型号	单位	含量	数量	市场价	锁定数量
1改	SZRGR	人	二类工		工日	5.4	8.53054	44	☐

下篇

广联达对量软件 GSS2011 应用及答疑解惑

第3章

广联达对量软件 GSS2011 基础应用

3.1 软件概况

广联达对量软件是协助用户完成对量过程的一款软件，包括钢筋对量 GSS2011 和图形对量 GST2011。它主要是通过读取两个工程文件，根据空间位置建立对比关系，快速实现楼层、构件、图元工程量对比，分析量差产生的原因。对量软件能够与算量软件进行即时通信，支持定位、刷新，实现对量过程一次加载工程即可完成。

3.2 对量软件操作流程

3.2.1 钢筋对量 GSS2011 步骤详解

在这里，通过对比两个实际工程，可以快速地熟悉钢筋对量软件对量的整个过程。

第一步：启动软件

启动 GSS2011，启动方法参见“软件的启动与退出”。

第二步：新建工程

(1) 点击“新建”按钮；

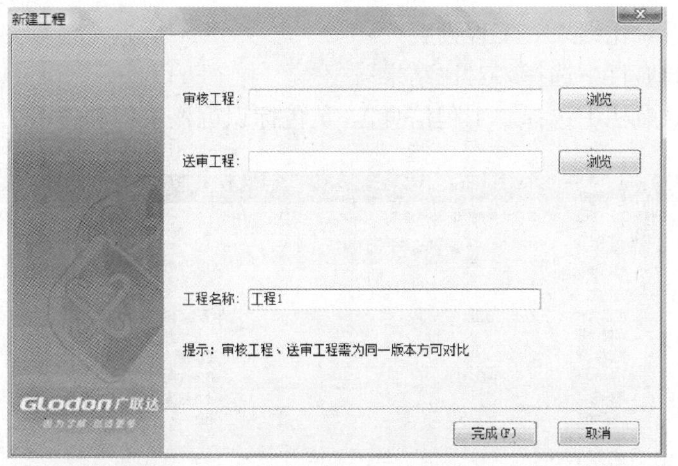

(2) 选择审核工程和送审工程，输入对比工程的名称；

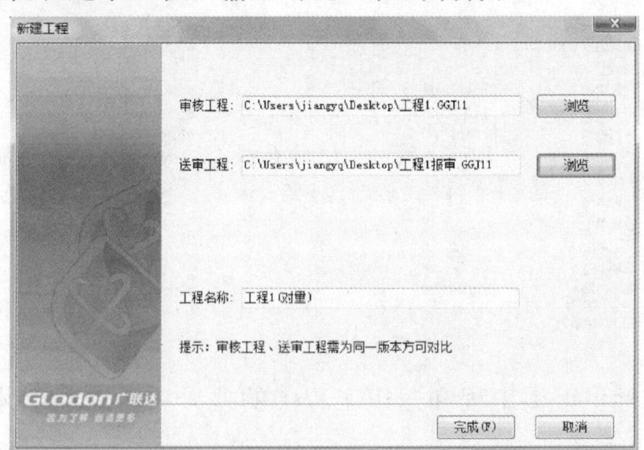

第3章 广联达对量软件GSS 2011基础应用

（3）点击“完成”即可完成对比工程的新建。

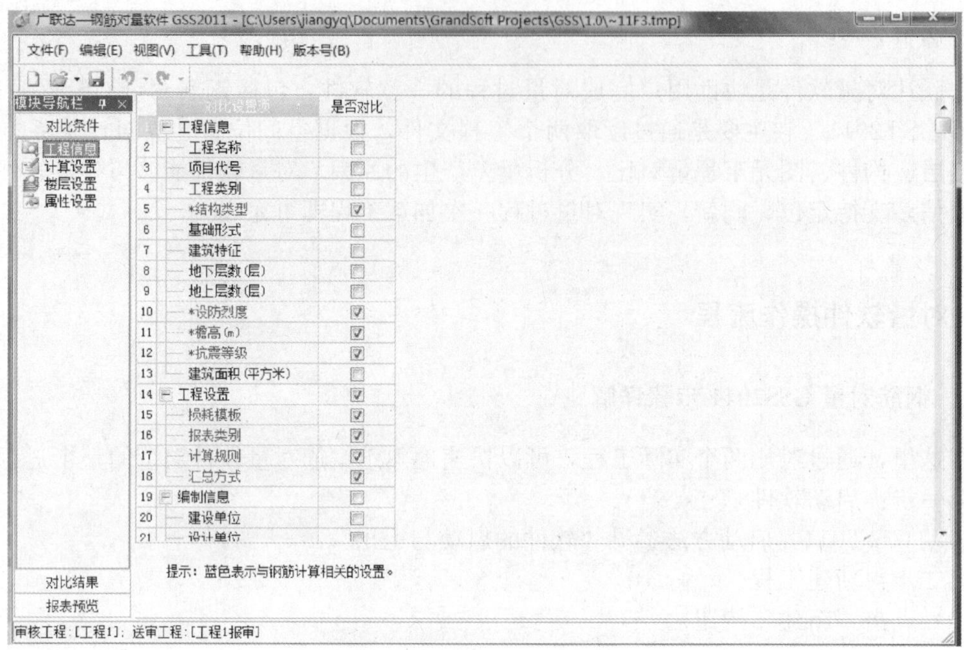

第三步：查看对比结果—工程设置

（1）在左侧导航栏中选择“对比结果”；

（2）在左侧导航栏中选择“工程信息”，黄色标识审核工程和送审工程中的差异项；

0	属性名称	审核工程	送审工程
1	工程信息		
2	工程名称	工程1	1号办公楼工程_钢筋
3	项目代号		
4	工程类别		写字楼
5	*结构类型	框架结构	框架结构
6	基础形式		独立基础
7	建筑特征		矩形
8	地下层数(层)		
9	地上层数(层)		4
10	*设防烈度	8	8
11	*檐高(m)	14.5	14.4
12	*抗震等级	二级抗震	二级抗震
13	建筑面积(平方米)		5183.01
14	工程设置		
15	损耗模板	不计算损耗	北京96概算定额钢筋损耗
16	报表类别	全统(2000)	北京(2001)
17	计算规则	03G101	03G101
18	汇总方式	按外皮计算钢筋长度(不考虑弯曲调整值)	按外皮计算钢筋长度(不考虑弯曲调整值)
19	编制信息		
20	建设单位		
21	设计单位		
22	施工单位		
23	编制单位		
24	编制日期	2010-05-07	2010-05-22

说明：黄色填充标识审核工程和送审工程中的差异项，红色字体标识与GGJ2009中默认设置有区别的项；

（3）在左侧导航栏中选择“比重设置”；

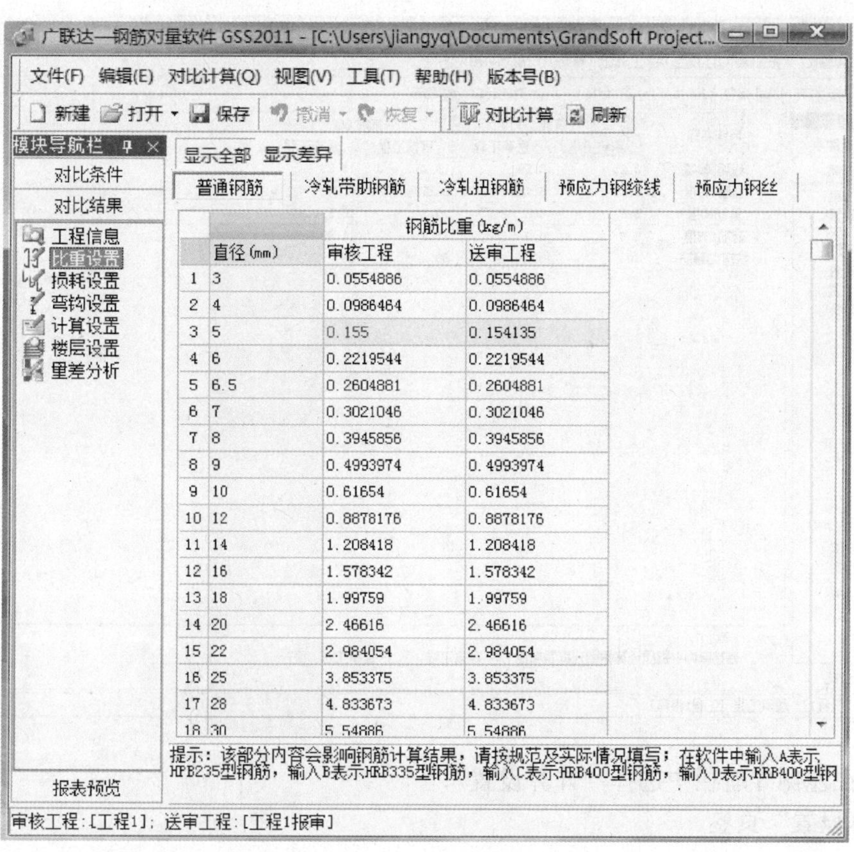

		钢筋比重(kg/m)	
	直径(mm)	审核工程	送审工程
1	3	0.0554886	0.0554886
2	4	0.0986464	0.0986464
3	5	0.155	0.154135
4	6	0.2219544	0.2219544
5	6.5	0.2604881	0.2604881
6	7	0.3021046	0.3021046
7	8	0.3945856	0.3945856
8	9	0.4993974	0.4993974
9	10	0.61654	0.61654
10	12	0.8878176	0.8878176
11	14	1.208418	1.208418
12	16	1.578342	1.578342
13	18	1.99759	1.99759
14	20	2.46616	2.46616
15	22	2.984054	2.984054
16	25	3.853375	3.853375
17	28	4.833673	4.833673
18	30	5.54886	5.54886

（4）在左侧导航栏中选择“损耗设置”；

广联达—钢筋对量软件 GSS2011 - [C:\Users\jiangyq\Documents\GrandSoft Projects\GSS\1.0\~11F3.tmp]

文件(F) 编辑(E) 对比计算(Q) 视图(V) 工具(T) 帮助(H) 版本号(B)

新建 打开 保存 撤消 恢复 对比计算 刷新

模块导航栏

对比条件

对比结果

工程信息

比重设置

损耗设置

弯钩设置

计算设置

楼层设置

量差分析

报表预览

审核工程模板名称 不计算损耗

按直径计算损耗

	直径(mm)	损耗(%)	直径(mm)	损耗(%)	直径(mm)	损耗(%)
1	3		4		4.5	
2	5		5.5		6	
3	6.5		7		7.5	
4	8		8.5		1*3-8.6	
5	9		9.5		1*7-9.5	
6	10		10.5		1*3-10.8	
7	11		1*7-11.1		11.5	
8	12		12-绫		1*7-12.7	
9	1*3-12.9		14		1*7-15.2	
10	16		18		20	
11	22		25		28	
12	30		32		36	

模板名称_审核工程

	损耗类别名称	损耗(%)
1		

送审工程模板名称 北京96概算定额钢筋损耗

按直径计算损耗

	直径(mm)	损耗(%)	直径(mm)	损耗(%)	直径(mm)	损耗(%)
1	3	2.5	4	2.5	4.5	2.5
2	5	2.5	5.5	2.5	6	2.5
3	6.5	2.5	7	2.5	7.5	2.5
4	8	2.5	8.5	2.5	1*3-8.6	0
5	9	2.5	9.5	2.5	1*7-9.5	0
6	10	2.5	10.5	2.5	1*3-10.8	0
7	11	2.5	1*7-11.1	0	11.5	2.5
8	12	2.5	12-绫	2.5	1*7-12.7	0
9	1*3-12.9	0	14	2.5	1*7-15.2	0
10	16	2.5	18	2.5	20	2.5
11	22	2.5	25	2.5	28	2.5
12	30	2.5	32	2.5	36	2.5

模板名称_送审工程

	损耗类别名称	损耗(%)
1		

审核工程:[工程1]; 送审工程:[工程1报审]

（5）在左侧导航栏中选择“弯钩设置”；

（6）在左侧导航栏中选择“计算设置”；
“计算设置”页签

"节点设置"页签

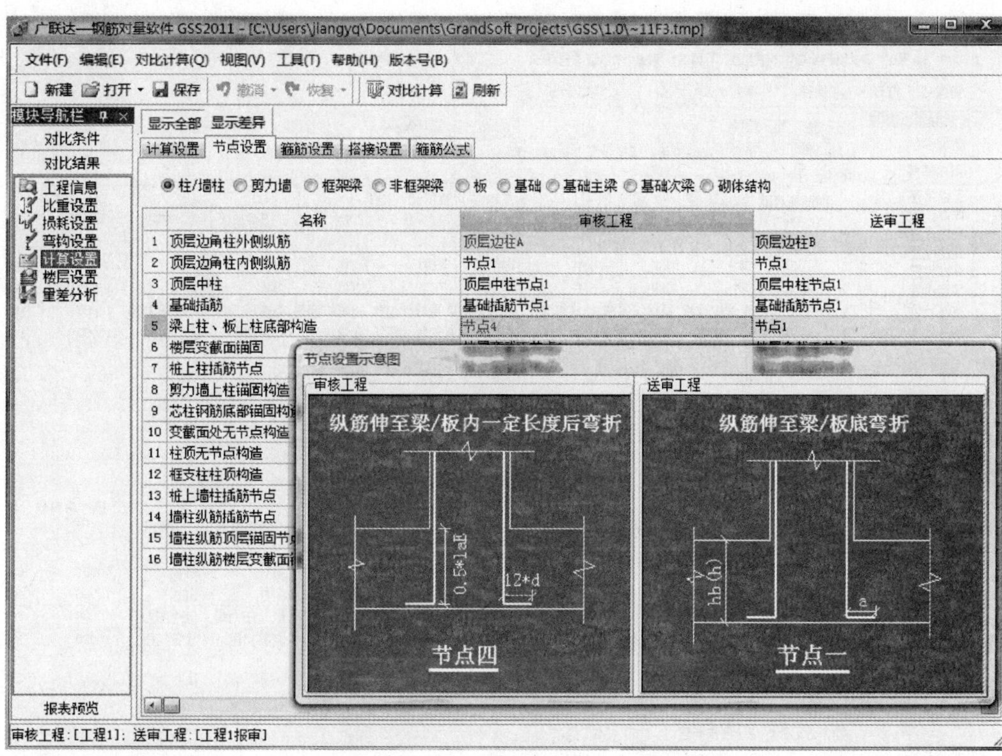

"箍筋设置"页签

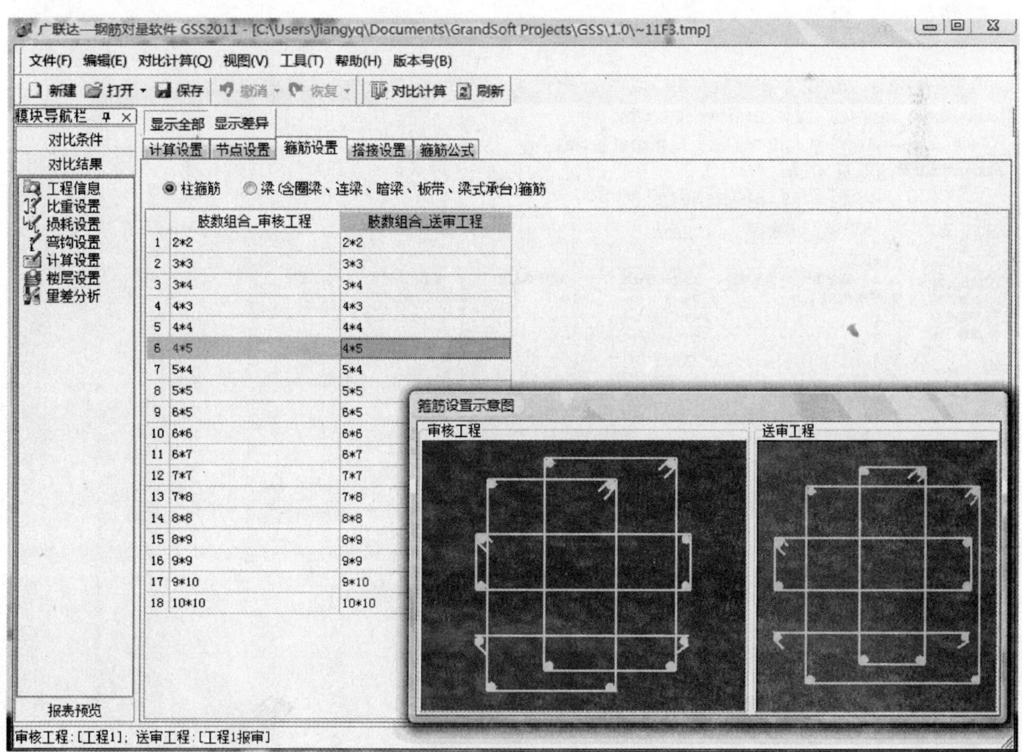

"搭接设置"页签

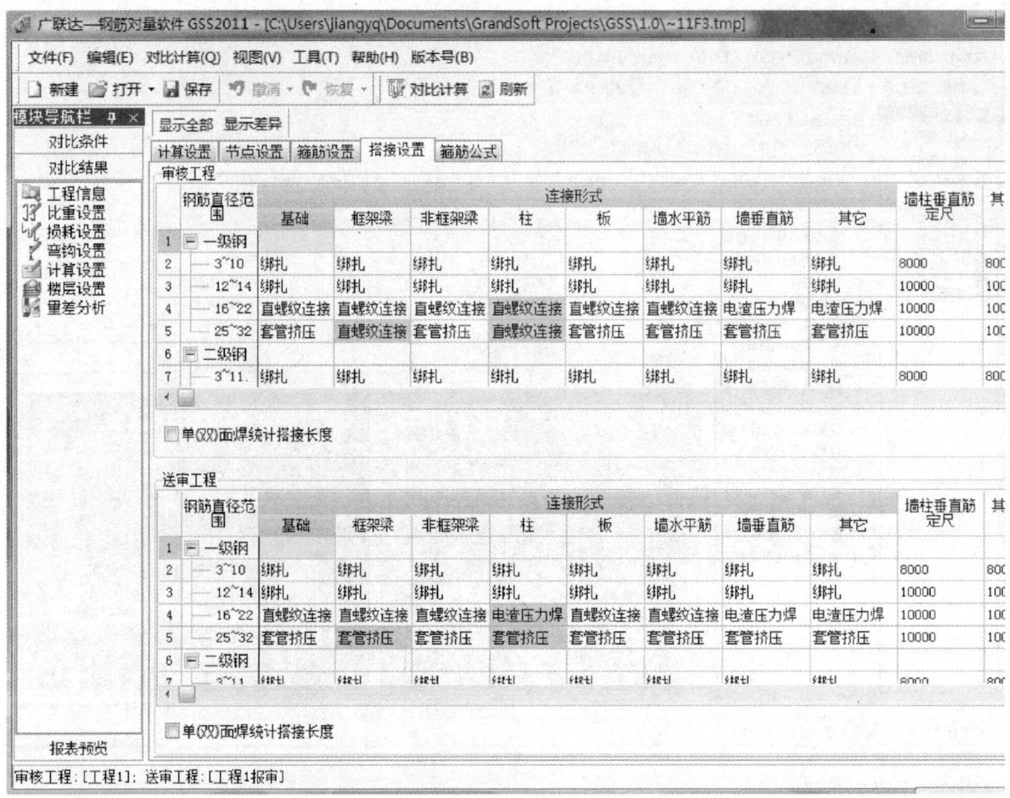

"箍筋公式"页签

（7）在左侧导航栏中选择“楼层设置”；

“楼层信息”页签

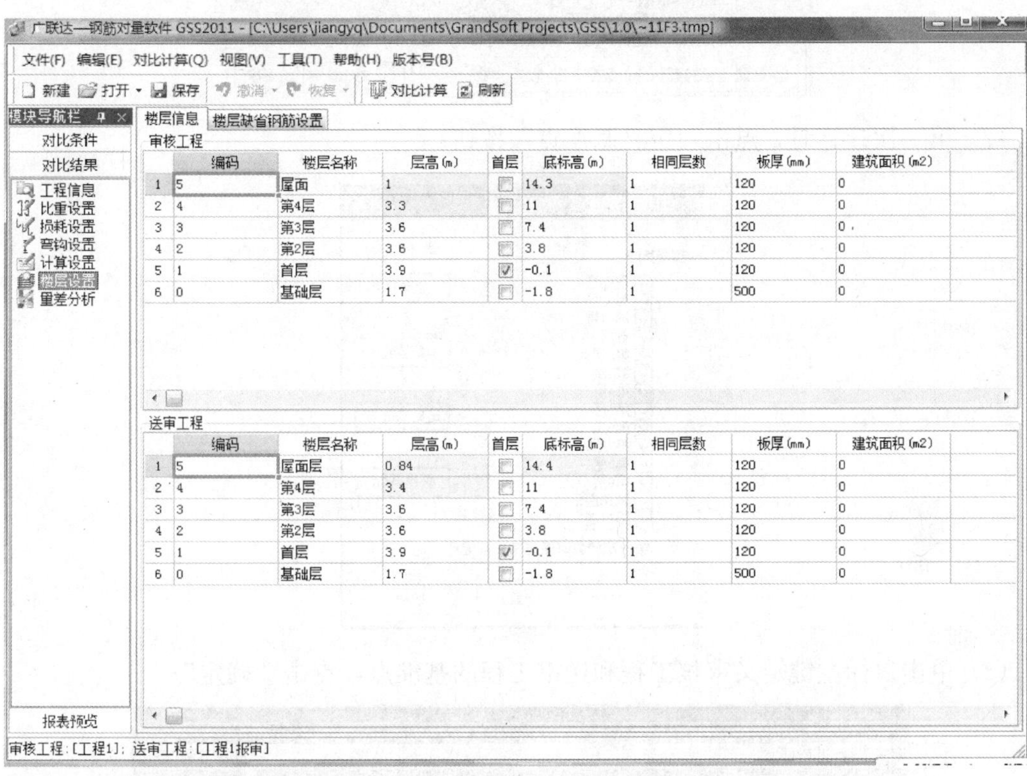

广联达—钢筋对量软件 GSS2011 - [C:\Users\jiangyq\Documents\GrandSoft Projects\GSS\1.0\~11F3.tmp]

文件(F) 编辑(E) 对比计算(Q) 视图(V) 工具(T) 帮助(H) 版本号(B)

新建 打开 保存 撤消 恢复 对比计算 刷新

模块导航栏：对比条件　对比结果　工程信息　比重设置　损耗设置　弯钩设置　计算设置　楼层设置　量差分析　报表预览

楼层信息　楼层缺省钢筋设置

审核工程

	编码	楼层名称	层高(m)	首层	底标高(m)	相同层数	板厚(mm)	建筑面积(m2)
1	5	屋面	1	☐	14.3	1	120	0
2	4	第4层	3.3	☐	11	1	120	0
3	3	第3层	3.6	☐	7.4	1	120	0
4	2	第2层	3.6	☐	3.8	1	120	0
5	1	首层	3.9	☑	-0.1	1	120	0
6	0	基础层	1.7	☐	-1.8	1	500	0

送审工程

	编码	楼层名称	层高(m)	首层	底标高(m)	相同层数	板厚(mm)	建筑面积(m2)
1	5	屋面层	0.84	☐	14.4	1	120	0
2	4	第4层	3.4	☐	11	1	120	0
3	3	第3层	3.6	☐	7.4	1	120	0
4	2	第2层	3.6	☐	3.8	1	120	0
5	1	首层	3.9	☑	-0.1	1	120	0
6	0	基础层	1.7	☐	-1.8	1	500	0

审核工程：[工程1]；送审工程：[工程1报审]

“楼层缺省钢筋设置”页签

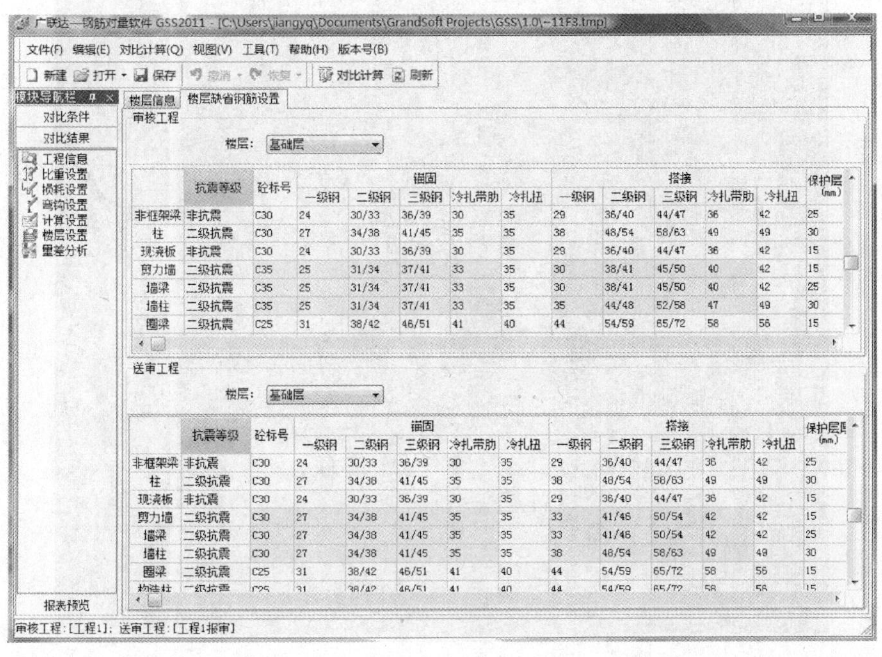

广联达—钢筋对量软件 GSS2011 - [C:\Users\jiangyq\Documents\GrandSoft Projects\GSS\1.0\~11F3.tmp]

文件(F) 编辑(E) 对比计算(Q) 视图(V) 工具(T) 帮助(H) 版本号(B)

新建 打开 保存 撤消 恢复 对比计算 刷新

模块导航栏：对比条件　对比结果　工程信息　比重设置　损耗设置　弯钩设置　计算设置　楼层设置　量差分析　报表预览

楼层信息　楼层缺省钢筋设置

审核工程

楼层：基础层

	抗震等级	砼标号	锚固					搭接					保护层(mm)
			一级钢	二级钢	三级钢	冷扎带肋	冷扎扭	一级钢	二级钢	三级钢	冷扎带肋	冷扎扭	
非框架梁	非抗震	C30	24	30/33	36/39	30	35	29	36/40	44/47	36	42	25
柱	二级抗震	C30	27	34/38	41/45	35	35	38	48/54	58/63	49	49	30
现浇板	非抗震	C30	24	30/33	36/39	30	35	29	36/40	44/47	36	42	15
剪力墙	二级抗震	C35	25	31/34	37/41	33	35	30	38/41	45/50	40	42	15
墙梁	二级抗震	C35	25	31/34	37/41	33	35	30	38/41	45/50	40	42	25
墙柱	二级抗震	C35	25	31/34	37/41	33	35	35	44/48	52/58	47	49	30
圈梁	二级抗震	C25	31	38/42	46/51	41	40	44	54/59	65/72	58	56	15

送审工程

楼层：基础层

	抗震等级	砼标号	锚固					搭接					保护层(mm)
			一级钢	二级钢	三级钢	冷扎带肋	冷扎扭	一级钢	二级钢	三级钢	冷扎带肋	冷扎扭	
非框架梁	非抗震	C30	24	30/33	36/39	30	35	29	36/40	44/47	36	42	25
柱	二级抗震	C30	27	34/38	41/45	35	35	38	48/54	58/63	49	49	30
现浇板	非抗震	C30	24	30/33	36/39	30	35	29	36/40	44/47	36	42	15
剪力墙	二级抗震	C30	27	34/38	41/45	35	35	33	41/46	50/54	42	42	15
墙梁	二级抗震	C30	27	34/38	41/45	35	35	33	41/46	50/54	42	42	25
墙柱	二级抗震	C30	27	34/38	41/45	35	35	38	48/54	58/63	49	49	30
圈梁	二级抗震	C25	31	38/42	46/51	41	40	44	54/59	65/72	58	56	15
构造柱	二级抗震	C25	31	38/42	46/51	41	40	44	54/59	65/72	58	56	15

审核工程：[工程1]；送审工程：[工程1报审]

第四步：对比计算

（1）点击“对比计算”或按快捷键 F9；

（2）第一次计算时，点击“定义基准点”按钮；

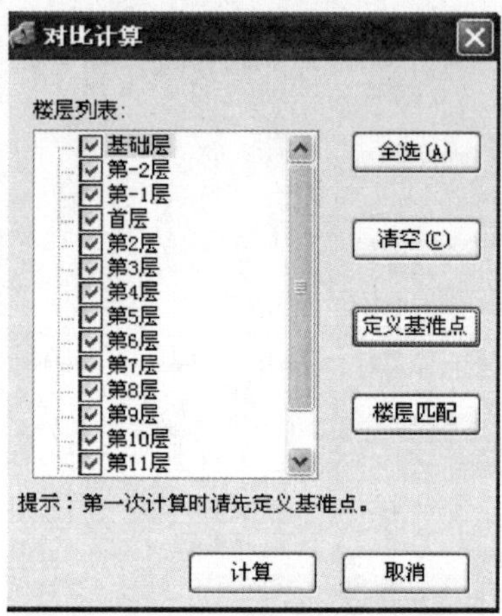

（3）单击鼠标左键定义审核工程和送审工程的基准点，点击“确定”；

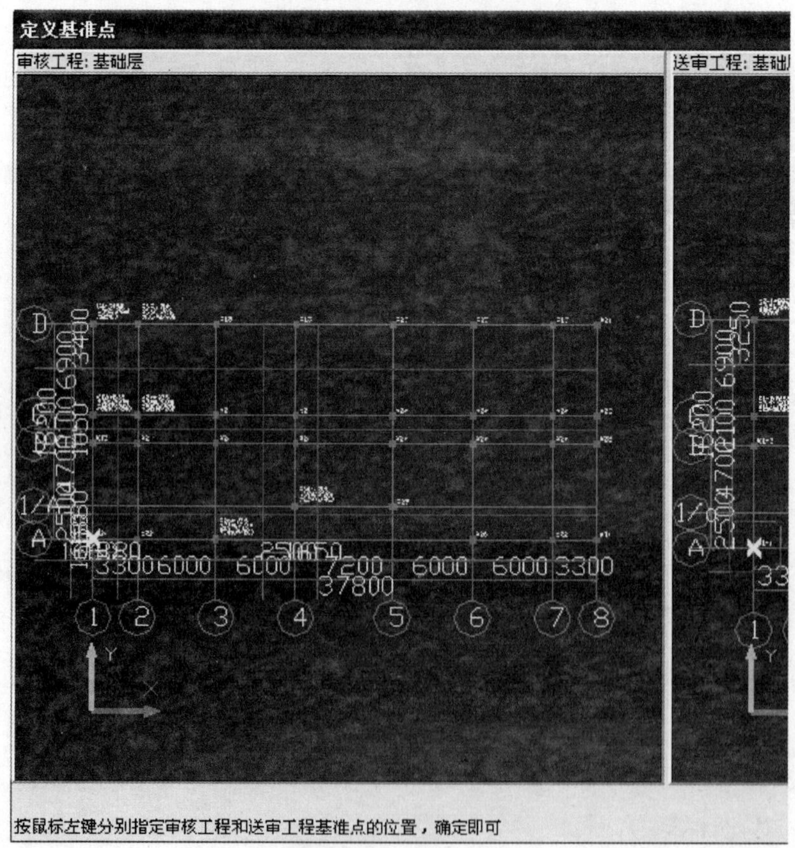

（4）选择要计算的楼层，开始对比计算；

说明：对比计算主要包括“建立图元对应关系”“汇总和对比工程量”两个步骤。

第五步：查看对比结果—量差分析

（1）查看量差；

审核工程	送审工程	审核工程量(kg)	送审工程量(kg)	量差(kg)	审定值(kg)	差异原因	备注
						不过滤	
整楼		253115.585	267833.353	-14717.768	253115.585		
基础层	基础层	30324.474	30318.517	5.957	30324.474		
第-2层	第-2层	24937.898	25442.562	-504.664	24937.898		
第-1层	第-1层	20740.555	22049.054	-1308.499	20740.555		
首层	首层	14797.302	17163.335	-2366.033	14797.302		
第2层	第2层	14690.100	18545.093	-3854.993	14690.100		
第3层	第3层	14618.233	15186.341	-568.108	14618.233		
第4层	第4层	14561.487	15098.467	-536.980	14561.487		
第5层	第5层	14561.487	15098.467	-536.980	14561.487		
第6层	第6层	14562.016	15098.467	-536.451	14562.016		
第7层	第7层	14561.487	15098.467	-536.980	14561.487		
第8层	第8层	14561.487	15098.467	-536.980	14561.487		
第9层	第9层	14624.184	15228.678	-604.494	14624.184		
第10层	第10层	14559.690	14916.795	-357.105	14559.690		
第11层	第11层	15051.379	15597.839	-546.460	15051.379		
第12层	第12层	13523.425	14441.001	-917.576	13523.425		

（2）点击“条状/饼状图”页签，分析主要差异来源于哪类构件；

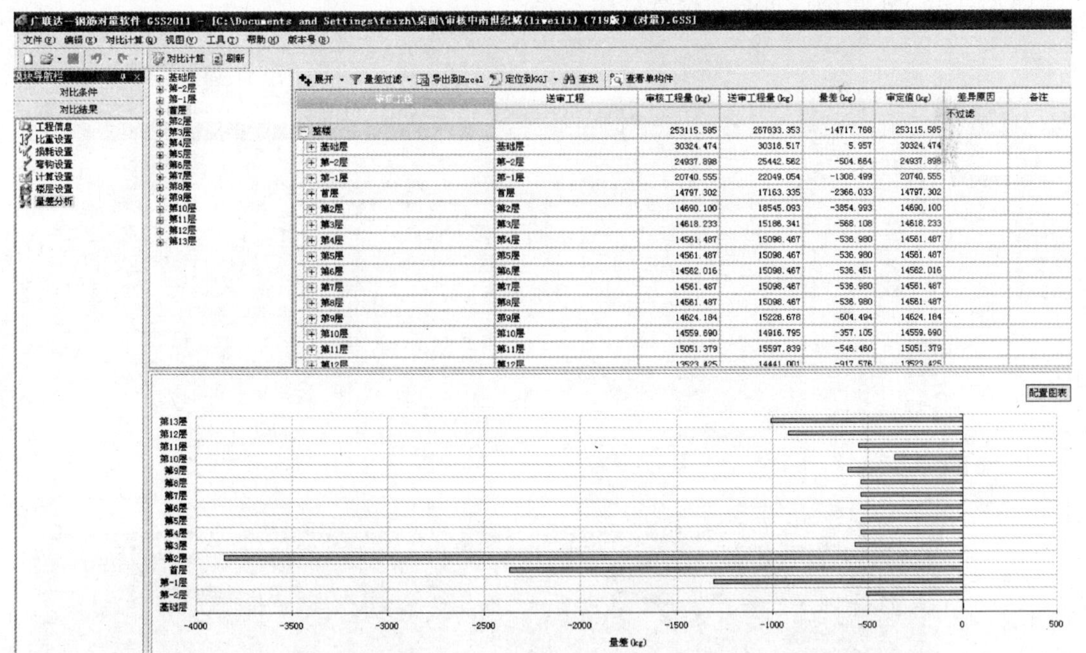

（3）在目录树中选择相应的构件类型，进行定位；

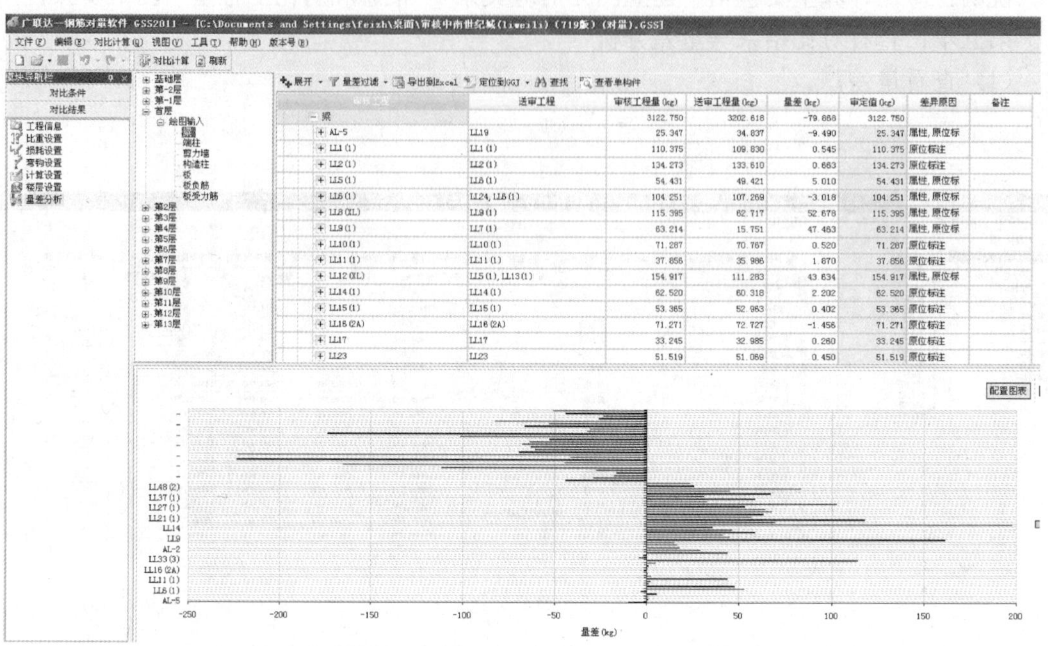

	送审工程	审核工程量(kg)	送审工程量(kg)	量差(kg)	审定值(kg)	差异原因	备注
− 梁		3122.750	3202.618	−79.868	3122.750		
+ AL-5	LL19	25.347	34.837	−9.490	25.347	属性，原位标	
+ LL1(1)	LL1(1)	110.375	109.830	0.545	110.375	原位标注	
+ LL2(1)	LL2(1)	134.273	133.610	0.663	134.273	原位标注	
+ LL5(1)	LL6(1)	54.431	49.421	5.010	54.431	属性，原位标	
+ LL6(1)	LL24，LL8(1)	104.251	107.269	−3.018	104.251	属性，原位标	
+ LL8(XL)	LL9(1)	115.395	62.717	52.678	115.395	属性，原位标	
+ LL9(1)	LL7(1)	63.214	15.751	47.463	63.214	属性，原位标	
+ LL10(1)	LL10(1)	71.287	70.767	0.520	71.287	原位标注	
+ LL11(1)	LL11(1)	37.856	35.986	1.870	37.856	原位标注	
+ LL12(XL)	LL5(1)，LL13(1)	154.917	111.283	43.634	154.917	属性，原位标	
+ LL14(1)	LL14(1)	62.520	60.318	2.202	62.520	原位标注	
+ LL15(1)	LL15(1)	53.365	52.963	0.402	53.365	原位标注	
+ LL16(2A)	LL16(2A)	71.271	72.727	−1.456	71.271	原位标注	
+ LL17	LL17	33.245	32.985	0.260	33.245	原位标注	
+ LL23	LL23	51.519	51.069	0.450	51.519	原位标注	

以“柱”为例，寻找量差来源；

（4）点击“示意图”页签，检查绘图差异；

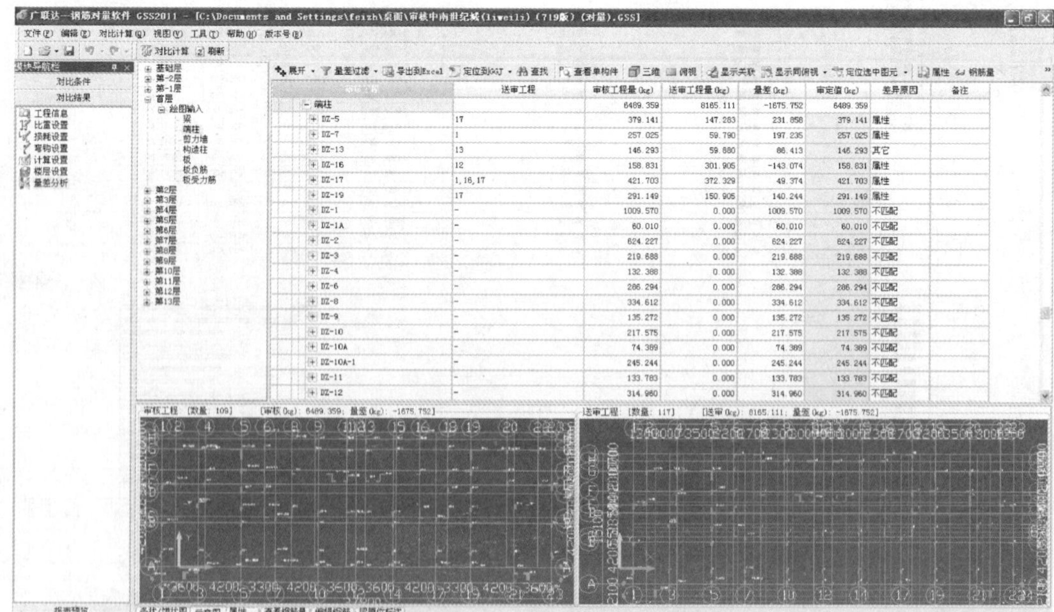

	送审工程	审核工程量(kg)	送审工程量(kg)	量差(kg)	审定值(kg)	差异原因	备注
− 端柱		6489.359	8165.111	−1675.752	6489.359		
+ DZ-5	17	379.141	147.283	231.858	379.141	属性	
+ DZ-7	1	257.025	59.790	197.235	257.025	属性	
+ DZ-13	13	146.293	59.880	86.413	146.293	其它	
+ DZ-16	12	158.831	301.905	−143.074	158.831	属性	
+ DZ-17	1，16，17	421.703	372.329	49.374	421.703	属性	
+ DZ-19	17	291.149	150.905	140.244	291.149	属性	
+ DZ-1	−	1009.570	0.000	1009.570	1009.570	不匹配	
+ DZ-1A	−	60.010	0.000	60.010	60.010	不匹配	
+ DZ-2	−	624.227	0.000	624.227	624.227	不匹配	
+ DZ-3	−	219.688	0.000	219.688	219.688	不匹配	
+ DZ-4	−	132.388	0.000	132.388	132.388	不匹配	
+ DZ-6	−	286.294	0.000	286.294	286.294	不匹配	
+ DZ-8	−	334.612	0.000	334.612	334.612	不匹配	
+ DZ-9	−	135.272	0.000	135.272	135.272	不匹配	
+ DZ-10	−	217.575	0.000	217.575	217.575	不匹配	
+ DZ-10A	−	74.389	0.000	74.389	74.389	不匹配	
+ DZ-10A-1	−	245.244	0.000	245.244	245.244	不匹配	
+ DZ-11	−	133.783	0.000	133.783	133.783	不匹配	
+ DZ-12	−	314.960	0.000	314.960	314.960	不匹配	

说明：如果要查看相关联的其他图元，点击“显示关联”；

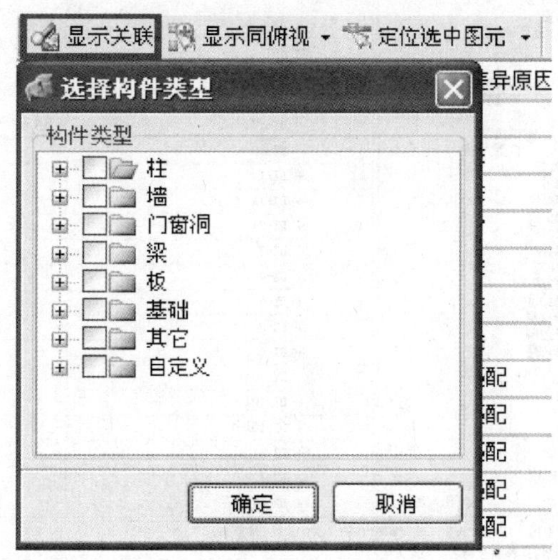

（5）点击“属性”页签，检查属性差异；

（6）点击“查看钢筋量”页签，按不同直径检查钢筋量的差异；

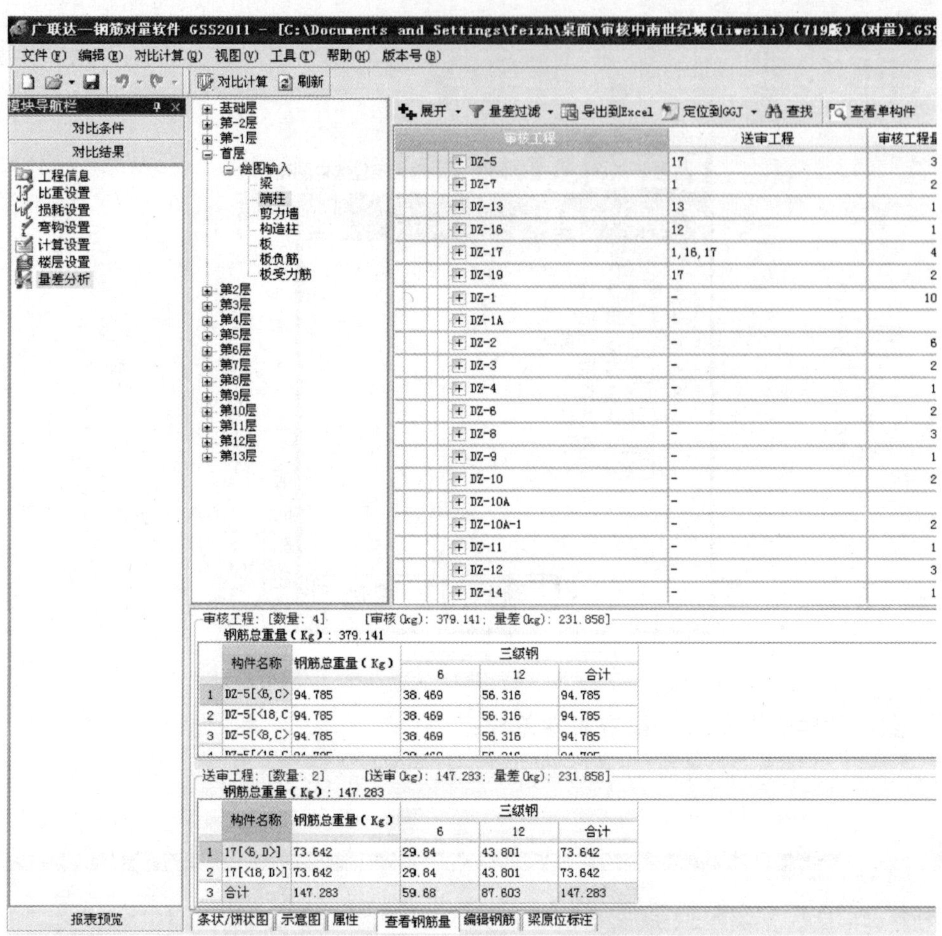

（7）点击“编辑钢筋”页签，检查钢筋计算公式的差异；

审核工程	送审工程	审核工程量(kg)	送审工程量(kg)	量差(kg)	审定值(kg)	差异原因	备注
DZ-5	17	379.141	147.283	231.858	379.141	属性	
"<6,C>"	"<6,D>"	94.785	73.642	21.143	94.785	属性	
"<18,C>"	"<18,D>"	94.785	73.642	21.143	94.785	属性	
"<8,C>"	-	94.785	0.000	94.785	94.785	不匹配	
"<16,C>"	-	94.785	0.000	94.785	94.785	不匹配	
DZ-7	1	257.025	59.790	197.235	257.025	属性	
DZ-13	13	146.293	59.880	86.413	146.293	其它	
DZ-16	12	158.831	301.905	-143.074	158.831	属性	
DZ-17	1,16,17	421.703	372.329	49.374	421.703	属性	
DZ-19	17	291.149	150.905	140.244	291.149	属性	
DZ-1	-	1009.570	0.000	1009.570	1009.570	不匹配	
DZ-1A	-	60.010	0.000	60.010	60.010	不匹配	
DZ-2	-	624.227	0.000	624.227	624.227	不匹配	
DZ-3	-	219.688	0.000	219.688	219.688	不匹配	
DZ-4	-	132.388	0.000	132.388	132.388	不匹配	
DZ-6	-	286.294	0.000	286.294	286.294	不匹配	
DZ-8	-	334.612	0.000	334.612	334.612	不匹配	
DZ-9	-	135.272	0.000	135.272	135.272	不匹配	
DZ-10	-	217.575	0.000	217.575	217.575	不匹配	
DZ-10A	-	74.389	0.000	74.389	74.389	不匹配	

审核工程 [数量：1] [审核(kg)：94.785；量差(kg)：21.143]

	筋号		级别	图号	图形	计算公式	公式描述	长度(mm)	根数	搭接	损耗(%)	单重(kg)	总重(kg)	钢筋归类	搭接形式
1	全部纵筋.1	12	Φ	1	3524	2900-500+500+52*12	层高-本层的露出长度+上层露出长度+与上层钢筋的搭接	3524	18	0	0	3.129	56.316	直筋	绑扎
2	箍筋1	6	Φ	195	100 400	2*(160+300-2*30+160-2*30)+2*(75+1.9*d)+0		1173	35	0	0	0.26	9.112	箍筋	绑扎

送审工程 [数量：1] [送审(kg)：73.642；量差(kg)：21.143]

	筋号		级别	图号	图形	计算公式	公式描述	长度(mm)	根数	搭接	损耗(%)	单重(kg)	总重(kg)	钢筋归类	搭接形式
1	全部纵筋.1	12	Φ	1	3524	2900-500+500+52*12	层高-本层的露出长度+上层露出长度+与上层钢筋的搭接	3524	14	0	0	3.129	43.801	直筋	绑扎
2	箍筋1	6	Φ	195	100 570	2*(160+470-2*30+160-2*30)+2*(10*d)+0		1460	35	0	0	0.38	13.311	箍筋	绑扎

以“梁”为例，寻找量差来源；

（8）点击“原位标注”页签，检查原位标注的差异；

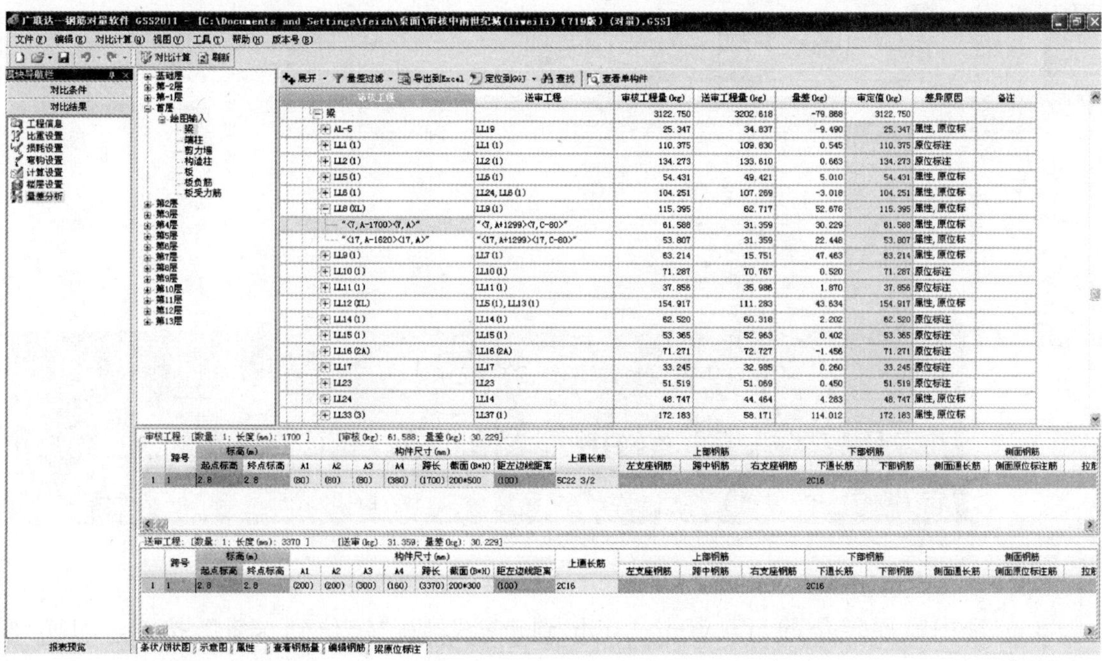

以“板受力筋”为例，寻找量差来源；

（9）将某类关键属性值相同作为对比条件，建立两工程板受力筋的对应关系，如：板受力筋是“钢筋信息”和“类别”；

（10）点击“示意图”，查看板受力筋的布置范围。

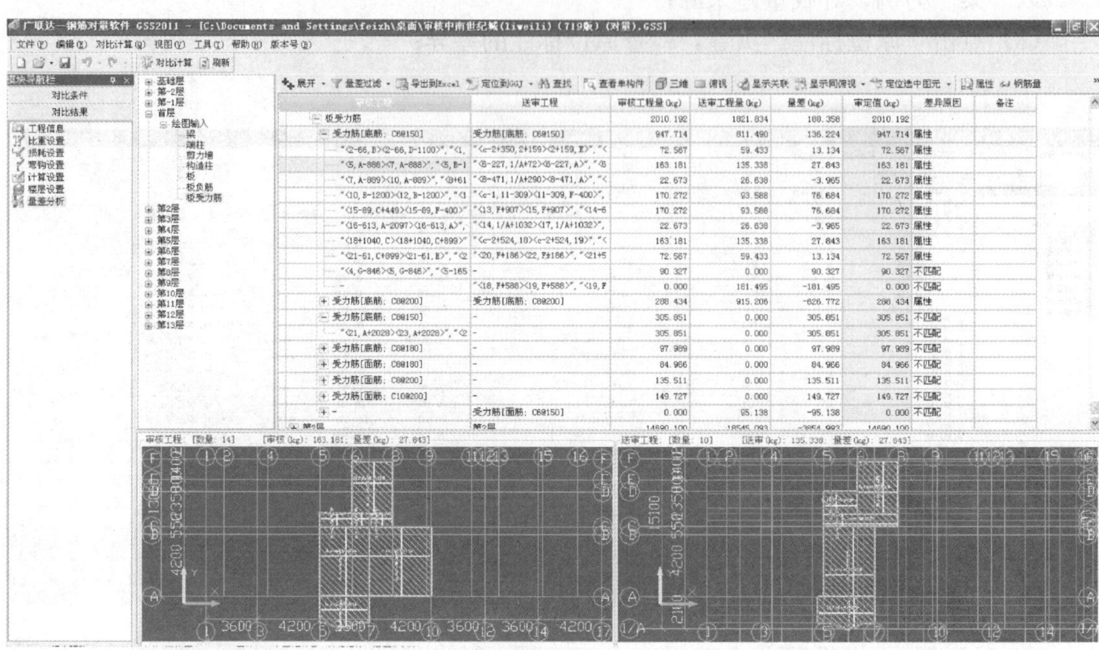

第六步：定位刷新

（1）选中需要定位的行，点击“定位到审核”或“定位到送审”按钮，切换到GGJ2009，并弹出“定位列表”；

（2）双击某行，定位到该图元，进行修改；

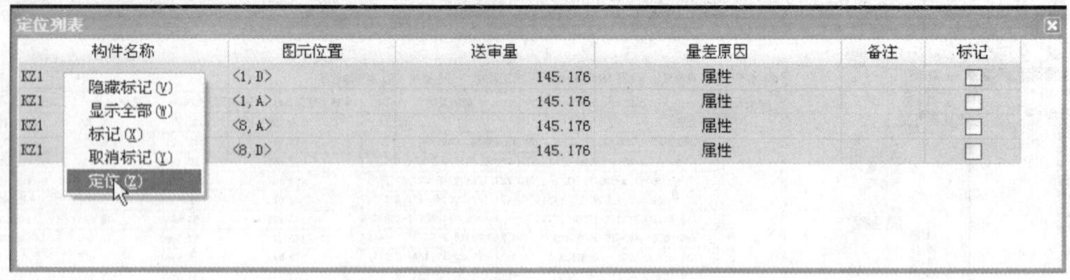

说明：建议按楼层或构件先找出差异原因，再进行集中定位和修改；

（3）点击GGJ2009中的“保存”；

说明：如果需要查看工程量变化，需要在GGJ2009中进行汇总计算后保存，然后在GSS2011中重新对比计算；

（4）点击“刷新”，更新修改后的对比工程；

刷新

(5) 点击“对比计算”，调整图元对应关系，计算出量差。

第七步：报表打印

(1) 在左侧导航栏中选择“报表预览”；

(2) 在左侧导航栏中选择相应的报表，右侧就会出现报表预览界面；

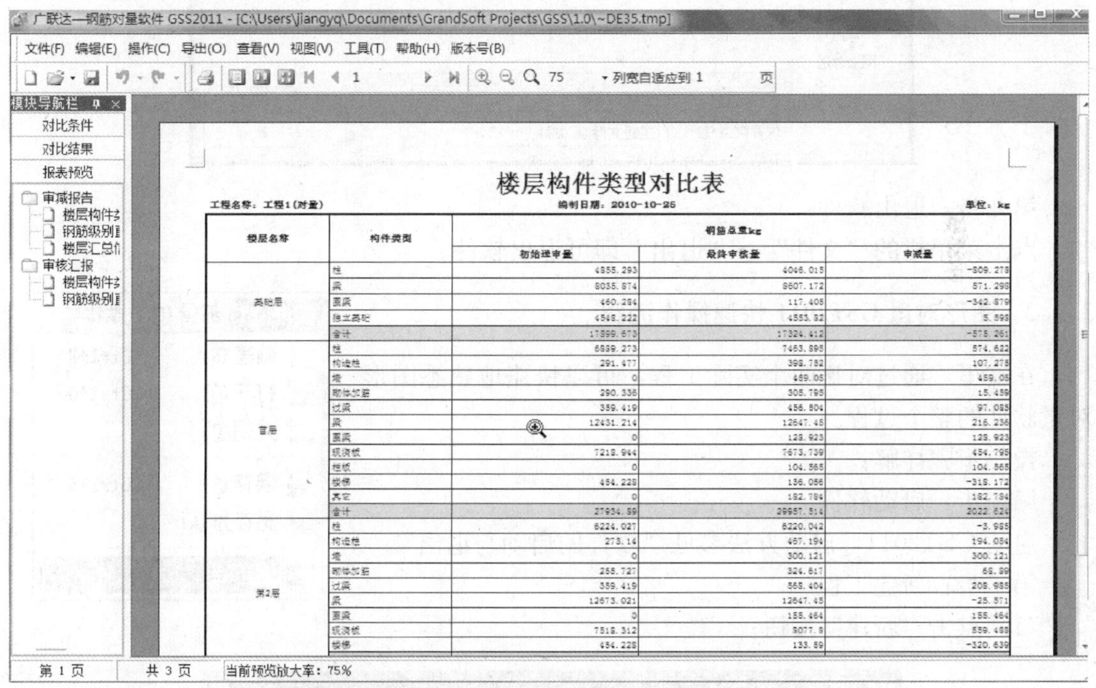

楼层构件类型对比表

工程名称：工程1(对量)　　编制日期：2010-10-25　　单位：kg

楼层名称	构件类型	钢筋总重kg		
		初始送审量	最终审核量	审减量
基础层	柱	4855.293	4046.015	-809.278
	梁	8035.874	8607.172	571.298
	圈梁	460.284	117.405	-342.879
	独立基础	4548.222	4553.82	5.598
	合计	17899.673	17324.412	-575.261
首层	柱	6889.273	7463.895	574.622
	构造柱	291.477	398.752	107.275
	墙	0	459.05	459.05
	砌体加筋	290.336	305.795	15.459
	过梁	359.419	456.504	97.085
	梁	12431.214	12647.45	216.236
	圈梁	0	128.923	128.923
	现浇板	7218.944	7673.739	454.795
	栏板	0	104.565	104.565
	楼梯	454.228	136.056	-318.172
	其它	0	182.784	182.784
	合计	27934.89	29957.514	2022.624
第2层	柱	6224.027	6220.042	-3.985
	构造柱	273.14	467.194	194.054
	墙	0	300.121	300.121
	砌体加筋	255.727	324.617	68.89
	过梁	359.419	568.404	208.985
	梁	12673.021	12647.45	-25.571
	圈梁	0	155.464	155.464
	现浇板	7518.312	8077.8	559.488
	楼梯	454.228	133.89	-320.639

(3) 点击“打印” 按钮则可打印该张报表。

第八步：保存工程

(1) 点击菜单栏的“文件”→“保存”；

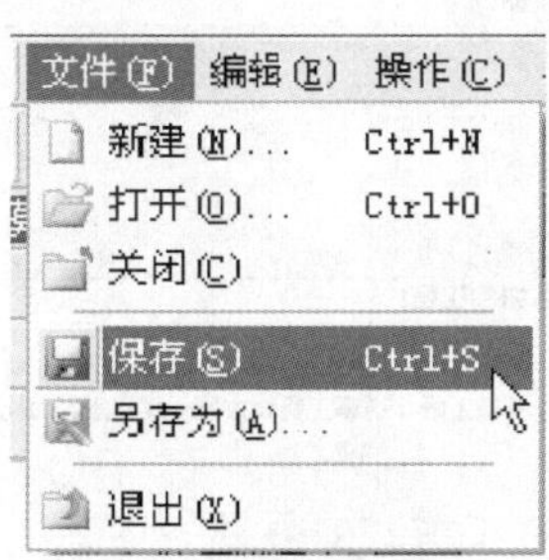

(2) 弹出“工程另存为”的界面，文件名称默认为在新建工程时所输入的工程名称，点击“保存”按钮即可保存工程。

第九步：退出软件

点击菜单栏的“文件”→“退出”即可退出软件。

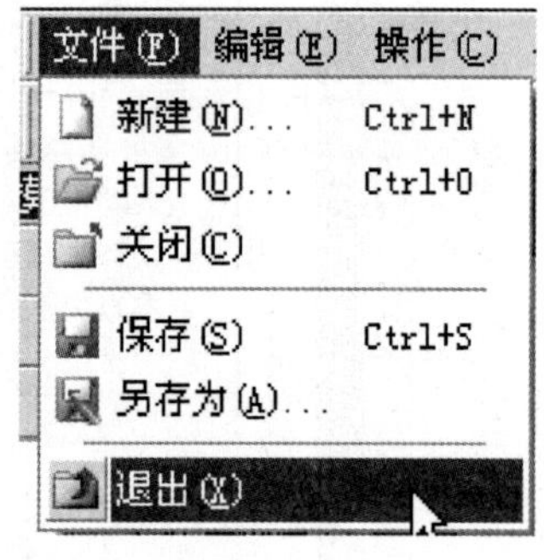

3.2.2 图形对量 GST2011 快速操作流程

在这里，通过对比两个实际工程，可以快速地熟悉图形对量软件的整个过程。

操作步骤详解：

第一步：启动软件

启动 GST2011，启动方法参见“软件的启动与退出”。

第二步：新建工程

(1) 点击“新建”按钮；

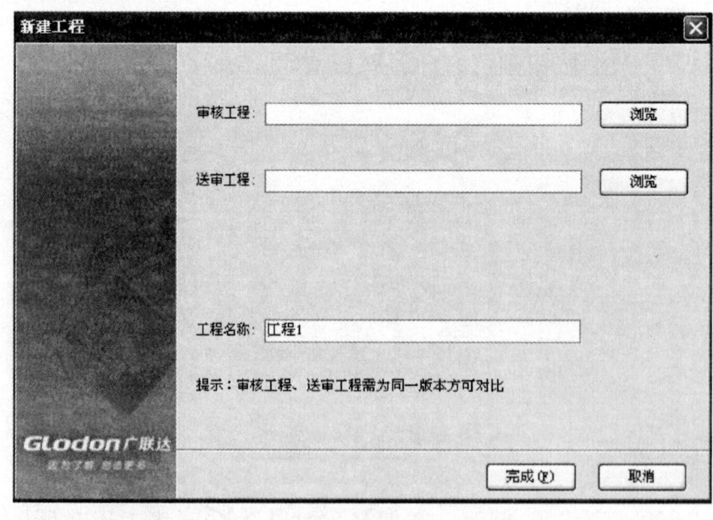

(2) 选择审核工程和送审工程，输入对比工程的名称；

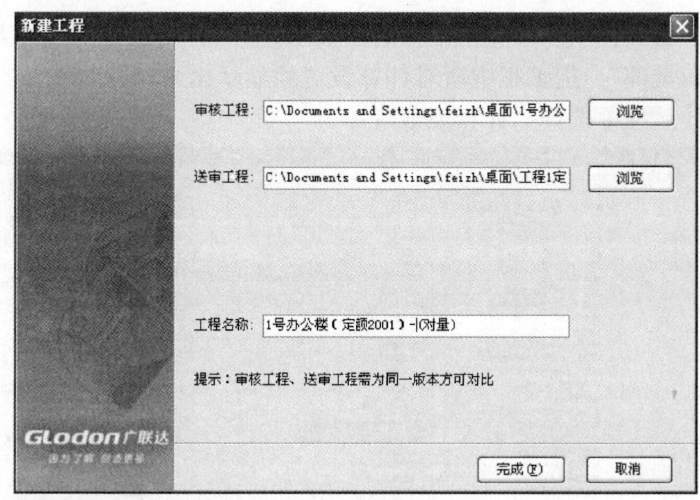

（3）点击“完成”即可完成对比工程的新建。

第三步：查看对比结果

（1）在左侧导航栏中选择“对比结果”；

（2）在左侧导航栏中选择“工程信息”，黄色标识审核工程和送审工程中的差异项；

广联达—图形对量软件 GST2011 - [C:\Documents and Settings\feizh\My Documents\GrandSoft Projects\GST\1.0\~2C7.tmp]

文件(F) 编辑(E) 对比计算(Q) 视图(V) 工具(T) 帮助(H) 版本号(B)

新建 打开 保存 撤消 恢复 对比计算 刷新

模块导航栏：对比条件 / 对比结果 / 工程信息 / 计算设置 / 计算规则 / 楼层设置 / 量差分析

	属性名称	审核工程	送审工程
1	工程信息		
2	工程名称	工程6	工程6
3	定额规则	北京市建筑工程预算定额计算规则(2001)(R9.8	北京市建筑工程预算定额计算规则(2001)(R9.8
4	定额库	北京市建设工程预算定额(2001)	北京市建设工程预算定额(2001)
5	做法模式	纯做法模式	纯做法模式
6	项目代码		
7	工程类别		
8	结构类型		
9	基础形式		
10	建筑特征		
11	地下层数(层)	1	1
12	地上层数(层)	1	1
13	檐高(m)	0	0
14	建筑面积(m2)	0	2463.7184
15	室外地坪相对±0.000标高(m)	-0.3	-0.45
16	编制信息		
17	建设单位		
18	设计单位		
19	施工单位		
20	编制单位		
21	编制日期	2009-06-22	2010-06-15
22	编制人		
23	编制人证号		
24	审核人		
25	审核人证号		

（3）在左侧导航栏中选择“计算设置”；

广联达—图形对量软件 GST2011 - [C:\Documents and Settings\feizh\My Documents\GrandSoft Projects\GST\1.0\~2C7.tmp]

文件(F) 编辑(E) 对比计算(Q) 视图(V) 工具(T) 帮助(H) 版本号(B)

新建 打开 保存 撤消 恢复 对比计算 刷新

模块导航栏：对比条件 / 对比结果 / 工程信息 / 计算设置 / 计算规则 / 楼层设置 / 量差分析

显示全部 显示差异

土方 | 基础 | 柱 | 梁 | 墙 | 板 | 墙面装修 | 墙裙装修 | 独立柱装修 | 吊顶装修 | 保温层 | 楼地面 | 柱帽

	设置描述	审核工程	送审工程
1	基槽土方工作面计算方法:	1 加工作面	1 加工作面
2	大开挖土方工作面计算方法:	1 加工作面	1 加工作面
3	基坑土方工作面计算方法:	1 加工作面	1 加工作面
4	基槽土方放坡计算方法:	1 计算放坡系数	1 计算放坡系数
5	大开挖土方放坡计算方法:	1 计算放坡系数	1 计算放坡系数
6	基坑土方放坡计算方法:	1 计算放坡系数	1 计算放坡系数

说明：差异项会黄色显示。点击上方的“显示差异”，则就把所有差异项过滤到此界面中；点击“显示全部”，把工程中所有计算设置均显示出来；

（4）在左侧导航栏中选择“计算规则”；

说明：差异项用颜色标示出；红色字体表示与默认选项不同。点击上方的“显示差异”，则把所有差异项显示出来；点击“显示全部”，则显示全部计算规则。点击“定位差异”，则把所有差异项均显示在图形 2008 定位列表中，由用户在图形 2008 中逐一进行选择修改；

显示差异结果：

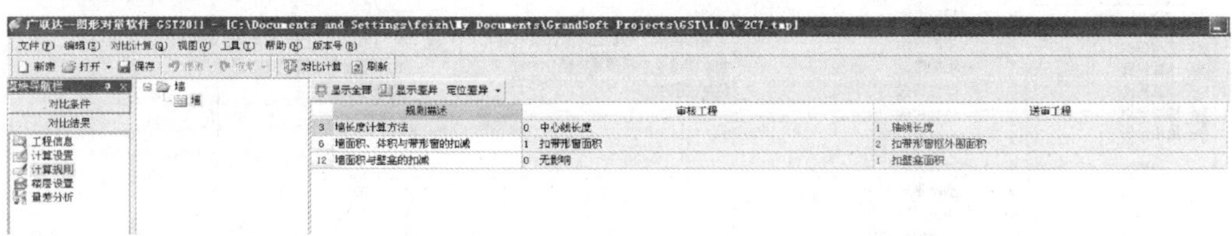

（5）在左侧导航栏中选择“楼层设置”；

“楼层信息”页签

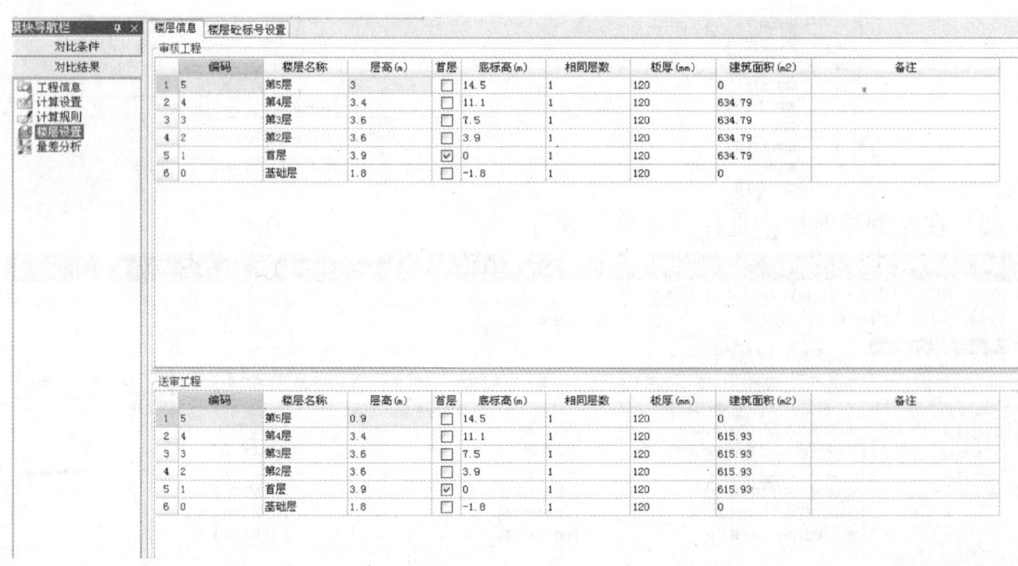

"楼层混凝土标号设置"页签

模块导航栏

对比条件

对比结果

工程信息
计算设置
计算规则
楼层设置
量差分析

楼层信息　楼层砼标号设置

审核工程

楼层：基础层

	构件类型	砼标号	砼类别	砂浆标号	砂浆类别	备注
1	基础	C30	预拌砼	M5	混合砂浆	包括除基础梁、垫层以外的基础构件
2	垫层	C15	预拌砼	M5	混合砂浆	
3	基础梁	C30	预拌砼			
4	砼墙	C30	预拌砼			包括连梁、暗梁、端柱、暗柱
5	砌块墙			M5	混合砂浆	
6	砖墙			M5	混合砂浆	
7	石墙			M5	混合砂浆	
8	梁	C30	预拌砼			
9	圈梁	C20	预拌砼			
10	柱	C30	预拌砼	M5	混合砂浆	包括框架柱、框支柱、普通柱、芯柱
11	构造柱	C25	预拌砼			
12	现浇板	C30	预拌砼			包括螺旋板、柱帽
13	预制板	C25	预拌砼			
14	楼梯	C20	预拌砼			包括楼梯类型下的楼梯、直形梯段、
15	其他	C20	预拌砼	M5	混合砂浆	除上述构件类型以外的其他混凝土构

送审工程

楼层：基础层

	构件类型	砼标号	砼类别	砂浆标号	砂浆类别	备注
1	基础	C20	预拌砼	M5	混合砂浆	包括除基础梁、垫层以外的基础构件
2	垫层	C10	预拌砼	M5	混合砂浆	
3	基础梁	C30	预拌砼			
4	砼墙	C30	预拌砼			包括连梁、暗梁、端柱、暗柱
5	砌块墙			M5	混合砂浆	
6	砖墙			M5	混合砂浆	
7	石墙			M5	混合砂浆	
8	梁	C30	预拌砼			
9	圈梁	C20	预拌砼			
10	柱	C30	预拌砼	M5	混合砂浆	包括框架柱、框支柱、普通柱、芯柱
11	构造柱	C25	预拌砼			
12	现浇板	C25	预拌砼			包括螺旋板、柱帽
13	预制板	C25	预拌砼			
14	楼梯	C20	预拌砼			包括楼梯类型下的楼梯、直形梯段、
15	其他	C20	预拌砼	M5	混合砂浆	除上述构件类型以外的其他混凝土构

第四步：对比计算

（1）点击"对比计算"或按快捷键 F9；

（2）第一次计算时，点击"定义基准点"按钮；

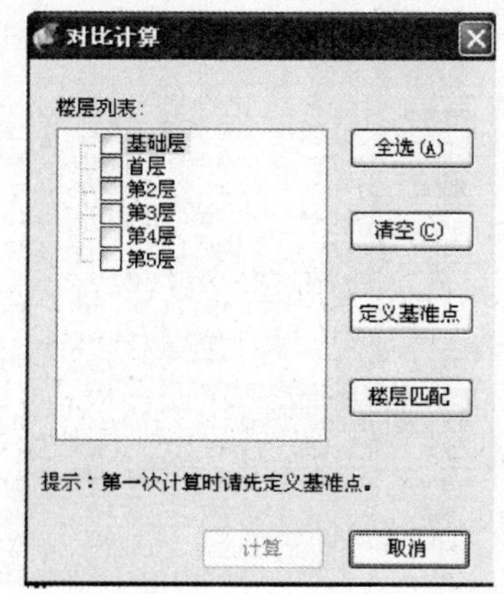

（3）单击鼠标左键定义审核工程和送审工程的基准点，点击“确定”；

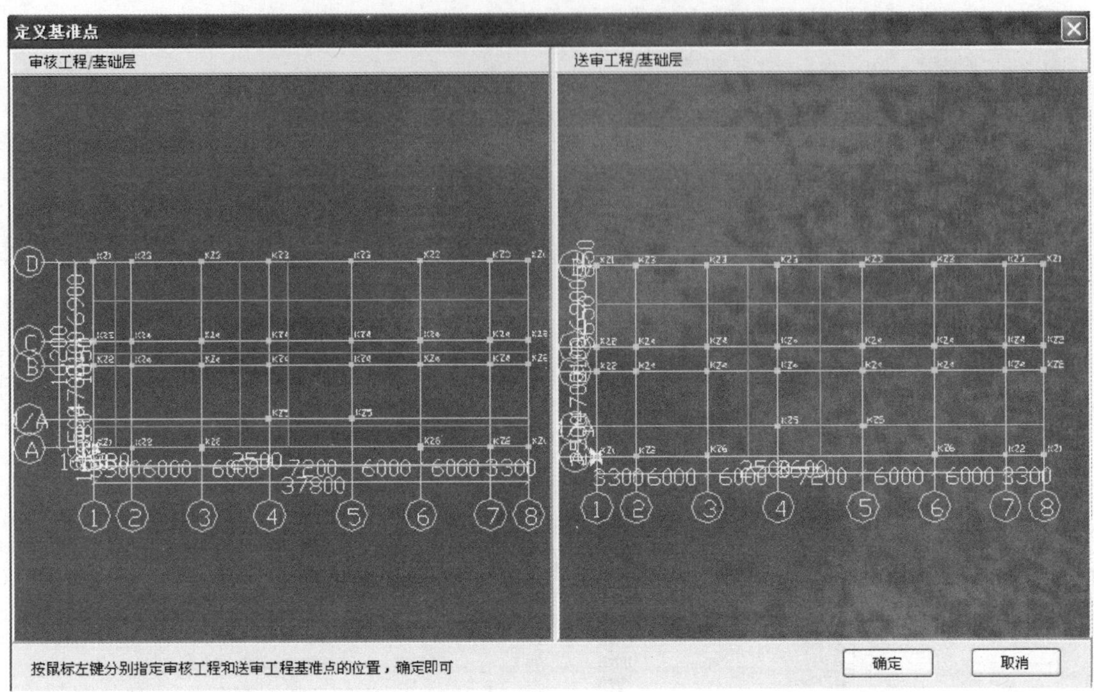

（4）选择要计算的楼层，开始对比计算；

说明：对比计算主要包括“建立图元对应关系”“汇总和对比工程量”两个步骤。

第五步：查看对比结果—量差分析

（1）查看量差；

量差分析：分为构件差异表和做法差异表，从构件和做法两个维度对量差进行呈现；

构件差异表

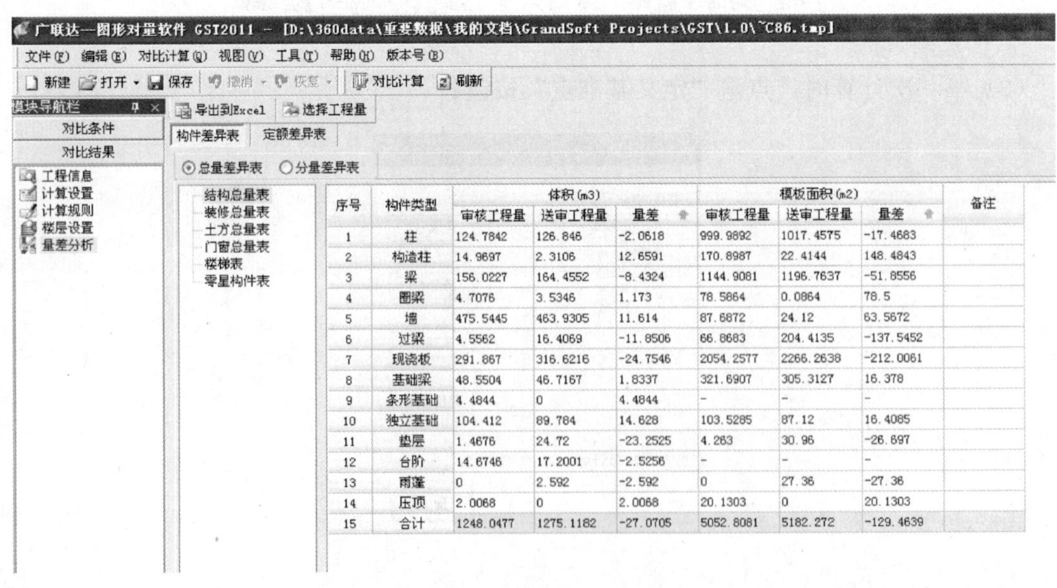

序号	构件类型	体积(m3)			模板面积(m2)			备注
		审核工程量	送审工程量	量差	审核工程量	送审工程量	量差	
1	柱	124.7842	126.846	-2.0618	999.9892	1017.4575	-17.4683	
2	构造柱	14.9697	2.3106	12.6591	170.8987	22.4144	148.4843	
3	梁	156.0227	164.4552	-8.4324	1144.9081	1196.7637	-51.8556	
4	圈梁	4.7076	3.5346	1.173	78.5864	0.0864	78.5	
5	墙	475.5445	463.9305	11.614	87.6872	24.12	63.5672	
6	过梁	4.5562	16.4069	-11.8506	66.8683	204.4135	-137.5452	
7	现浇板	291.867	316.6216	-24.7546	2054.2577	2266.2638	-212.0061	
8	基础梁	48.5504	46.7167	1.8337	321.6907	305.3127	16.378	
9	条形基础	4.4844	0	4.4844	-	-	-	
10	独立基础	104.412	89.784	14.628	103.5285	87.12	16.4085	
11	垫层	1.4676	24.72	-23.2525	4.263	30.96	-26.697	
12	台阶	14.6746	17.2001	-2.5256	-	-	-	
13	雨篷	0	2.592	-2.592	0	27.36	-27.36	
14	压顶	2.0068	0	2.0068	20.1303	0	20.1303	
15	合计	1248.0477	1275.1182	-27.0705	5052.8081	5182.272	-129.4639	

做法差异表

序号	审核工程	送审工程	单位	审核工程量	送审工程量	量差	审定值	量差原因	备注	专业
						过滤		不过滤		
2	1-16 人工土石方 地坪原土打夯		m2	2159.2223	0	2159.2223	2159.2223	做法不匹配		土
80	1-17 机械土石方 机挖土方		m3	10.3824	0	10.3824	10.3824			土
103	1-19 机械土石方 机挖槽、坑 土方		m3	489.8714	0	489.8714	489.8714			土
145	4-2 砌砖 砖外墙		m3	0	20.0419	-20.0419	0	做法不匹配	匹配定额:4-43.	土
159	4-12 砌砖 DM模数多孔砖墙 厚度(mm) 190		m3	279.6459	0	279.6459	279.6459	做法不匹配	匹配定额:4-42.	土
234	4-42 砌块 陶粒空心砌块 框架间墙 厚度(mm) 190		m3	0	274.9021	-274.9021	0	做法不匹配	匹配定额:4-12.	土
308	4-43 砌块 陶粒空心砌块 框架间墙 厚度(mm) 240		m3	223.7987	178.2463	45.5524	223.7987	做法不匹配	匹配定额:5-37.	土
386	4-48 砌块 砼小型空心砌块 墙 厚度(mm) 90		m3	0	7.5926	-7.5926	0			土
400	5-2 现浇砼构件 基础垫层C15		m3	27.0032	24.72	2.2832	27.0032			土
462	5-8 H81076 40009 现浇砼构件 独立基础C25 换C25普通砼:C30预拌砼		m3	97.76	0	97.76	97.76	做法不匹配	匹配定额:5-8 H81	土
496	5-8 H81076 81077 现浇砼构件 独立基础C25 换为【C30普通砼】		m3	0	89.784	-89.784	0	做法不匹配	匹配定额:5-8 H81	土
530	5-13 现浇砼构件 毛石砼 独立基础C15		m3	1.6	0	1.6	1.6			土
536	5-17 现浇砼构件 柱 C30		m3	128.275	126.846	1.429	128.275			土
750	5-21 现浇砼构件 构造柱 C25		m3	16.1941	0	16.1941	16.1941	做法不匹配	匹配定额:6-20.	土
865	5-24 现浇砼构件 梁 C30		m3	216.0831	211.1719	4.9112	216.0831			土

（2）点击“示意图”页签，检查绘图差异；

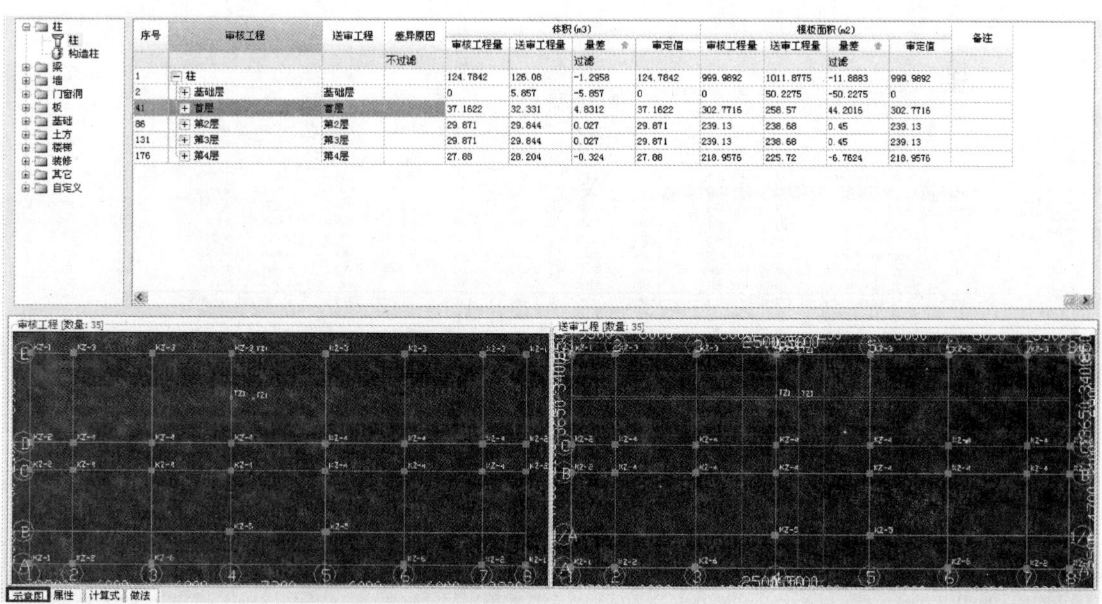

序号	审核工程	送审工程	差异原因	体积(m3)				模板面积(m2)				备注
				审核工程量	送审工程量	量差	审定值	审核工程量	送审工程量	量差	审定值	
			不过滤			过滤				过滤		
1	柱			124.7842	126.08	-1.2958	124.7842	999.9892	1011.8775	-11.8883	999.9892	
2	基础层	基础层		0	5.857	-5.857	0	0	50.2275	-50.2275	0	
41	首层	首层		37.1622	32.331	4.8312	37.1622	302.7716	258.57	44.2016	302.7716	
86	第2层	第2层		29.871	29.844	0.027	29.871	239.13	238.68	0.45	239.13	
131	第3层	第3层		29.871	29.844	0.027	29.871	239.13	238.68	0.45	239.13	
176	第4层	第4层		27.88	28.204	-0.324	27.88	218.9576	225.72	-6.7624	218.9576	

说明：如果要查看相关联的其他图元，点击“显示关联”；

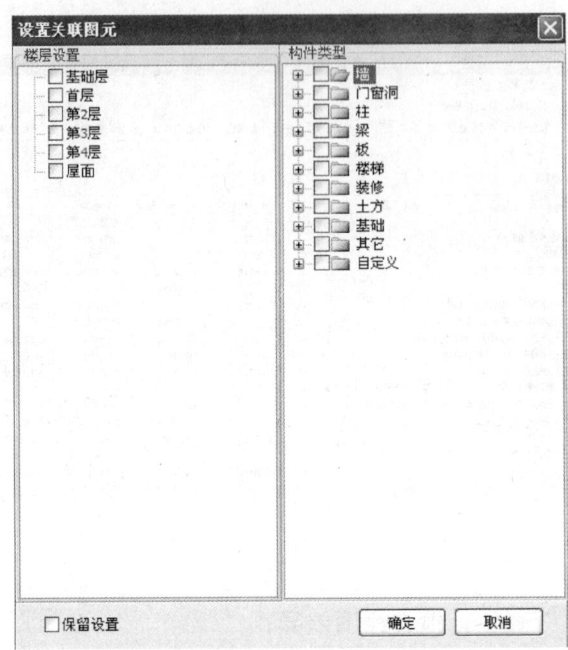

（3）根据差异原因点击相应页签，查看差异情况；点击“属性”页签，检查属性差异；

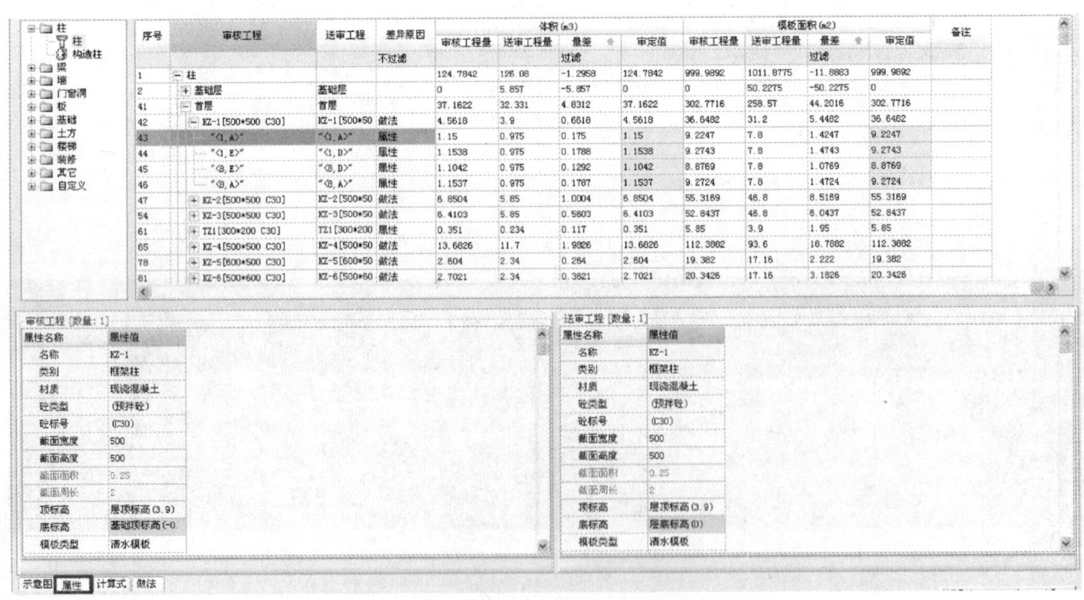

序号	审核工程	送审工程	差异原因	体积(m3) 审核工程量	送审工程量	量差	审定值	模板面积(m2) 审核工程量	送审工程量	量差	审定值	备注
			不过滤			过滤				过滤		
1	柱			124.7842	126.08	-1.2958	124.7842	999.9892	1011.8775	-11.8883	999.9892	
2	基础层	基础层		0	5.857	-5.857	0	0	50.2275	-50.2275	0	
41	首层	首层		37.1622	32.331	4.8312	37.1622	302.7716	258.57	44.2016	302.7716	
42	KZ-1[500*500 C30]	KZ-1[500*50	做法	4.5618	3.9	0.6618	4.5618	36.6482	31.2	5.4482	36.6482	
43	“<1,A>”	“<1,A>”	属性	1.15	0.975	0.175	1.15	9.2247	7.8	1.4247	9.2247	
44	“<1,E>”	“<1,D>”	属性	1.1538	0.975	0.1788	1.1538	9.2743	7.8	1.4743	9.2743	
45	“<8,E>”	“<8,D>”	属性	1.1042	0.975	0.1292	1.1042	8.8769	7.8	1.0769	8.8769	
46	“<8,A>”	“<8,A>”	属性	1.1537	0.975	0.1787	1.1537	9.2724	7.8	1.4724	9.2724	
47	KZ-2[500*500 C30]	KZ-2[500*50	做法	6.8504	5.85	1.0004	6.8504	55.3169	46.8	8.5169	55.3169	
54	KZ-3[500*500 C30]	KZ-3[500*50	做法	6.4103	5.85	0.5603	6.4103	52.8437	46.8	6.0437	52.8437	
61	TZ1[300*200 C30]	TZ1[300*200	属性	0.351	0.234	0.117	0.351	5.85	3.9	1.95	5.85	
65	KZ-4[500*500 C30]	KZ-4[500*50	做法	13.6826	11.7	1.9826	13.6826	112.3882	93.6	18.7882	112.3882	
78	KZ-5[600*500 C30]	KZ-5[600*50	做法	2.604	2.34	0.264	2.604	19.382	17.16	2.222	19.382	
81	KZ-6[500*600 C30]	KZ-6[500*60	做法	2.7021	2.34	0.3621	2.7021	20.3426	17.16	3.1826	20.3426	

审核工程 [数量：1]

属性名称	属性值
名称	KZ-1
类别	框架柱
材质	现浇混凝土
砼类型	(预拌砼)
砼标号	(C30)
截面宽度	500
截面高度	500
截面面积	0.25
截面周长	2
顶标高	层顶标高(3.9)
底标高	基础顶标高(-0.
模板类型	清水模板

送审工程 [数量：1]

属性名称	属性值
名称	KZ-1
类别	框架柱
材质	现浇混凝土
砼类型	(预拌砼)
砼标号	(C30)
截面宽度	500
截面高度	500
截面面积	0.25
截面周长	2
顶标高	层顶标高(3.9)
底标高	层底标高(0)
模板类型	清水模板

(4) 根据差异原因，点击“做法”页签，查看做法套用情况；

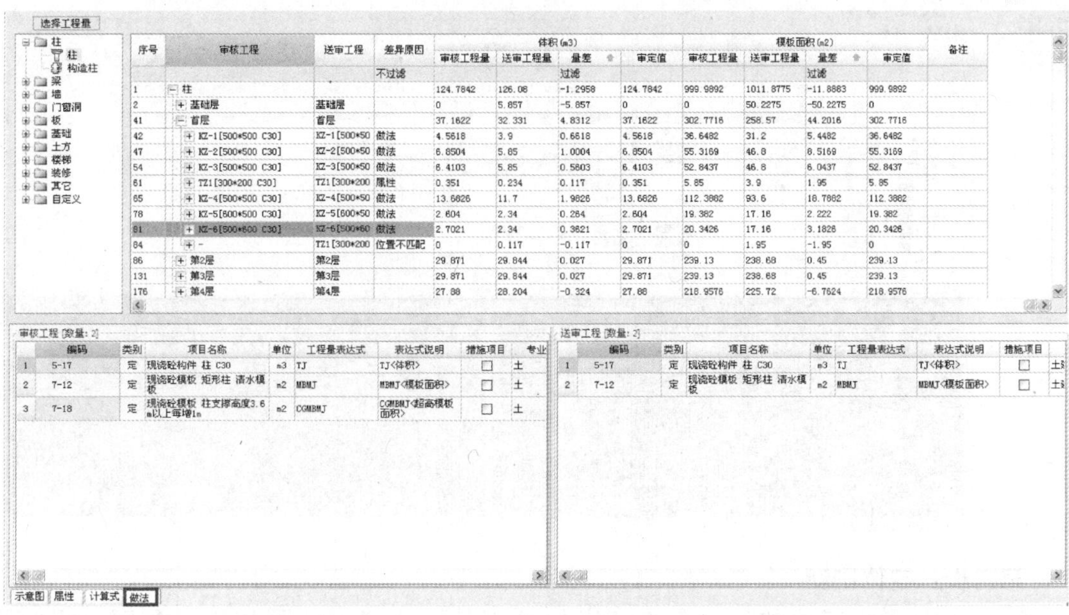

(5) 软件从房间和装修构件两个方面对装修量进行对比。

在房间中对量

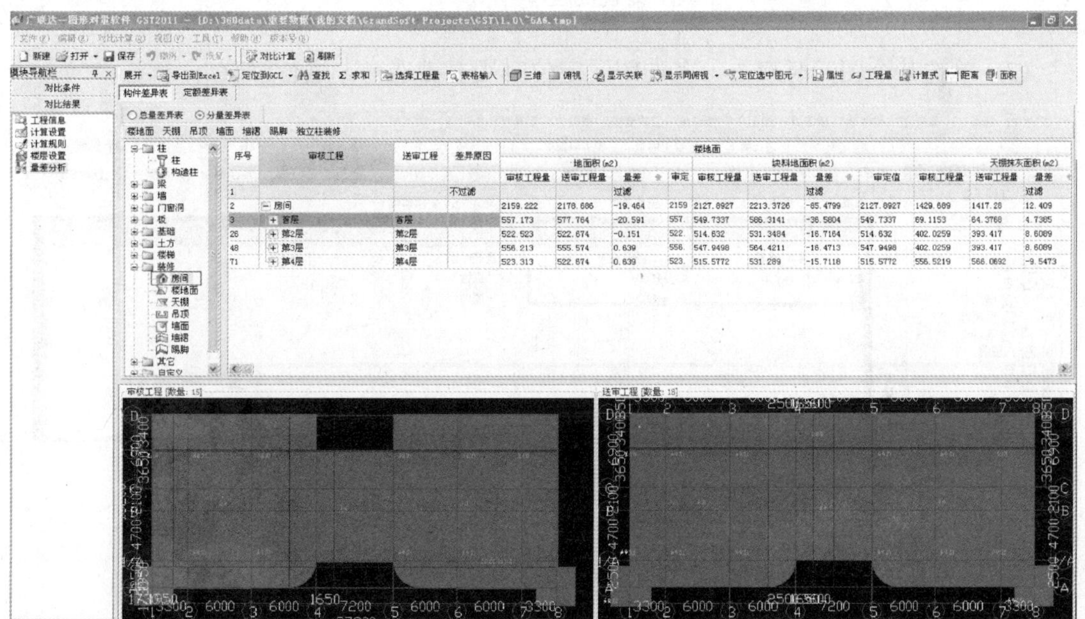

在装修构件中对量

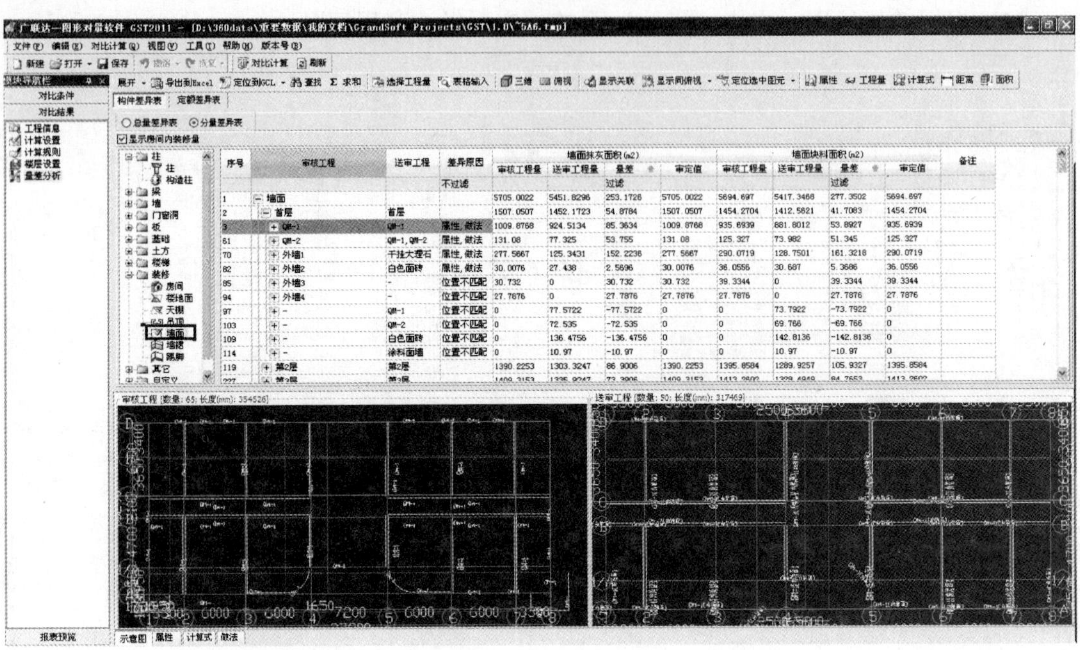

第六步：定位刷新

（1）选中需要定位的行，点击“定位到审核”或“定位到送审”按钮，切换到GCL2008，并弹出“定位列表”；

（2）单选某个图元时双击，多选图元定位时用右键选择，进行修改；

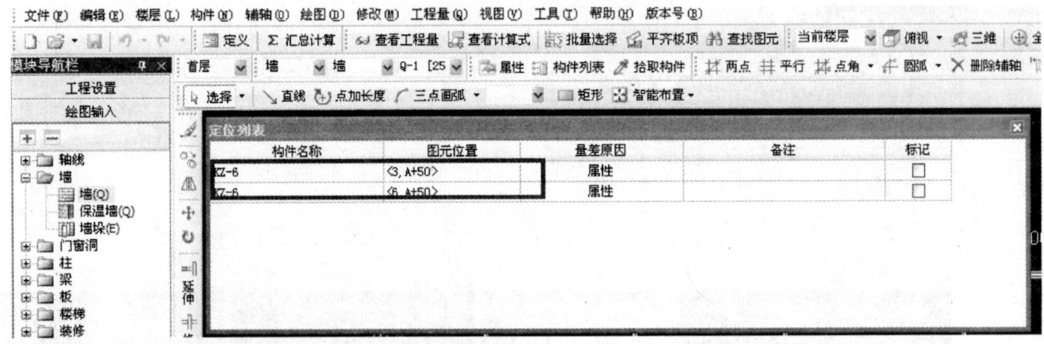

说明：建议按楼层或构件先找出差异原因，再进行集中定位和修改；

（3）点击GCL2008中的“保存”；

说明：如果需要查看工程量变化，需要“汇总计算”；

（4）点击“刷新”，更新修改后的对比工程；

对比计算 刷新

（5）点击“对比计算”，调整图元对应关系，计算出量差。

第七步：报表打印

（1）在左侧导航栏中选择“报表预览”；

（2）在左侧导航栏中选择相应的报表，右侧就会出现报表预览界面；

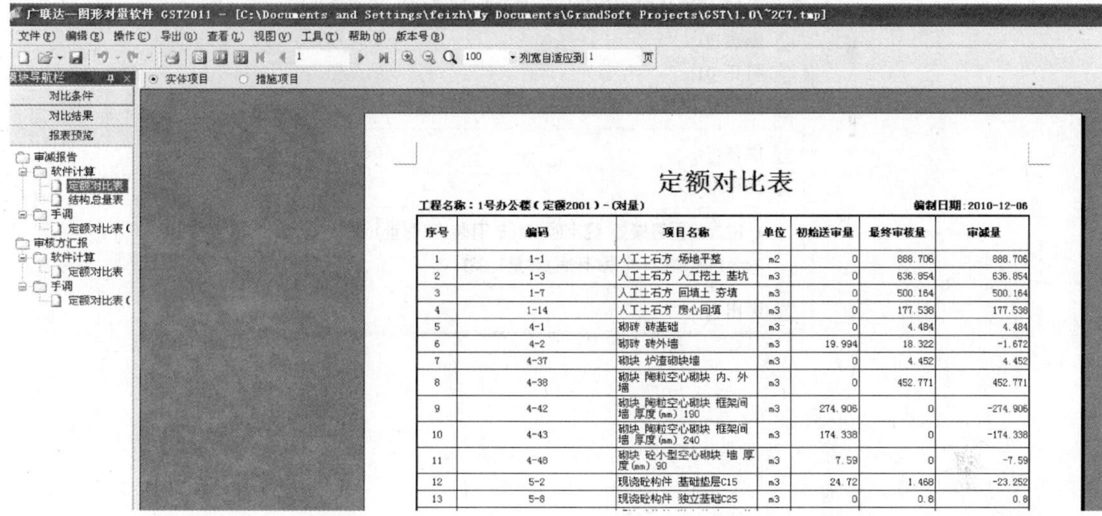

定额对比表

工程名称：1号办公楼（定额2001）-(对量)　　编制日期：2010-12-06

序号	编码	项目名称	单位	初始送审量	最终审核量	审减量
1	1-1	人工土石方 场地平整	m2	0	888.706	888.706
2	1-3	人工土石方 人工挖土 基坑	m3	0	636.854	636.854
3	1-7	人工土石方 回填土 夯填	m3	0	500.164	500.164
4	1-14	人工土石方 房心回填	m3	0	177.538	177.538
5	4-1	砌砖 砖基础	m3	0	4.484	4.484
6	4-2	砌砖 砖外墙	m3	19.994	18.322	-1.672
7	4-37	砌块 炉渣砌块墙	m3	0	4.452	4.452
8	4-38	砌块 陶粒空心砌块 内、外墙	m3	0	452.771	452.771
9	4-42	砌块 陶粒空心砌块 框架间墙 厚度(mm) 190	m3	274.906	0	-274.906
10	4-43	砌块 陶粒空心砌块 框架间墙 厚度(mm) 240	m3	174.338	0	-174.338
11	4-48	砌块 砼小型空心砌块 墙 厚度(mm) 90	m3	7.59	0	-7.59
12	5-2	现浇砼构件 基础垫层C15	m3	24.72	1.468	-23.252
13	5-8	现浇砼构件 独立基础C25	m3	0	0.8	0.8

（3）点击“打印”  按钮则可打印该张报表。

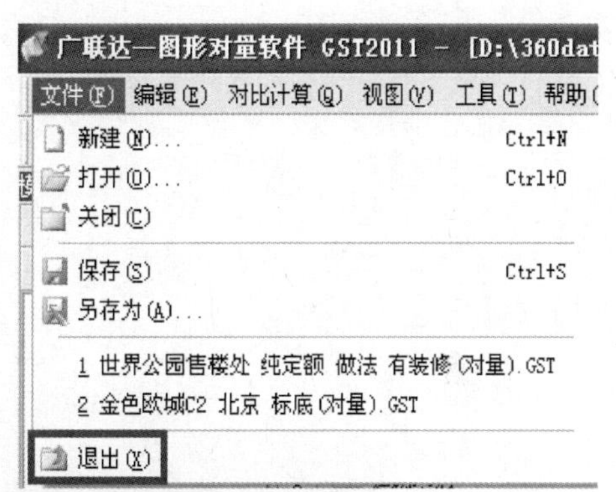

第八步：保存工程

（1）点击菜单栏的“文件”→“保存”；

（2）弹出“工程另存为”的界面，文件名称默认为在新建工程时所输入的工程名称，点击“保存”按钮即可保存工程。

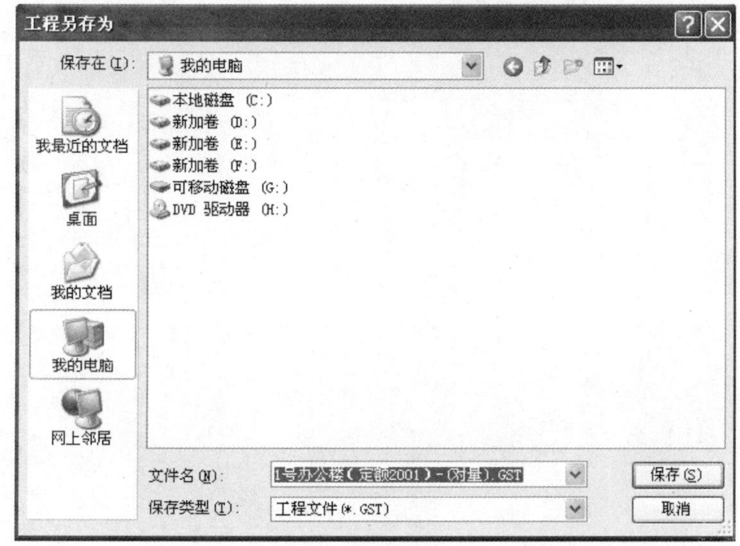

第九步：退出软件

点击菜单栏的“文件”→“退出”即可退出软件。

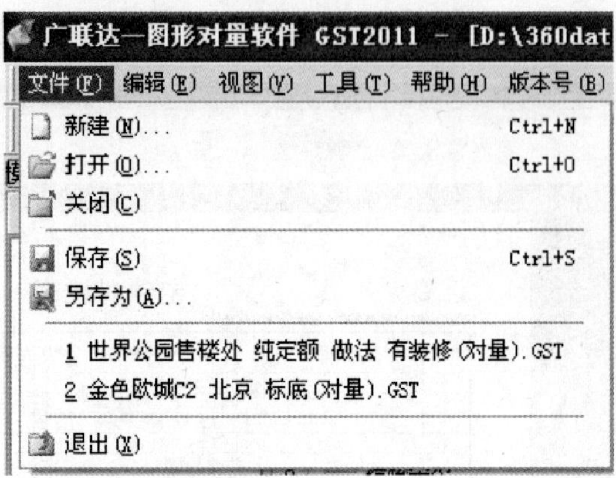

第 4 章

广联达对量软件 GSS2011 问答

4.1　钢筋对量

1. 问：连梁中“GA10@100”代表什么意思？

答：圆 10 钢筋间距 100mm。

2. 问：桩上的柱插筋可以套桩头插筋子目吗？

答：不能，钢筋并入柱钢筋中计算。

3. 问：下图女儿墙怎样设置钢筋？

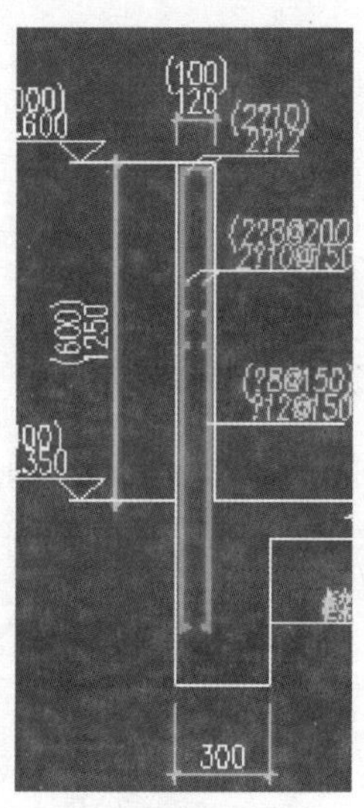

答：用剪力墙定义女儿墙，输入参数如图所示，顶部的 2B12 可以在压墙筋中输入，括号内为 100mm 厚的女儿墙的参数。

	属性名称	属性值
1	名称	女儿墙
2	厚度(mm)	120
3	轴线距左墙皮距离(mm)	(60)
4	水平分布钢筋	(2)A10@150
5	垂直分布钢筋	(2)B12@150
6	拉筋	A6@600*600
7	备注	
8	− 其它属性	
9	其它钢筋	
10	汇总信息	剪力墙
11	保护层厚度(mm)	(15)
12	压墙筋	2B12
13	纵筋构造	设置插筋

4. 问：同一层面板不一样，分布筋不一样，怎样设置？

答：分别定义两块板，分别定义受力筋，布筋时应用与同名称板即可，分布筋也可以在定义属性中修改。

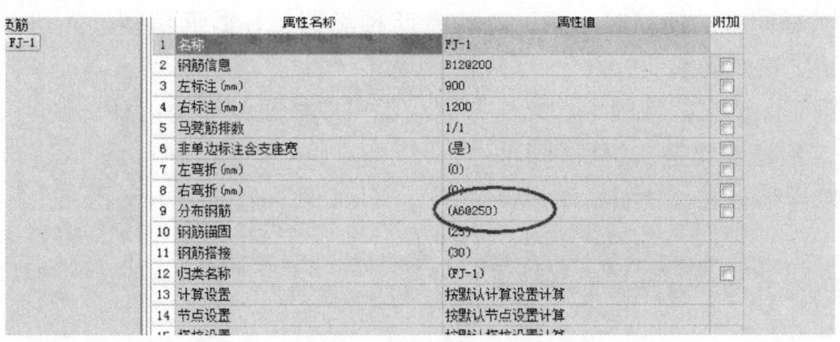

	属性名称	属性值	附加
1	名称	FJ-1	
2	钢筋信息	B12@200	☐
3	左标注(mm)	900	☐
4	右标注(mm)	1200	☐
5	马凳筋排数	1/1	☐
6	非单边标注含支座宽	(是)	☐
7	左弯折(mm)	(0)	☐
8	右弯折(mm)	(0)	☐
9	分布钢筋	(A6@250)	☐
10	钢筋锚固	(29)	
11	钢筋搭接	(30)	
12	归类名称	(FJ-1)	☐
13	计算设置	按默认计算设置计算	
14	节点设置	按默认节点设置计算	

5. 问：某污水池的挡土墙下宽上窄，在钢筋算量里怎样绘制？

答：混凝土可以用异形梁定义，钢筋可以取平均宽度定义。

6. 问：下图筏板钢筋怎样设置？

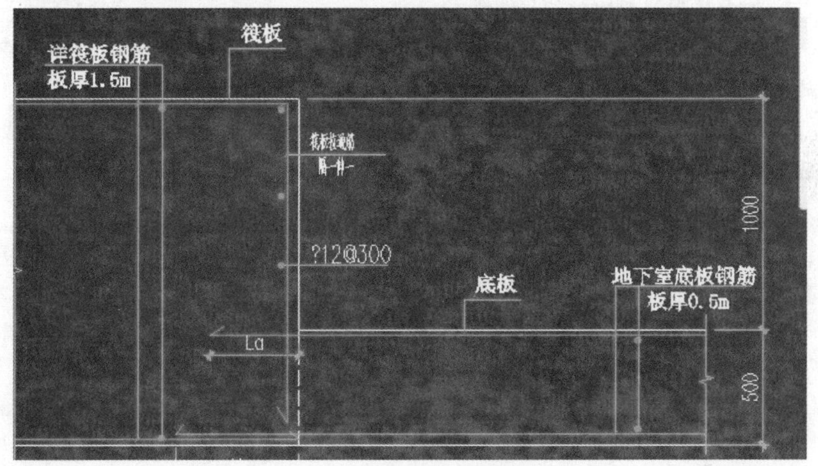

答：绘制构件、定义布置钢筋，汇总计算后，点编辑钢筋，调整钢筋长度；或者直接按平均锚入长度定义计算。

7. 问：屋面的阳角布置钢筋，两边弯折，连接两块屋面板，钢筋算量中板怎样定义？

答：可以在单构件里面找相应的参数图。

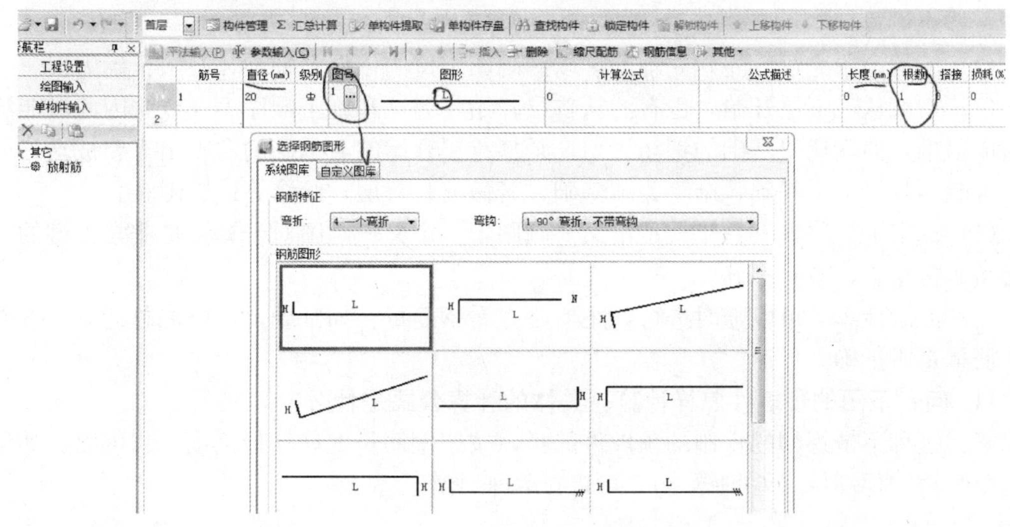

8. 问：编辑暗柱的钢筋时，遇见箍筋有两种类型，在截面编辑输入进入后，箍筋的信息就没有了。该怎样解决？

答：用钢筋标注来处理即可，标注好之后也可以修改钢筋的信息。

9. 问：二级框支梁是二级抗震梁吗？

答：可以详细查看《建筑抗震设计规范》GB 50011—2010。

3.9 结构材料与施工

3.9.1 抗震结构对材料和施工质量的特别要求，应在设计文件上注明。

3.9.2 结构材料性能指标，应符合下列最低要求：

1 砌体结构材料应符合下列规定：

1)烧结普通粘土砖和烧结多孔粘土砖的强度等级不应低于MU10，其砌筑砂浆强度等级不应低于 M5；

2)混凝土小型空心砌块的强度等级不应低于 MU7.5，其砌筑砂浆强度等级不应低于 M7.5。

2 混凝土结构材料应符合下列规定：

1)混凝土的强度等级，框支梁、框支柱及抗震等级为一级的框架梁、柱、节点核芯区，不应低于C30；构造柱、芯柱、圈梁及其他各类构件不应低于C20；

2)抗震等级为一、二级的框架结构，其纵向受力钢筋采用普通钢筋时，钢筋

第 19页，共 19页

10. 问：钢筋算量的步骤是什么？

答：（1）新建工程：把各种设置填写正确，尤其是抗震等级设置、计算设置中的搭接设置、楼层设置等。

（2）工程设置完成后先建立轴网，以后画图定位的依据是轴网，必须正确无误。

（3）一般从最下层开始，也有的从首层开始，但这和施工顺序不一致，因此可能给工作造成困难，如现场要基础的钢筋计划，是从首层开始的，基础的拿不出来要被动。如结算，可能本月只干了基础，结算要结基础，若做的是首层，给结算造成困难。

（4）选定了顺序，下一步就是定义—画图了。定义—画图对于算量是非常关键的，所以必须非常小心，务必准确。

（5）汇总计算。可以随时进行，主要是查看钢筋量。如基础，可以汇总计算，查看一下钢筋量是否正确。

11. 问：下图的预埋件怎样计算，具体的计算公式是什么？

答：这种不带螺帽的焊制的预埋件的爪，按照钢筋长度计算理论重量就可以。如果是带丝配螺帽的预埋件（地脚螺栓），可以按套来计算。

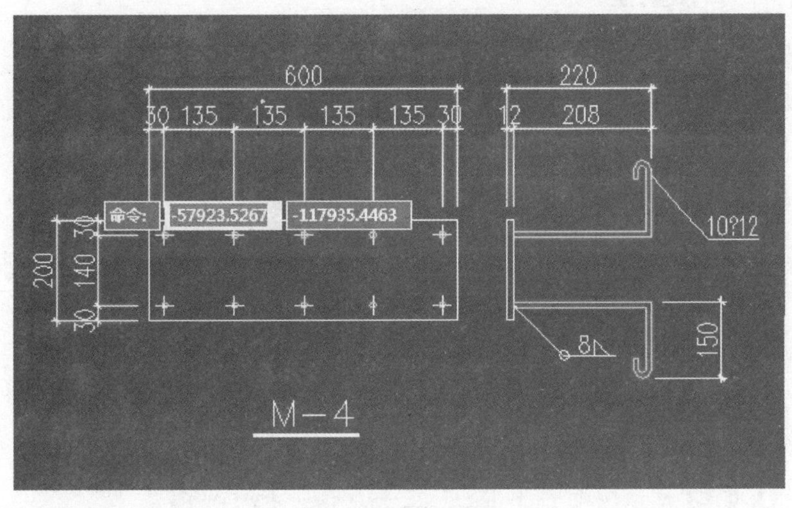

12. 问：墙中、梁中的 s 形拉钩怎样绘制？

答：不需要绘制，在属性中输入相应的信息，梁侧面钢筋有输入钢筋时，就会识别侧面拉筋，剪力墙在属性中输入。

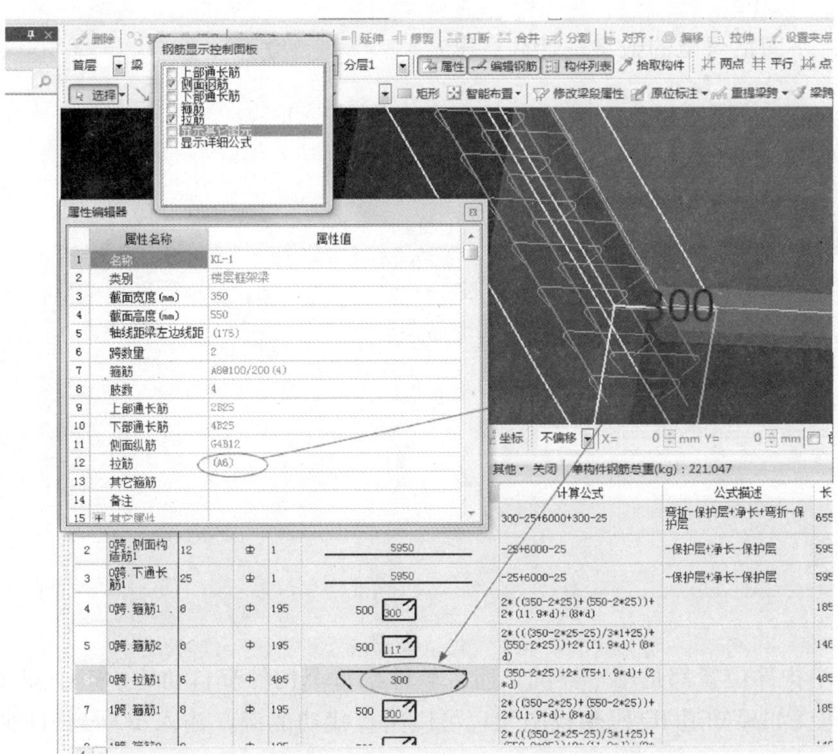

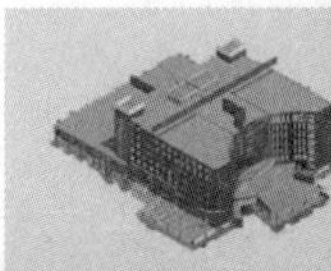

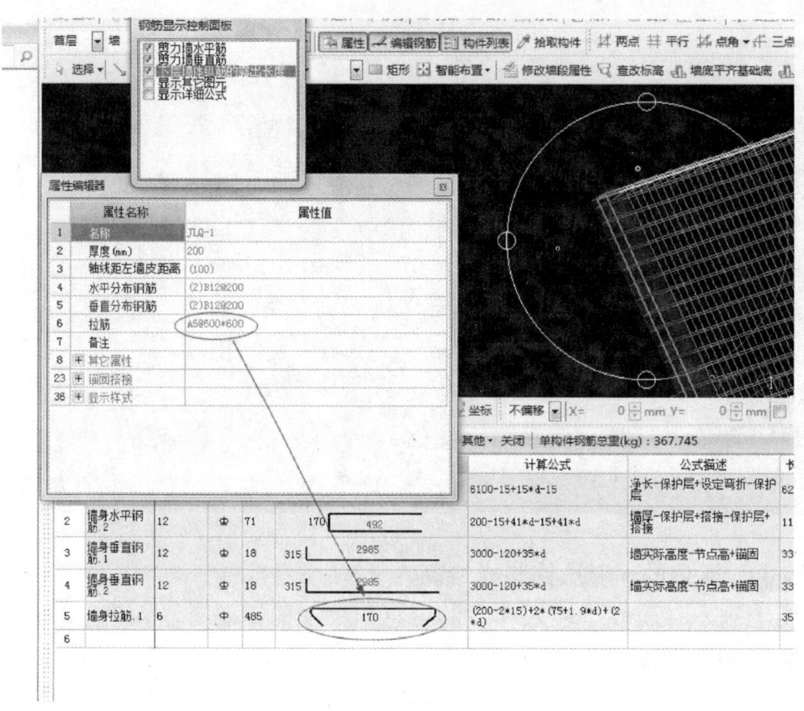

13. 问：下图括号里的数字是什么意思？

	KZ-1[9]
	KZ-1[12]
	KZ-3[14]
	KZ-5[17]
	KZ-6[22]
	KZ-3[28]
	KZ-7[32]
	KZ-4[36]
59	KZ-7[42]
	KZ-2[44]
	KZ-2[46]
	KZ-8[48]
	KZ-4[52]
	KZ-10[56]
	KZ-11[58]
	KZ-9[248]
	KZ-9[249]

答：每个构件位置都是不一样的，所以软件给每个构件都自动编了一个编号，就是图中的 ID 号码。如果知道 ID 码想找图元，可以用查找功能键，输入 ID 码软件会自动查找到构件的所在位置。

14. 问：2013 钢筋算量软件暗撑钢筋在哪里输入？

答：在属性框的其他钢筋里输入即可。

15. 问：剪力墙的计算公式中弯折怎样设定？

答：打开钢筋软件，在钢筋软件导航栏的工程设置—计算设置—节点设置—剪力墙界面可以看到不同类型节点的剪力墙的弯折情况，可以在此处设置剪力墙节点。

16. 问：给水管网工程属于什么类型的工程？

答：给水管网工程属于市政类型的工程，可以按管径的大小确定工程类别。按当地的市政工程给水管网的工程类别标准划分。

17. 问：板上冷轧带肋钢筋网怎么布置？

答：板上布置冷轧带肋钢筋网，就是在板中两个方向上布置冷轧带肋的钢筋，有双层布置的，有单层双向布置的，在软件中定义板受力筋，然后可以用单板、多板、XY 方向等方法来布置。

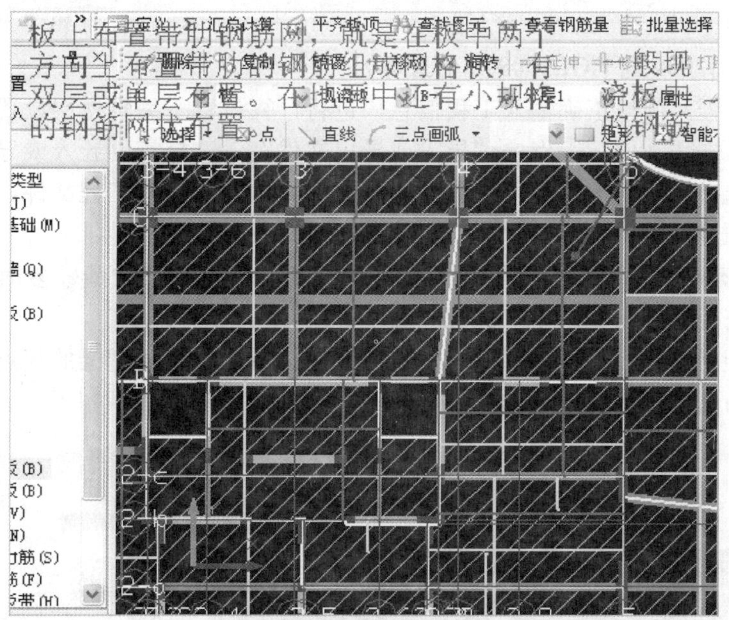

18. 问：在筏板高低不同时，底排筋通长，上排筋分开，如何配筋呢？

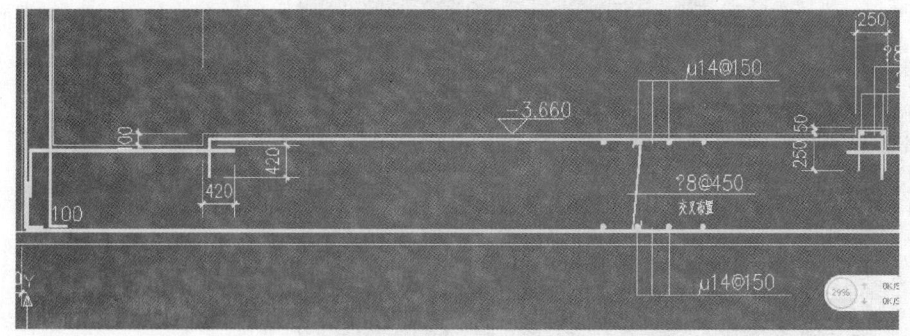

答：可以绘制两块不同厚度的筏板，采用多板布置钢筋，在节点设置里设置锚固长度 420mm。

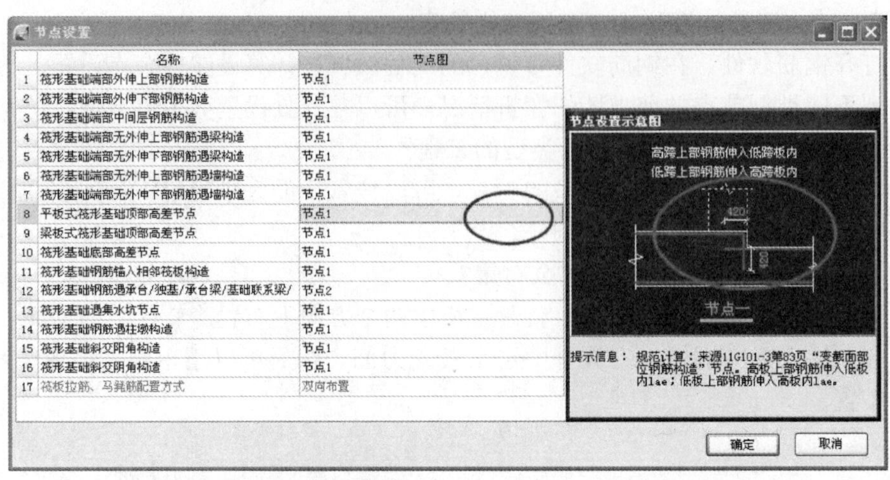

19. 问：GGJ2009 与 GGL2008 如何互导？

答：新建工程文件—正确输入工程信息—进行计算设置—编辑楼层设置（钢筋、图形必须一致）—点击“文件”—点击“导入或导出文件”—选择需要导入或导出的文件路径和工程文件—选择需导入构件即可。因为相互导入导出需要新建工程文件，所以只能给出主要操作步骤和过程，根据提示就能完成操作。

20. 问：当承台的顶标高低于筏板基础的顶标高，且基础梁数量较多时，可以一次性把基础梁平齐筏板基础吗？

答：在基础梁的界面，选中基础梁，然后在属性编辑框里面把梁的起点顶标高和终点顶标高均设置为基础顶标高，这样基础梁的顶部就和筏板的顶部平齐了。

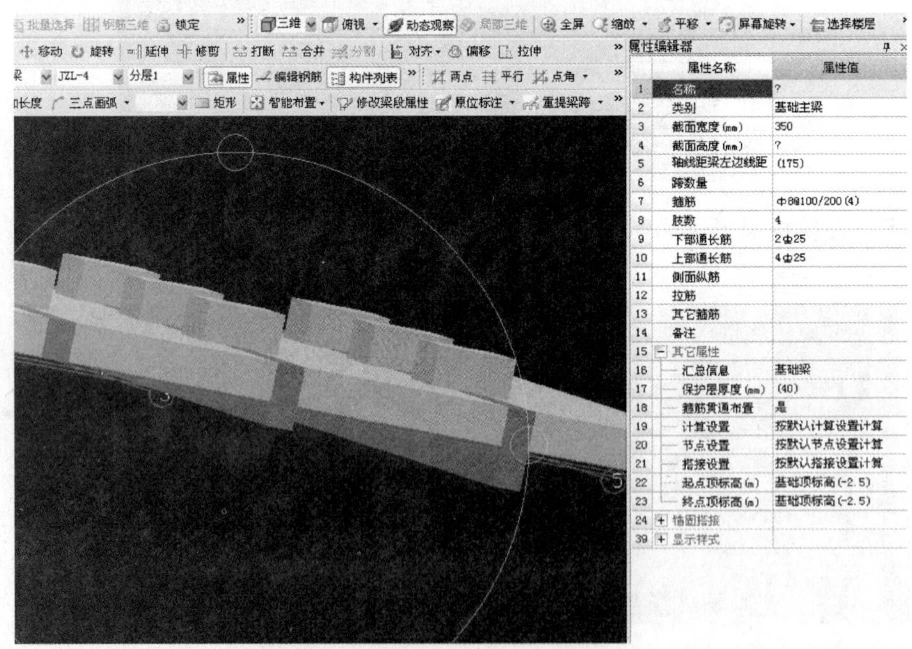

21. 问：需要对某些轴线的量，打断了之后会出现偏差，在不打断的情况下怎样算量？

答：广联达软件目前还不能将一个构件按轴线或某个部位分开汇总计算。

只能将构件打断计算，主要是梁有点误差，差距不会太大。等后面的完成了统一计算，在报量时把先批的扣掉，总体上是准确的。

22. 问：框架-剪力墙结构中圈梁钢筋的节点如何设置？怎样搭接？又是怎么锚固的？

答：手算的必须记录各种混凝土及钢筋的锚固长度，03G101-1 图集锚固长度在第33～34 页。如截图所示。

	抗震等级	砼标号	锚固					搭接					保护层厚(mm)
			一级钢	二级钢	三级钢	冷轧带肋	冷轧扭	一级钢	二级钢	三级钢	冷轧带肋	冷轧扭	
基础	(二级抗震)	C30	(27)	(34/38)	(41/45)	(35)	(35)	(38)	(48/54)	(58/63)	(49)	(49)	40
基础梁	(二级抗震)	C30	(27)	(34/38)	(41/45)	(35)	(35)	(38)	(48/54)	(58/63)	(49)	(49)	40
框架梁	(二级抗震)	C30	(27)	(34/38)	(41/45)	(35)	(35)	(38)	(48/54)	(58/63)	(49)	(49)	25
非框架梁	(非抗震)	C30	(24)	(30/33)	(36/39)	(30)	(35)	(34)	(42/47)	(51/55)	(42)	(49)	25
柱	(二级抗震)	C35	(25)	(31/34)	(37/41)	(33)	(35)	(35)	(44/48)	(52/58)	(47)	(49)	30
现浇板	(非抗震)	C25	(27)	(34/37)	(40/44)	(35)	(40)	(38)	(48/52)	(56/62)	(49)	(56)	15
剪力墙	(二级抗震)	C25	(31)	(38/42)	(46/51)	(41)	(40)	(44)	(54/59)	(65/72)	(58)	(56)	15
人防门框墙	(二级抗震)	C30	(27)	(34/38)	(41/45)	(35)	(35)	(38)	(48/54)	(58/63)	(49)	(49)	20
墙梁	(二级抗震)	C25	(31)	(38/42)	(46/51)	(41)	(40)	(44)	(54/59)	(65/72)	(58)	(56)	23
墙柱	(二级抗震)	C25	(31)	(38/42)	(46/51)	(41)	(40)	(44)	(54/59)	(65/72)	(58)	(56)	23
圈梁	(二级抗震)	C25	(31)	(38/42)	(46/51)	(41)	(40)	(44)	(54/59)	(65/72)	(58)	(56)	15
构造柱	(二级抗震)	C25	(31)	(38/42)	(46/51)	(41)	(40)	(44)	(54/59)	(65/72)	(58)	(56)	15
其它	(非抗震)	C15	(37)	(47/52)	(47/52)	(40)	(45)	(52)	(66/73)	(66/73)	(56)	(63)	15

23. 问：两个柱子共用一个独立基础，在软件中怎样操作？

答：独立基础与柱独立设置，用辅助轴线定位。

24. 问：对于板中单层双向配筋，在负筋位置布置马凳筋，在软件中该怎样处理？

答：如果是双层双向的板筋马凳筋按面积计算；如果板上仅有负筋，这时在定义负筋时就要输入马凳筋是几排了。马凳筋在定义板时定义间距要求。

25. 问：下图中是什么钢筋？

ϕb 4@200×200

答：这是预应力钢丝，钢筋重量是 0.099kg/m。

26. 问：电缆沟电缆支架成品套什么定额？

答：成品支架可以直接按市场价格计算费用。

27. 问：砖混结构中，如果有纵墙与横墙相交，那么横墙长度如何计算？对于有构造柱的，又该如何计算？

答：外墙按中心线计算，内墙按净长计算，构造柱扣墙的体积。

28. 问：广联达软件中钢筋是按规定的长度来连接的吗？

答：水平构件（梁、板以及墙水平筋）是按规范规定的区域进行连接，竖向构件纵向钢筋（柱、墙）是按规范规定分层进行连接的。

29. 问：框架结构墙体长度指框架柱之间的净空，那砖混结构呢？

答：砖混结构也是指构造柱之间的净空。比如有一内墙，墙体两端构造柱距离是6m，应该是要设置构造柱的，但是中间有一横墙，是否需要在墙的交接处设置构造柱这个是要看设计说明的，不能随意设置，可能遇到比较多的情况是墙相交处都要设置构造柱加强。

30. 问：如何复制同一楼层图元至别的工程文件里？

答：可以用块存盘，再到另外的文件上块提取。

31. 问：如果单位是m时小数点后面保留几位？

答：除了重量、立方等单位价值较高的后面保留三位，其他一般都保留两位。

32. 问：为什么每次在钢筋抽样中汇总时总是提示梁跨未识别？钢筋抽样中板的左弯折和右弯折怎样计算？

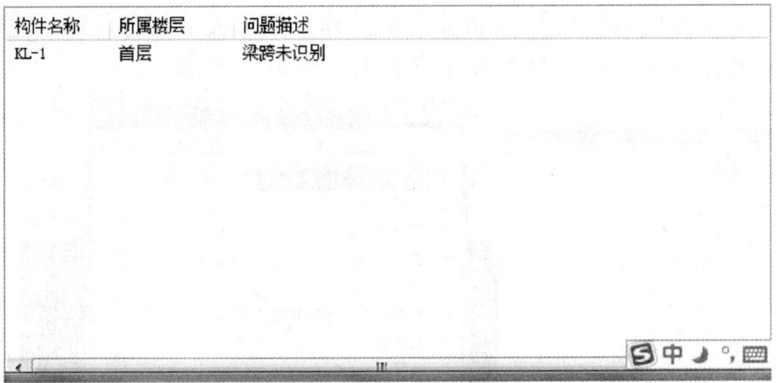

构件名称	所属楼层	问题描述
KL-1	首层	梁跨未识别

答：提示梁跨未识别是因为在画完梁后有的梁没有进行批量识别梁支座就进行汇总计算，选择梁点击“批量识别梁支座”。钢筋抽样中板的左弯折和右弯折分别等于板厚－2＊保护层。可以不填写，软件会自动识别计算。

33. 问：主次梁交接处附加箍筋为6cd（4）@50，d为箍筋直径，如何设置？

答：在原位标注下面表格的【加密箍筋】栏输入6；箍筋栏输入梁的箍筋。

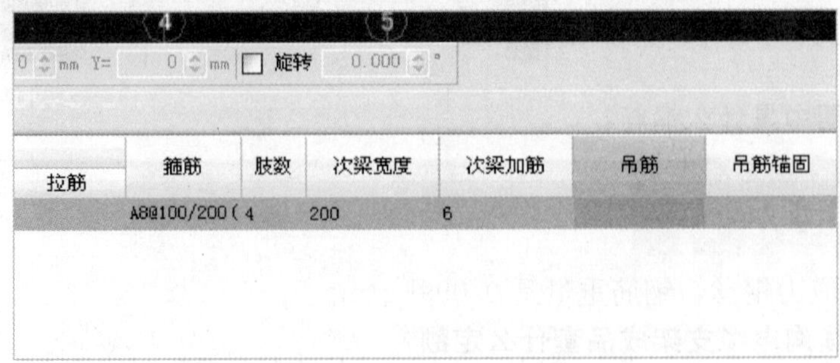

拉筋	箍筋	肢数	次梁宽度	次梁加筋	吊筋	吊筋锚固
	A8@100/200(	4	200	6		

34. 问：怎样查看单构件钢筋量?

答：在算量软件中，有单构件的模块，能够查看，在报表中，不勾选绘图输入的量就是单构件的量。

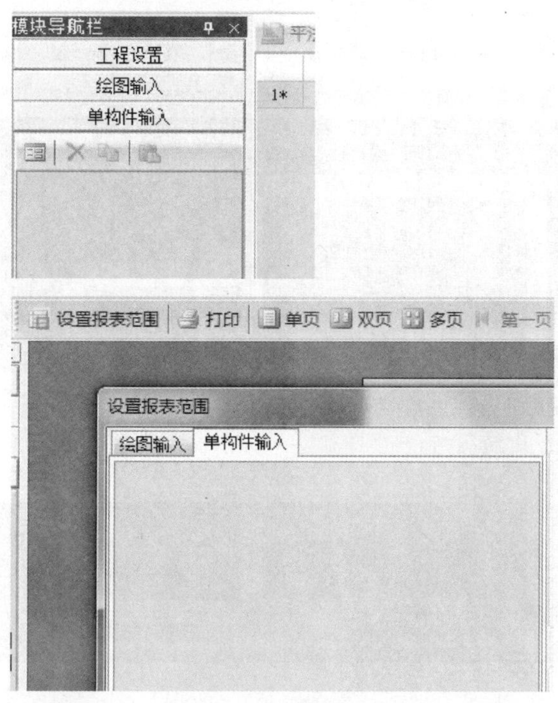

35. 问：下面的CAD图纸中，是表示所有底筋是净长减去2＊保护层，还是按照图集大于2500mm的第三排钢筋长度缩短10%呢?

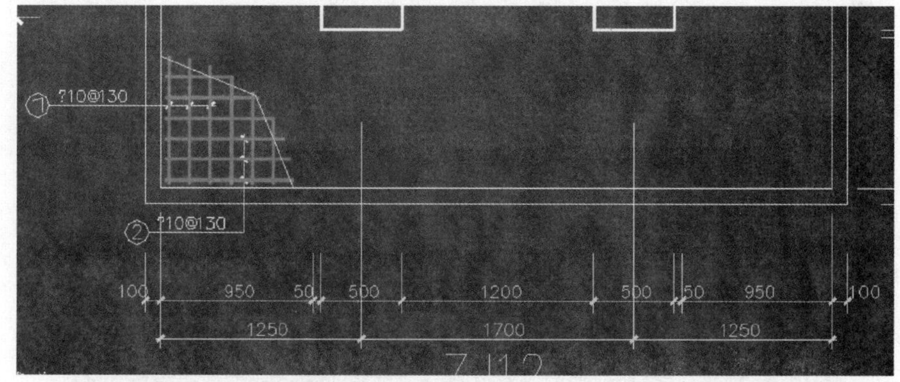

答：当基础的宽度大于2.5m时，内排钢筋按尺寸乘0.9即可，外排钢筋按尺寸扣减2个保护层。

36. 问：水泵房结构底标高－1.7m，建筑室外标高为－0.2m，楼层底标高怎样设置呢?

答：水泵房结构底标高－1.7m，建筑室外标高为－0.2m，楼层设置底标高

－1.7m。基础层层高：有地下室时，就是筏板的高度，无地下室时，就是基础底至±0.00的高度。

37. 问：轴线 F-J，1-2 中为 100 厚的板，梁、墙都已绘制好，为何显示不能在非封闭区域布置？

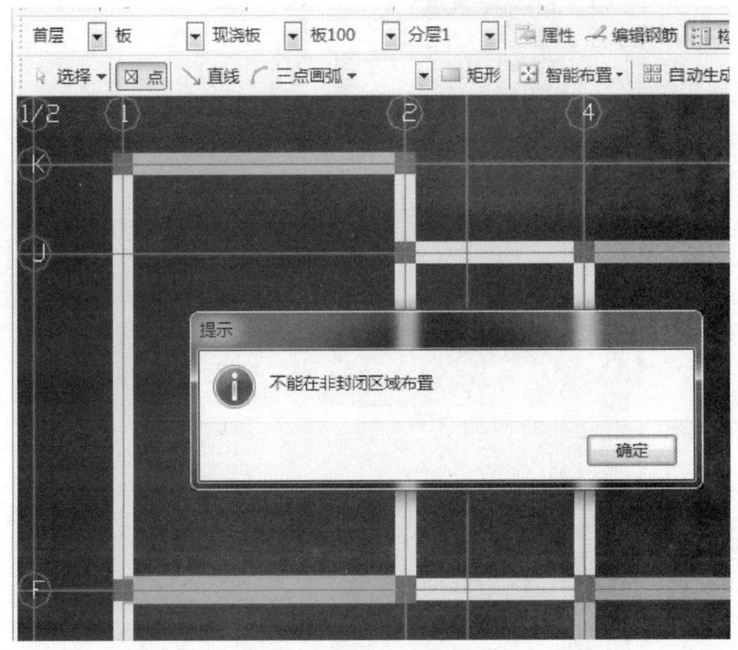

答：隐藏柱子，放大图，找到梁梁、梁墙、墙墙未相交的地方，延伸使其相交（柱子不参与封闭空间）即可。

38. 问：主次梁交界处的箍筋加密怎样手动布置与 CAD 识别？

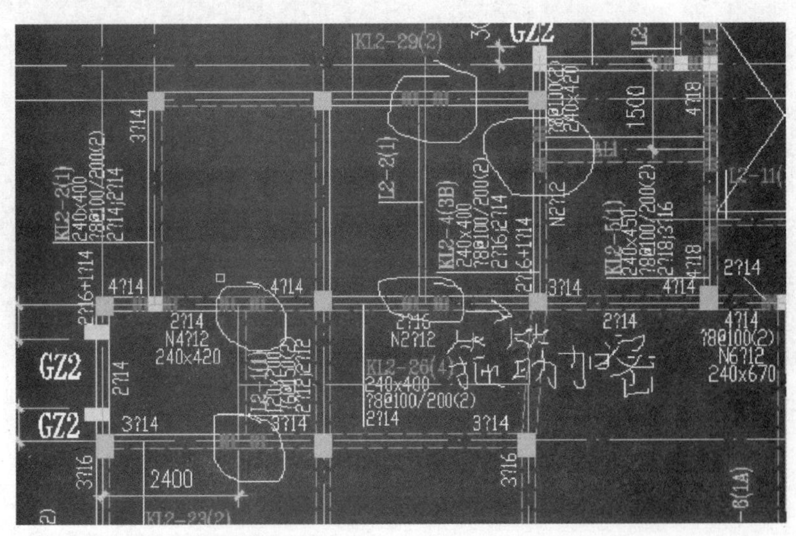

答：打开自动生成吊筋的对话框，在次梁加筋的位置输入相应的个数即可。

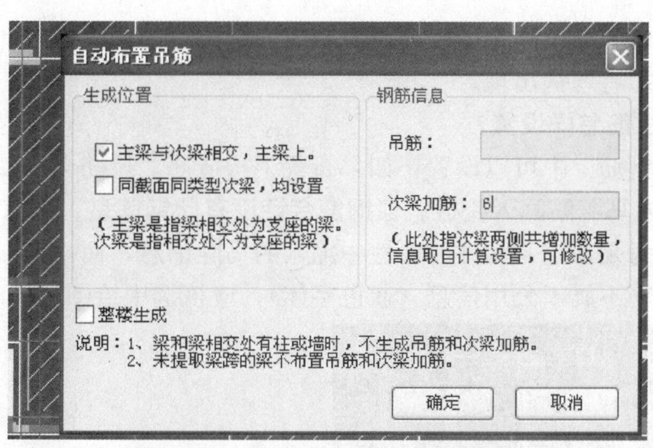

39. 问：下图“500”是表示剪力墙吗？

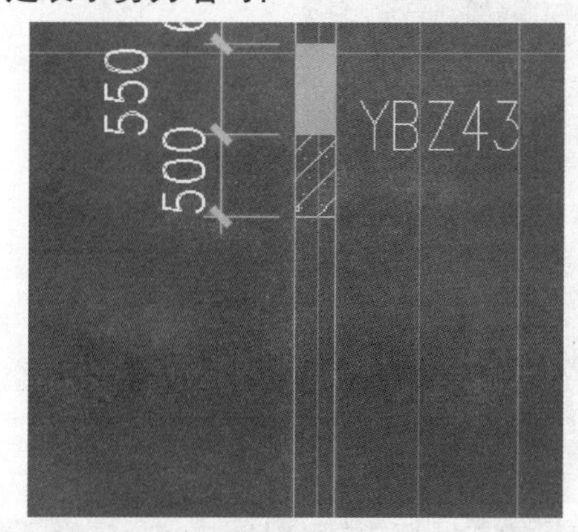

答：不是表示剪力墙，应该是表示约束边缘构件，在500mm内加拉钩。

40. 问：梁平法图250＊400/450是什么意思？

答：表达的是梁两端的尺寸不一样，如下图所示，可以在原位标注里面输入界面尺寸。

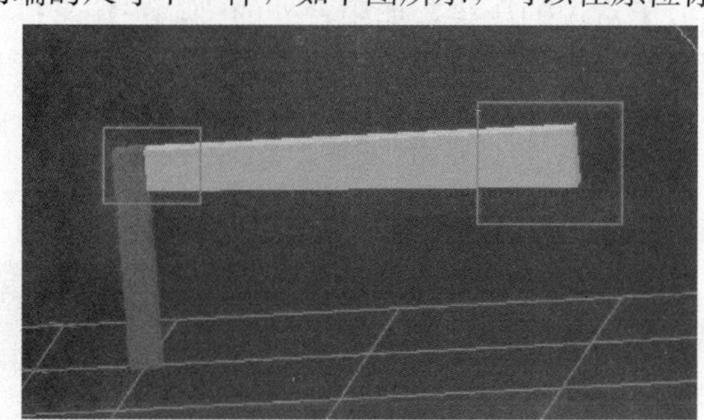

41. 问：在钢筋抽样软件中，钢筋报表中每次括号中都标注包含措施筋是怎么回事？

答：措施筋是用来辅助措施用的，一般最常用的措施筋就是板中的马凳筋和梁中每排筋之间的垫铁。

42. 问：8根三级钢筋，双层双向，板厚100mm，板画好后，再设板的受力筋，8根钢筋的间距100mm，左右弯折为0，但汇总后，发现有弯折，有113，有63，是怎么回事？

答：板内有左右弯折的钢筋应该是板的面筋或者是负筋。汇总后，发现有弯折，有

113、有 63 应该是左右支座的宽度不同，面筋应该是按总的锚固长度计算的，只有出现支座宽度不足锚固后才有弯钩出现。

43. 问：梁的拉筋怎样设置？

答：在“其他钢筋”中可以设置，如果布置了构造筋，拉筋会自动布置。

44. 问：筏板内马凳筋画入筏板，但钢筋合计没有此钢筋量，该怎样解决？

答：可能是因为是在定义构件的属性中输入的马凳信息，而不是在绘图构件的属性中输入，因为马凳钢筋不属于公用信息（蓝色字体），应该选中绘图界面的构件再输入。

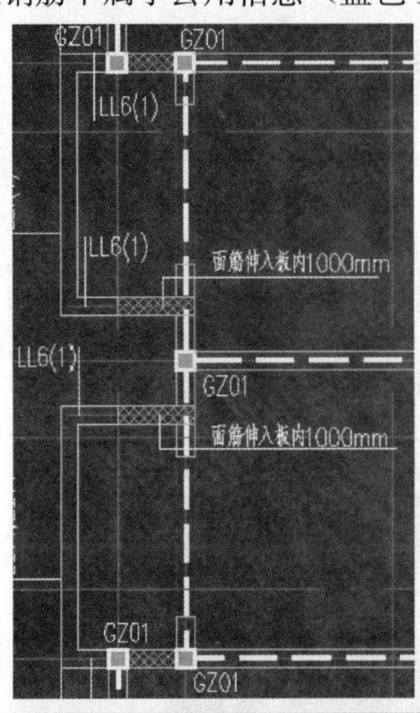

图中涂▩部分的梁是悬挑梁的拖梁，粗虚线是圈梁。

45. 问：悬臂梁支座后有一梁叫拖梁，但是不能平法标注，该怎样设置？

答：混凝土拖梁类似于常说的压梁，如阳台处的梁，一端悬挑，支撑阳台板，一端伸入墙内，将力通过这部分传导到墙，再由墙传到下部分构件，实际是传力的作用；这种梁套定额时一般分两部分，位于墙外的部分按现浇梁计算，位于墙上的梁按圈梁计算，但要注意与圈梁重合的部分要扣减。

46. 问：如图中构架层的柱的钢筋三维，哪里输入错误了？

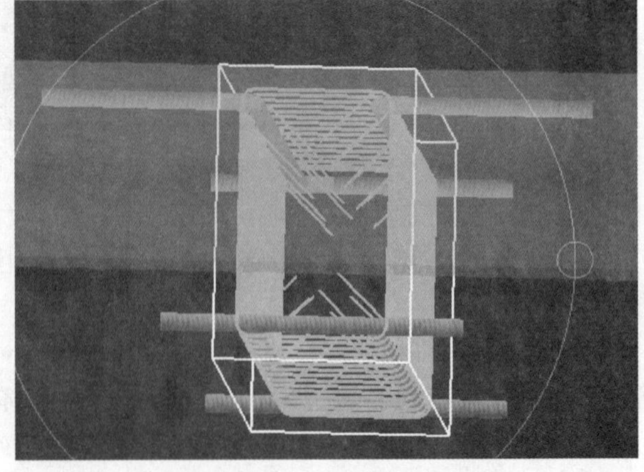

答：构架层的柱，钢筋多为柱顶弯折 12D，或是按图纸，但不应超出柱边。没板没梁，需要在工程设置中调整一下节点。

47. 问：在钢筋抽样中填写的表示钢筋的 ABCD 是什么意思？

答：代表钢筋型号。钢筋代号：

A——HPB235、300

B——HRB335

BE——HRB335E

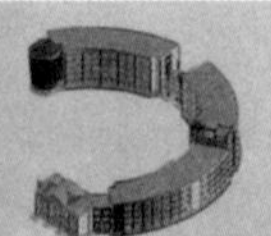

BF——HRBF335

BFE——HRBF335E

C——HRB400

CE——HRB400E

CF——HRBF400

CFE——HRBF400E

D——RRB400

E——HRB500

EE——HRB500E

EF——HRBF500

EFE——HRBF500E

冷扎带肋——N

冷扎扭——L

48. 问：用广联达软件钢筋结算时是选按外皮计算钢筋长度还是选按中轴线计算钢筋长度？

答：预算时：选择按外皮计算钢筋长度。

下料时：选择按中轴线计算钢筋长度。

49. 问：某图纸上悬挑用“LYT8b33-4”表示，是什么意思？

答：(1) 参看《新 06G310 钢筋混凝土（住宅）阳台》第 4 页；配筋参看第 10 页。

(2)“LYT8b33-4”表示梁式阳台，挑出 1800mm，2b 类环境，开间 3300mm，荷载类别 4 类。

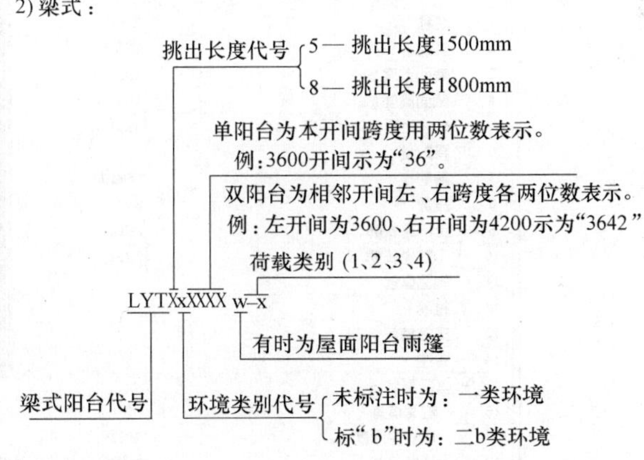

50. 问：柱子是 500 * 300 的，箍筋长度计算公式为：[(500－30 * 2－16)/3＋16] * 2＋(300－30 * 2) * 2＋2 * 11.9 * d＋8 * d，各项表示什么意思？

答：这个是 11G 平法规则计算柱子箍筋长度的计算式，是四肢箍。

首先，用柱的长度 500 减去两边保温层的厚度 30 * 2，减去纵筋的直径 16，除以 3 是两个纵筋圆心间的距离，相当于把柱子平均分三等分，加上 16，就是再加上一个纵筋的直径，得出的是箍筋一边的长度，乘以 2 是两边的长度。

其次，300－30＊2 就是柱子的宽度减去两边的保护层，再乘以 2，也是两边的长度。如图所示为大致算的一个箍筋的形状。

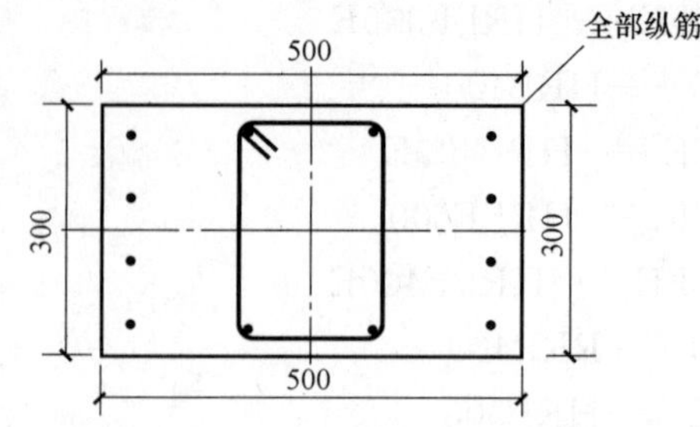

51. 问：在梁的集中标注下，上部筋是 2B25＋(2B12)2B12，在软件中怎样输入？

答：可以是 2B25＋(2B12)/2B12，其中 2B25 表示从首跨到尾跨，(2B12) 指架立筋，2B12 指第二排钢筋。

52. 问：下面是土建上面是钢结构的厂房，钢结构的量怎样计算？

答：钢结构也是要计算量的。钢结构是分不同构件计算出重量来，然后套用金属结构一章的定额。和甲方对量的时候也是要按重量来对的。比如屋架，要计算出型钢的米数，然后乘以理论重量，得出最后钢屋架的重量，套用钢层架制作、安装的子目。其他构件也一样都需要按图纸上的尺寸计算出重量。

53. 问：玻璃钢整体化粪池 HFRP-11 是什么意思？

答：是用玻璃钢材料做成的成品化粪池。型号是 RP-11。

54. 问：KL15，截面 180＊400，箍筋 C6-100，上部通长筋 2C14，下部通长筋 2C14，梁底标高 34.8，屋面层的结构标高是 34.8，该如何设置？

答：这是一架上翻梁，定义梁构件时，梁的起点和终点顶标高，可以定义“层顶标高＋0.40”。

55. 问：某半地下室，室外地面为 0.000，地下室地面为－1.8m，而地下室层高为 4.2m。地下室屋面有 1.2m 高的女儿墙，如果绘图时，屋面上女儿墙设为 0.000，地下室设为负一层吗？

答：把首层底标高设为 0.000，首层层高设为 1.2m，室内外高差设为-2.4m，地下室设为负一层，层高设为 4.2m，女儿墙在首层画。

56. 问：图中是条基还是基础梁？如果是组合的话基础梁下面的那部分条基钢筋怎样删除？

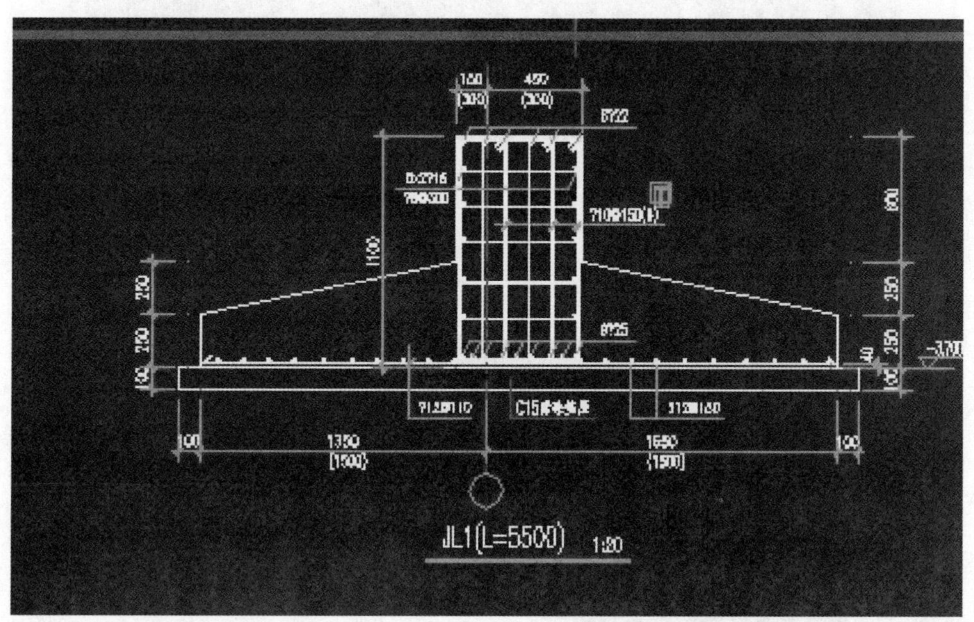

答：可以用基础梁和条基组合来绘制，基础梁下面的条基钢筋不用删除，应该是通过的。如果认为应该删除的话，可以在条基的计算设置中，有一个是条基遇到基础梁钢筋通过或不通过的选项，选不通过即可。

57. 问：对量软件完成实际工程对量的流程是怎样的？

答：(1) 新建工程，加载审核工程和送审工程；

(2) 设置对比条件：设置需要对比的项（影响钢筋计算结果的设置项软件默认勾选对比）；

(3) 工程设置对比：工程设置部分审核工程和送审工程的差异项，软件直接对比显示；

(4) 对比计算：得出所有工程量的差异；

(5) 定位到算量进行修改，刷新对比计算结果；

(6) 报表预览，得出审减报告和送审方汇报。

58. 问：扁钢的尺寸为 40＊5，长为 3.8m，如何算其重量？

答：扁钢的密度大约 7.85g/cm^3。只要把扁钢的体积算一下（宽×厚×长，单位都用厘米），再把计算的结果与 7.85 相乘即可：重量＝7.85×宽×厚×长即可。

59. 问：弧形板怎样配筋？

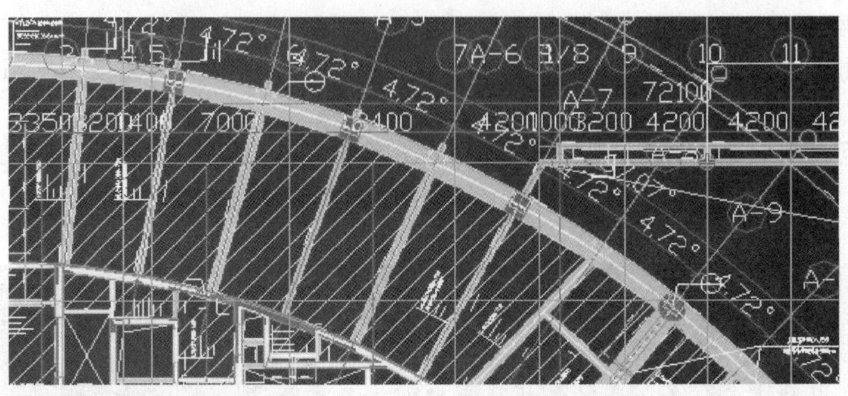

答：利用平行板边布置钢筋即可。

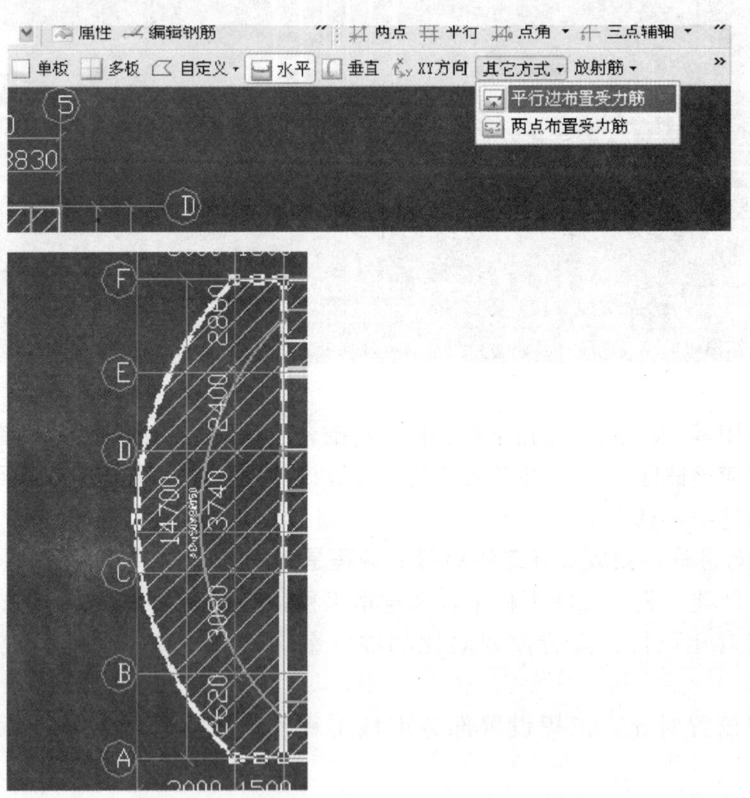

60. 问：在同一楼层中构造柱纵筋计算公式中的层高不同，有些不等于结构层高是为什么呢？

答：构造柱一般是砌体墙门窗绘制完毕，使用自动生成构造柱来布置的，并且会受到墙体高度的影响，按照楼层绘制的墙体中的构造柱纵筋，和调整过墙体高度后布置的构造柱的纵筋长度肯定是有差异的，所以需要先检查一下工程实际情况，看看构造柱的纵筋的

计算公式，和主体高度对照一下，就会发现问题的所在了。

61. 问：钢筋算量中，剪力墙尺寸从 200 改为 300，暗柱截面也随之改变，为什么会出现这种情况，该怎样处理？

答：因为暗柱的尺寸应该是与墙相同的，所以软件自动随墙变化了。这样是为了方便画图，墙调整，暗柱也应该随着调整的，如果暗柱是不变的，再改回来即可。

62. 问：图中的梁筋怎样布置？

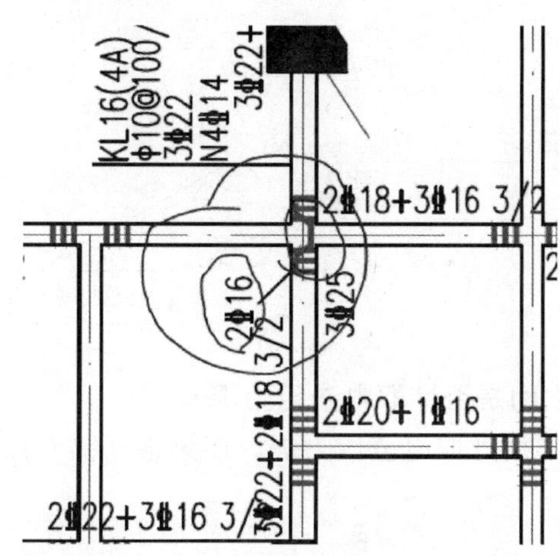

答：2C16 是吊筋，在原位标注的时候，输入即可。

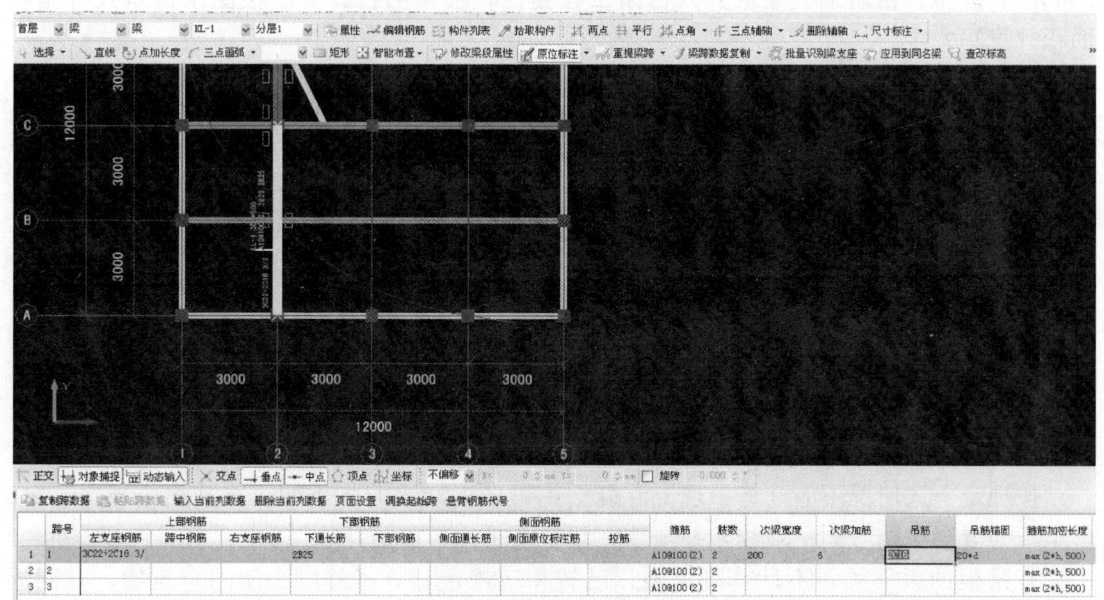

63. 问：钢筋抽样软件中筏板封口钢筋和筏板主筋不一致，怎样设置筏板封口钢筋？

答：在定义筏板基础时输入即可。

	属性名称	属性值	附加
1	名称	FB-1	
2	混凝土强度等级	(C30)	☐
3	厚度(mm)	(120)	☐
4	底标高(m)	层底标高	☐
5	保护层厚度(mm)	(40)	☐
6	马凳筋参数图		
7	马凳筋信息		☐
8	线形马凳筋方向	平行横向受力筋	☐
9	拉筋		☐
10	拉筋数量计算方式	向上取整+1	☐
11	马凳筋数量计算方式	向上取整+1	☐
12	筏板侧面纵筋		☐
13	U形构造封边钢筋		☐
14	U形构造封边钢筋弯折长度(mm)	max(15*d,200)	
15	归类名称	(FB-1)	☐
16	汇总信息	筏板基础	☐
17	备注		☐

在这里输入

64. 问：柱与连系梁之间是否计取电渣压力焊？

答：柱与连系梁之间不用计取电渣压力焊，连梁钢筋锚入柱。

4.2 图形对量

1. 问：河北 2012 定额里说混凝土台阶按图示台阶尺寸（包括踏步及最大一层踏步沿 300mm）计算，台阶端头模板并入台阶工程量内，楼带另行计算。按图示台阶尺寸是按面积计算吗？

答：按图示台阶尺寸是按面积计算的，就是指台阶部分包括最上一层踏步沿 300mm 在内的水平投影面积。台阶两侧如果需支模时，端头的模板应另计算后并入台阶工程量内。与楼面或地面连接的平台部分不计算在此部分中。

2. 问：预制板里面的 7YKB335（2）是什么意思？

答：7 块 3300mm 长，500mm 宽，荷载等级 2 级。

3. 问：建立门窗用门窗还是带形门窗？

答：都可以，方便绘图即可。它们的区别是带形门窗可以不依附墙，门窗必须先画墙，但可以点画。

4. 问：框架结构的框架梁、剪力墙结构的框架梁是否计算脚手架？

答：框架结构、剪力墙结构的框架梁，均应按相应规定计算脚手架。

按规定下述情况不应计算：现浇混凝土单梁、连续梁的脚手架，按其相应规定计算。但梁下为混凝土墙（同一轴线）并与墙一起整浇时，不单独计算。

有梁板的板下梁，不计算脚手架。已按相应规定计算了外脚手架的建筑物，其四周外围的现浇混凝土梁、框架梁、墙，以及砌筑墙体，不另计混凝土浇筑和墙体砌筑脚手架。

5. 问：门窗新建，是新建矩形门还是标准门，两个项是一样的吗？

答：新建矩形门；只要定义尺寸一样，选工程量代码一样，两个项是一样的。

6. 问：下图中绘制内外墙面抹灰时，伸入墙面里的抹灰应该如何去掉？

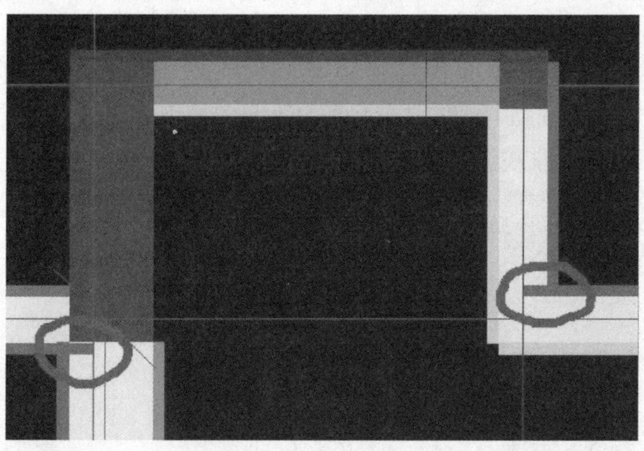

答：如截图所示，软件会自动考虑。

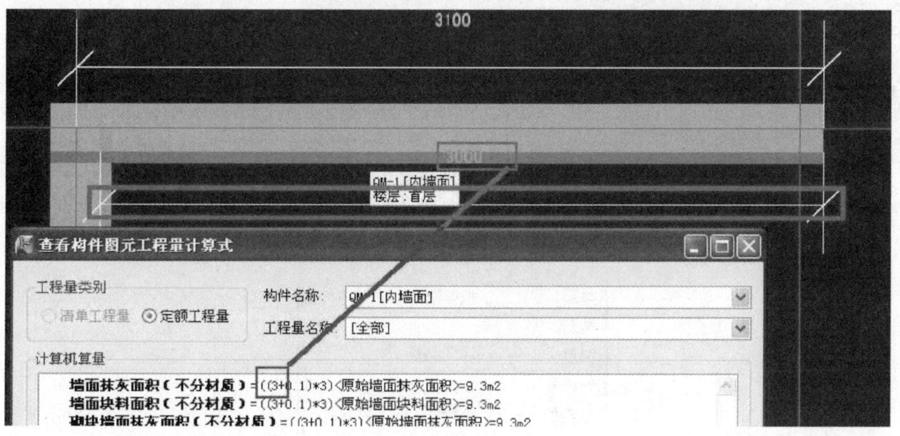

7. 问：在图形算量中筏板基础怎样绘制？

答：筏板基础定义后，用直线画法绘制到图形中即可。

8. 问：连接承台梁截面为 600 * 600，上面有砖基础，它要承受砖墙的压力，可以归为基础连梁吗？

答：可以归为基础连梁，理由是基础梁的概念就是在两个柱基础之间承受荷载，而下部没有其他支撑的梁叫基础梁，承受上部荷载。

9. 问：独立基础与筏板基础同时有，独立基础高出筏板基础，混凝土的量，在套项时怎样归类呢？

答：在筏板内按筏板计算，高出部分按独立基础计算。

10. 问：土建层高 3.9m，算内脚手架时可以算满堂脚手架吗？

答：可以计算满堂脚手架，不再计算里脚手架。

（1）综合脚手架已综合考虑了施工主体、一般装饰和外墙抹灰脚手架。不包括无地下室的满堂基础架、室内净高超过 3.6m 的天棚和内墙装饰架、悬挑脚手架、设备安装脚手架、人防通道、基础及砌体高度超过 1.2m 的脚手架，该内容可另执行单项脚手架子目。

（2）单项脚手架适用于不能按“建筑工程建筑面积计算规范”计算建筑面积的建筑工程。

（3）室内高度在 3.6m 以上时，可增列满堂脚手架，但内墙装饰不再计算脚手架，也不扣除抹灰子目内的简易脚手架费用。

（4）满堂脚手架，按室内净面积计算，其高度在 3.6～5.2m 之间时，计算基本层，超过 5.2m 时，每增加 1.2m 按增加一层计算，不足 0.6m 的不计。

11. 问：下图中顶部的抹灰漏算了是怎么回事？

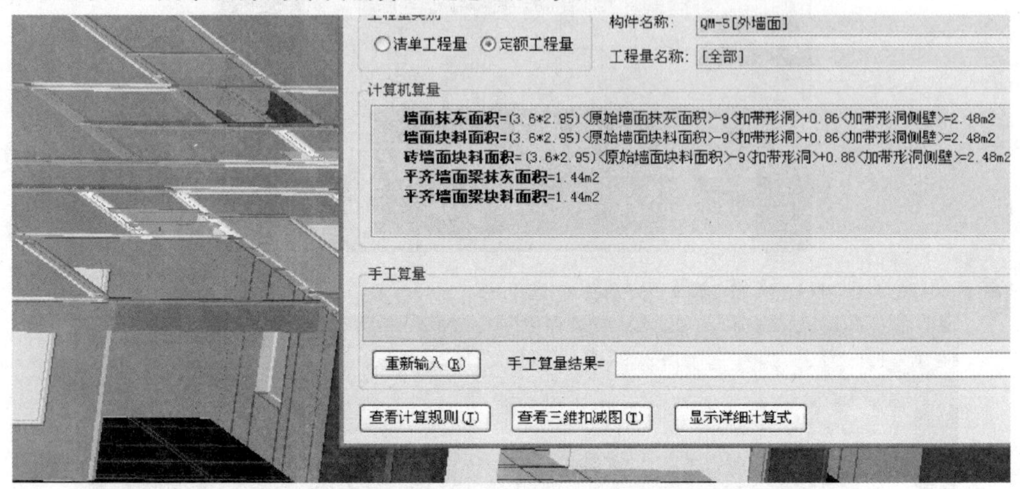

答：单梁抹灰不用画图，在定义构件的属性里有“是否计算单梁抹灰”，把“否”改为“是”即可。

12. 问：某工程要求采用定额模式，可是套成了清单模式了，怎样修改呢？

答：可以在工程的文件菜单中，导出 GCL 工程来修改，保存即可。

13. 问：坡屋面，楼梯间的墙体高出女儿墙，转角处设置有防水，防水如何布置？

答：在定义墙面的时候，同时套上防水的定额子目，点画墙面即可。

14. 问：挡土墙只需计算开挖墙、压顶吗？

答：挡土墙土方开挖定义为基槽挖土。在属性里修改槽深（屋外地坪到垫层底）、槽底宽、工作面、放坡系数等。然后画图汇总计算即可。除了计算土方还要计算垫层混凝土和模板、墙体、压顶、抹灰、回填土等。

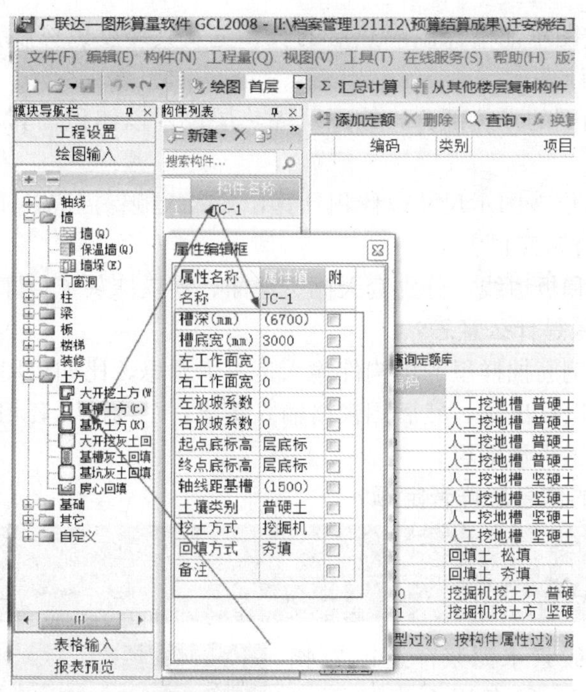

15. 问：在图形算量软件中做房间布置，带有门的房间一布置则显示整块屋面都布置成一个房间了，该怎样处理？

答：检查一下墙体构件是否有不封闭的，没有墙的地方可以建立虚墙构件封闭。

16. 问：外墙保温时是按照保温线计算吗？

答：国标清单 2008 计算规则：

保温隔热墙：按设计图示尺寸以面积计算。扣除门窗洞口所占面积；门窗洞口侧壁需做保温时，并入保温墙体工程量内。

天津 2008 定额计算规则：

隔热、保温

（1）保温隔热层区分不同保温隔热材料，除另有规定者外，均按设计图示尺寸以实铺面积计算。

（2）保温隔热层的厚度按隔热材料（不包括胶结材料）净厚度计算。

（3）地面隔热层按围护结构墙体间净面积乘以设计厚度以体积计算，不扣除柱、垛所占体积。

（4）屋面保温层除 CS 屋面保温板以面积计算外，其余均按图示尺寸的面积乘以平均厚度以体积计算。不扣除烟囱、风帽及水斗、斜沟所占面积。

（5）墙体隔热层，外墙按隔热层中心线，内墙按隔热层净长乘以图示尺寸的高度及厚度以体积计算。应扣除冷藏门洞口和管道穿墙洞口所占的体积。

（6）外墙外保温按设计图示尺寸以实铺展开面积计算。

（7）柱保温隔热层按图示柱的隔热层中心线的展开长度乘以图示尺寸的高度及厚度以体积计算。

（8）其他保温隔热：

① 池槽隔热层按图示池槽保温隔热层的长、宽及其厚度以体积计算。其中池壁按墙面计算，池底按地面计算。

② 门洞口侧壁周围的隔热部分，按图示隔热层尺寸以体积计算，并入墙面的保温隔热工程量内。

③ 柱帽保温隔热层按图示尺寸以体积计算，并入天棚保温隔热工程量内。

17. 问：雨篷怎样套定额？

答：板底、板面和板边线，分别套天棚、地面、零星抹灰子目即可。

18. 问：表格输入是什么意思？

答：表格输入和钢筋抽样里的单构件输入是一个意思。比如出屋面排气道或屋面的落水管，无法画图，可以算出量，然后用表格输入新建一个构件，套相应定额，然后工程量表达式里面直接输入工程量即可。

19. 问：图片中的信息怎样套定额？

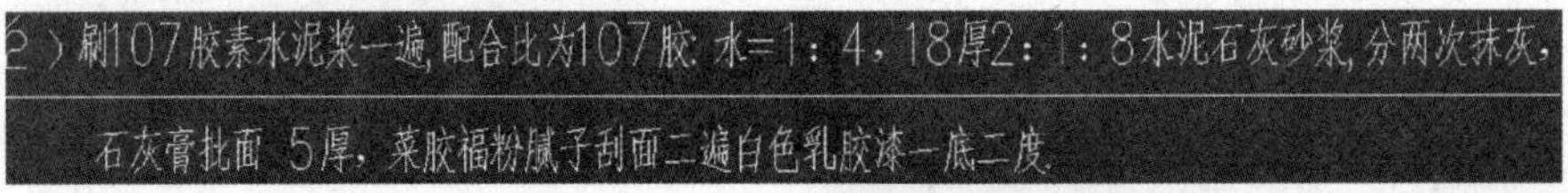

2）刷107胶素水泥浆一遍，配合比为107胶：水=1：4，18厚2：1：8水泥石灰砂浆，分两次抹灰，

石灰膏批面 5厚，莱胶福粉腻子刮面二遍白色乳胶漆一底二度.

答：套用①建筑胶素水泥浆一道；②水泥石灰砂浆墙面抹灰；③套用石膏腻子一遍；④套用成品腻子两遍，把材料的名称和价格调整一下；⑤套用墙面乳胶漆。

20. 问：踢脚线应该在哪里布置？

答：布置在每个房间的下面，走廊、楼梯间等都应该有。有些有墙裙的部位可能就没有了。另外厨房卫生间也是没有的。右图为整体块料铺贴。

21. 问：从钢筋算量导入到图形算量，里面的端柱为什么变成带马牙槎？

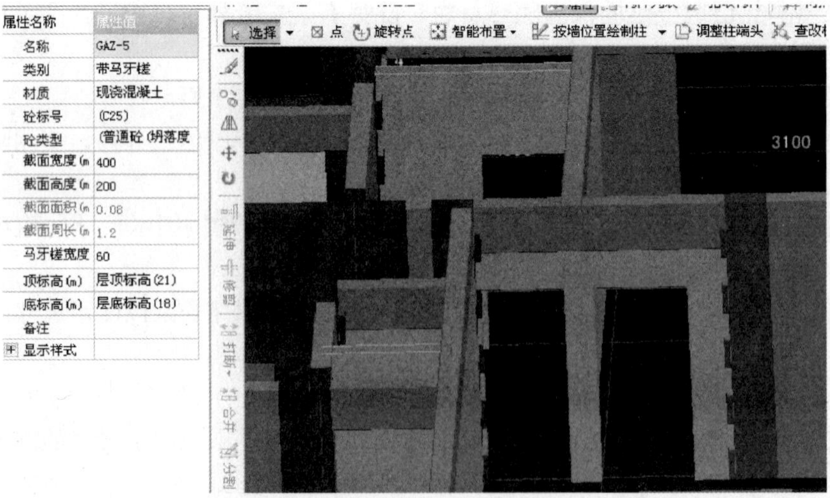

属性名称	属性值
名称	GAZ-5
类别	带马牙槎
材质	现浇混凝土
砼标号	(C25)
砼类型	(普通砼(坍落度
截面宽度(m	400
截面高度(m	200
截面面积(m	0.08
截面周长(m	1.2
马牙槎宽度	60
顶标高(m)	层顶标高(21)
底标高(m)	层底标高(18)
备注	
+ 显示样式	

选择 ▾ 点 旋转点 智能布置 ▾ 按墙位置绘制柱 ▾ 调整柱端头 查改

3100

答：暗柱在图形里面是按剪力墙来计算的，实际是不计算暗柱的（包括模板、混凝

土），如果把暗柱模板、混凝土的工程量都归到剪力墙里面则不影响工程量。

22. 问：墙下板下梁底面抹灰面积是归为天棚抹灰还是墙面抹灰？

答：广东省板下梁底面抹灰面积是归为天棚抹灰，板下墙抹灰是归为墙面抹灰。

23. 问：外墙粉刷套下面图片的详细做法是什么？

（1）外墙室外墙面挂钢丝网前　素水泥浆纵横各一遍　内掺水重 5% 白乳胶　外墙室外墙面挂钢丝网后批 20厚 1:2.5 水泥砂浆，分两次抹灰；满涂聚合物弹性水泥基防水涂料 1.0厚，4~5 厚 1:1 水泥砂浆加水重 20% 白乳胶镶贴 8~10 厚外墙面砖，1:1水泥砂浆勾缝。

答：（1）钢丝网一层，按墙面抹灰面积，可以补充子目。

（2）20 厚 1∶2.5 水泥砂浆。

（3）面砖。

24. 问：花池的砌体应该是套砖砌体的“零星砌砖”吗？

答：按零星砌体子目计算，可以将子目消耗量的砌块调整为实际用的砌块，计算方法：5.514□[(240 * 115 * 53)/(实际砌块规格)]。

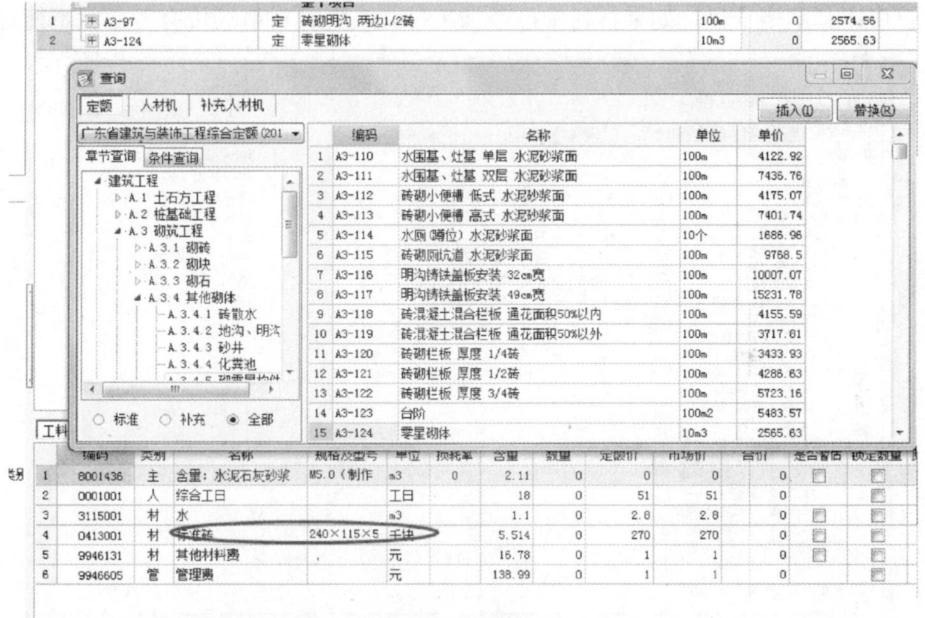

25. 问：下图中三项有什么区别？

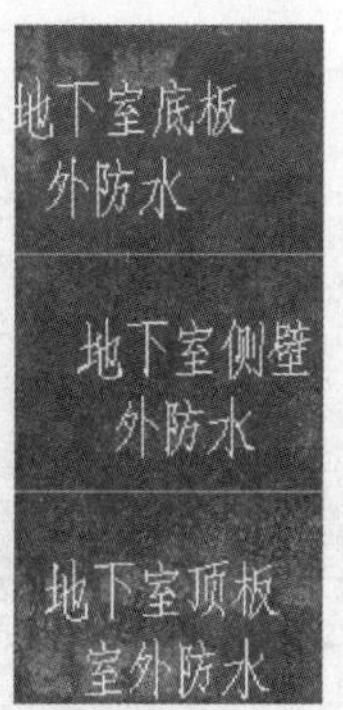

答：实际上就是侧壁墙面，底标高是底板，顶标高是顶板面。

26. 问：室外平台与裙楼的层面是相同的吗？

答：室外平台与裙楼的层面不相同，一般是室外平台比裙楼低 300mm。

27. 问：下图为什么梁只柱支撑？

答：柱支撑的梁属于单梁，可以套用单梁的定额项目。

28. 问：在工厂生产的花岗岩已经开好了防滑槽，还需要套防滑槽的定额吗？

答：可以套割槽子目。如果材料中已经加工好，或者材料市场价有考虑就不能计算了。

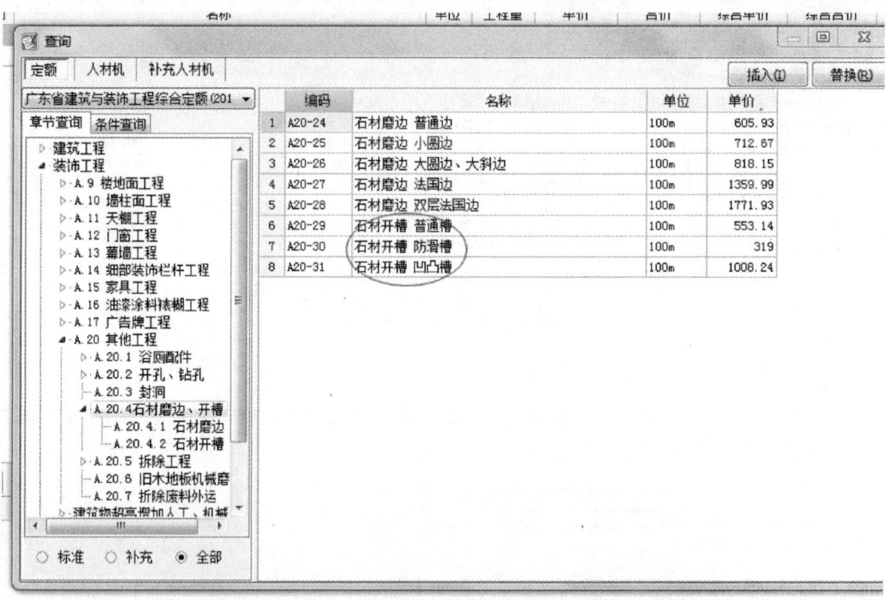

	编码	名称	单位	单价
1	A20-24	石材磨边 普通边	100m	605.93
2	A20-25	石材磨边 小圆边	100m	712.67
3	A20-26	石材磨边 大圆边、大斜边	100m	818.15
4	A20-27	石材磨边 法国边	100m	1359.99
5	A20-28	石材磨边 双层法国边	100m	1771.93
6	A20-29	石材开槽 普通槽	100m	553.14
7	A20-30	石材开槽 防滑槽	100m	319
8	A20-31	石材开槽 凹凸槽	100m	1008.24

29. 问：下图是挑檐吗？

答：此处不是挑檐，是悬挑板，应该是阳台板。板套阳台板的定额，梁套梁的定额。

30. 问：小青瓦坡屋面山墙怎样定义？

答：用属性中的起点顶标高和终点顶标高来定义。定义屋面板按两坡水，分割点击【三点定义斜板】按钮，调整板的高度，然后点击【平齐板顶】。

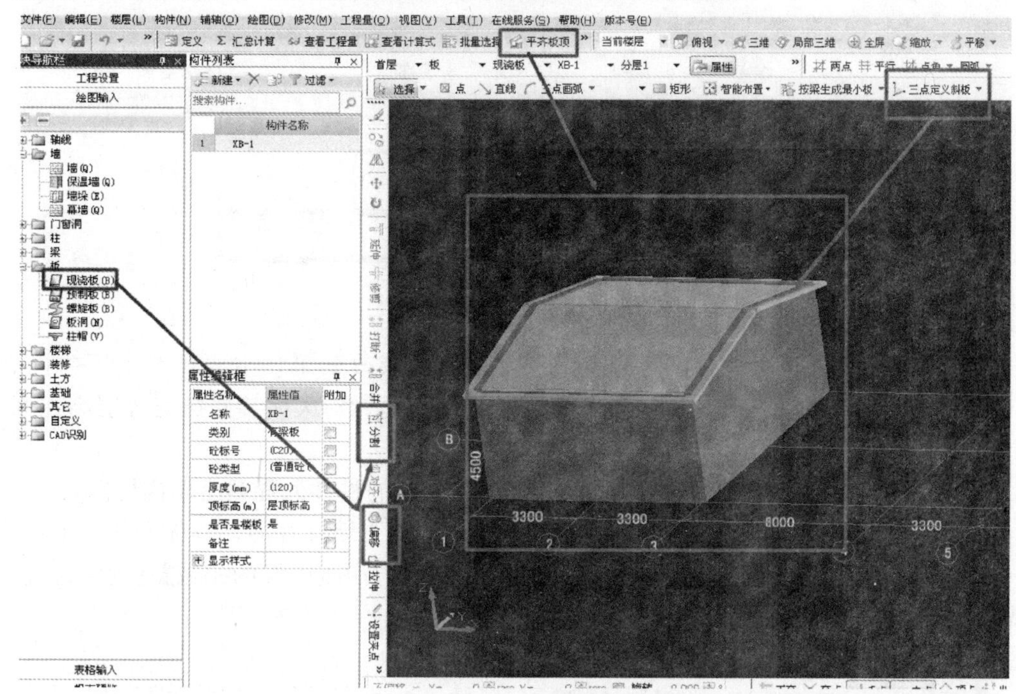

31. 问：什么情况下才打送桩？打送桩的过程是怎样的？

答：送桩的项目只有在打预制桩工程中有，打桩的时候，桩顶标高一般都在地面以下的，而打压桩的机器不能伸下去，就需要用东西顶住桩继续打一段，送的这段是不消耗桩（材料）的，这就是送桩与打桩的区别，预算中价格也不一样（起码桩材料费少了），所以要分别列项计算。送桩的意思是把桩送下去到设计的高度。

32. 问：贮水池套项在什么情况下套用墙柱梁板，在什么情况下套用构筑物？

答：贮水池如为独立的，即套用构筑物。如在建筑物中，利用墙板柱分隔出一部分，做为贮水池使用，就套用墙柱梁板。

33. 问：当相邻两板存在高差，中间那条梁的顶标高怎样处理？

答：如没有特殊说明，梁顶标高就是层高。这种情况，一般是按高的那块板定义。

34. 问：阳台是计算一半面积的，空调板不算面积。但是阳台空调板和阳台连在一起成为一个整体结构，并且有构造柱、栏杆、半围护结构，那么空调板是否应和阳台一样计算一半面积？

答：这是个有争议的地方，国家规定建筑面积的计算规则，没有明确说明。建议计算一半建筑面积。因为阳台空调板和阳台连在一起成为一个整体结构，有围护结构，有使用空间。

35. 问：如果基础的垫层大于100mm，其混凝土还是套垫层吗？

答：是的，大于100mm也还是垫层。还有垫层是按体积计算的，所以跟厚度无关。

36. 问：散水在组价中要套哪些定额子目？

答：看下图选项使用子目。

	编码	类别	名称	规格型号
	−		**整个项目**	
1	1-154	借	散水、坡道混凝土垫层	
2	1-155	借	散水 混凝土面一次抹光	
3	1-156	借	散水 水泥砂浆抹面	
4	7-171	定	沥青砂浆缝宽×高(mm)30×150(1:2:7沥青砂浆)	

37. 问：外墙抹灰改架工怎样计算？

答：外墙抹灰改架工、层高超过3.6m内墙面抹灰改架工，主要针对上下方向超过3.6m的部分计算。层高超过3.6m的满堂脚手架主要是针对天棚装修抹灰等层高在3.6m以上部分计算。

38. 问：图形算量时，如何把与混凝土墙连在一起的柱并入混凝土墙内计算？

答：无论是混凝土柱、端柱、暗柱都可以并入混凝土墙计算的，具体操作如下：

首先在计算设置中对柱进行设置，【暗柱端柱体积与混凝土墙的扣减】【现浇柱混凝土体积与混凝土墙的扣减】。设置见下图。

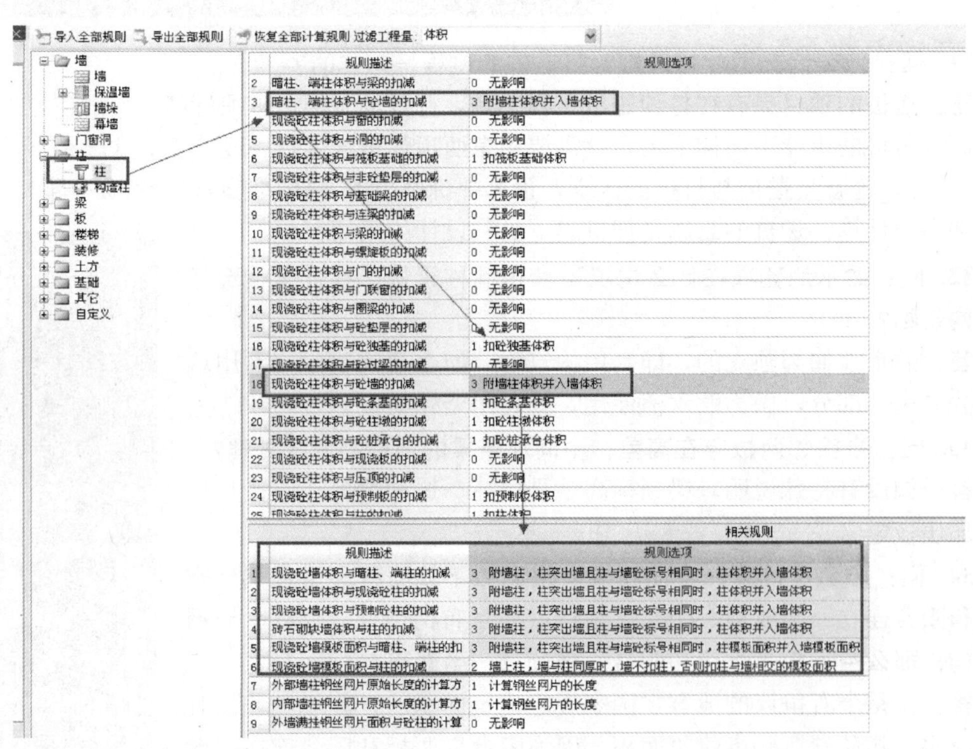

39. 问：在软件计量中楼梯的平台及平台梁的工程量纳入楼梯混凝土工程量中吗？

答：定额中有计算规则：整体楼梯包括休息平台、平台梁、斜梁及楼梯的连接梁，按水平投影面积计算，不扣除宽度小于500mm的楼梯井，伸入墙内部分不另增加。楼梯与楼板连接时，楼梯算至楼梯梁外侧面。

40. 问：干挂石材怎样计算？

答：干挂石材相应计算石材的工程量和干挂部分的钢材的重量。

41. 问：软件算量的原则是什么？

答：以识图为主线、以构件为单元、以代码为基础、以规则为控制、以结果为导向。按照施工顺序：先建筑后结构、先地上后地下、先主体后装饰、先室内后室外。

42. 问：沥青道路，十字路口，带弧度拐弯处的量怎样计算？

答：按弧线半径、角度算出面积。

43. 问：新图形算量2013中螺旋板能平齐板底把梁调到板底吗？

答：不能直接平齐到板底，但是可以变通解决：

先平齐板顶，然后选中梁之后把标高调整为：顶板顶标高一板厚，例如板厚为120mm，那么标高就为：顶板顶标高－0.12。

44. 问：地下室包含主楼的地下室，若想只扩大地下室的建筑面积，不包含主楼部分该如何操作？

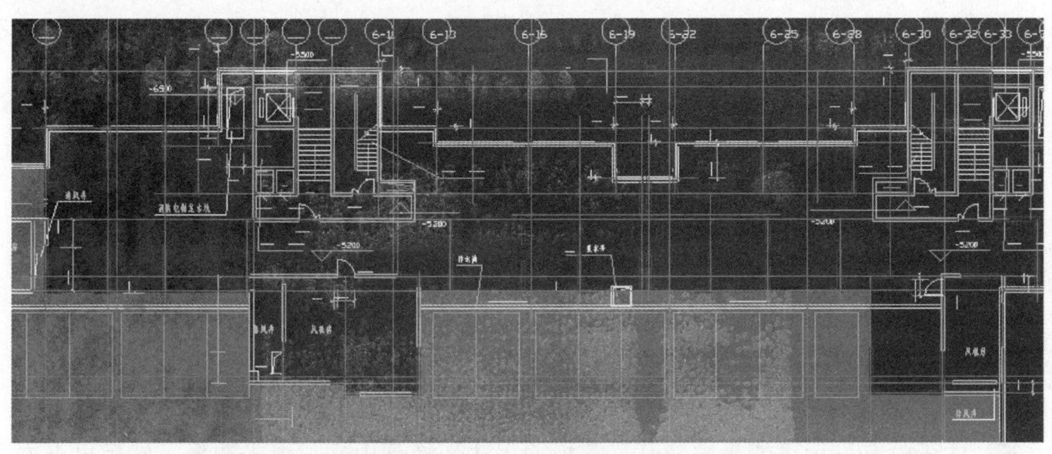

答：具体操作是沿着栋号的地下室剪力墙外边线将原有图元分割，然后仅将地下室（不含主楼）建筑面积图元向外偏移即可。

45. 问：独立基础基础梁基槽土方属性编辑里的槽深如何计算？它和基槽灰土回填的深度是否一样？

答：槽深即为室外地坪标高至基槽底的距离；基槽灰土回填是复杂构件，深度为各回填单元深度之和。

46. 问：下图中如何将钢筋抽样恢复到原来的界面？

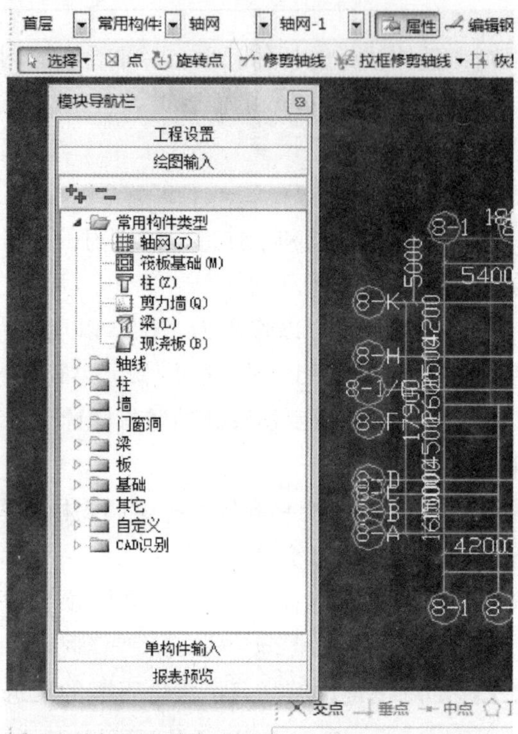

答：在视图里，点击恢复默认界面风格即可。

47. 问：下图布置完板之后，为什么在使用三维查看效果的时候，悬挑段的柱子看不到了？

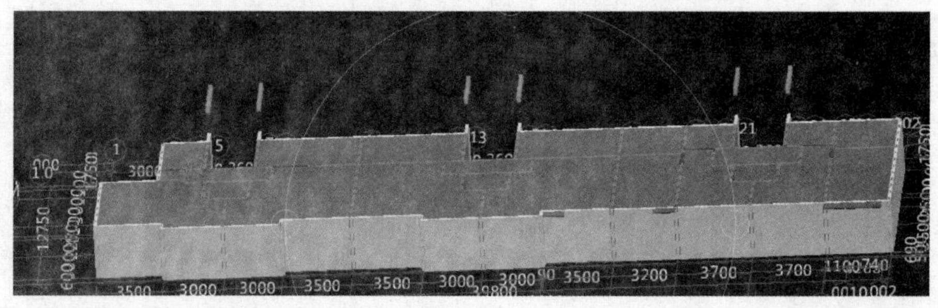

答：柱子没有显示可能是被隐藏了，把输入法切换到中文，点击选择，然后再点击子目Z就可以显示出来了，或者直接点击视图—构件图元显示设置—构件图元显示，勾选柱子或者所有构件即可。

48. 问：图形算量里管沟怎样定义？

答：管沟两侧按页岩砖砌砖墙，布置压顶圈梁、池底、垫层等。

49. 问：阳光房建筑面积怎样计算（结构上说的是阳台板）？

答：按建筑的标注，以阳光房来计算，高度在2.2m及以上的阳光房计算全部建筑

面积。

50. 问：螺旋板下的柱跟梁无法使用平齐板顶功能，如何定义标高？

答：只能划分为多个板块，修改角点标高。

51. 问：下图水平加腋梁如何绘制？

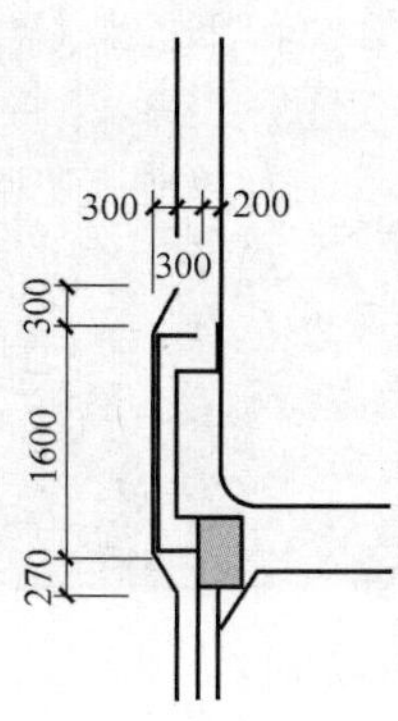

答：在梁的原位标注中输入腋长、腋高、加腋钢筋，看一下三维显示就能发现类似在梁与柱子或是梁与梁的交接处形成一个小三角的部分。

52. 问：图形算量怎样做到不绘制在轴线上？

答：(1) 用 shift 键＋左键功能捕捉插入点；(2) 画好图后用偏移功能处理；(3) 画一个辅助轴线，在上面画也行；(4) 利用移动构件。

53. 问：过梁什么情况下现浇和预制，现浇和预制的模板量各是怎样计算的？

答：过梁可以根据现场施工情况来确定是用现浇的还是预制的，一般过梁需要量比较多的都是预制，模板一般是按展开面积计算的，有的地区定额编制不一样，预制过梁是按体积的含量摊销计算的，如果按面积计算模板，过梁的底模也应该计算面积。

54. 问：轻钢雨篷如何套取定额？

答：(1) 按成品直接每平方米多少钱做个补项；(2) 将雨篷的各种组成材料分开，分别套项，组装的费用也要考虑；(3) 直接向甲方报价。

55. 问：楼面板弧形怎样绘制？

答：可以先定义弧形轴线，通过绘制梁，就可以布置弧形板了。

56. 问：图纸中室内楼梯是 3 跑楼梯，软件中没有相应的参数，如何调整？

答：用新建三个楼梯段绘制组合，注意标高的吻合即可。

57. 问：台阶地面怎样套项？

答：楼地面下相应子目。

58. 问：门联窗的形式，窗在门上面，怎样设置？

答：可以分别新建门和窗两个属性，只是在窗的属性中，离地高度调整到实际高度，然后再分别绘制门和窗。

59. 问：绘制护窗栏杆，在哪里选项？

答：利用自定义线绘制即可。

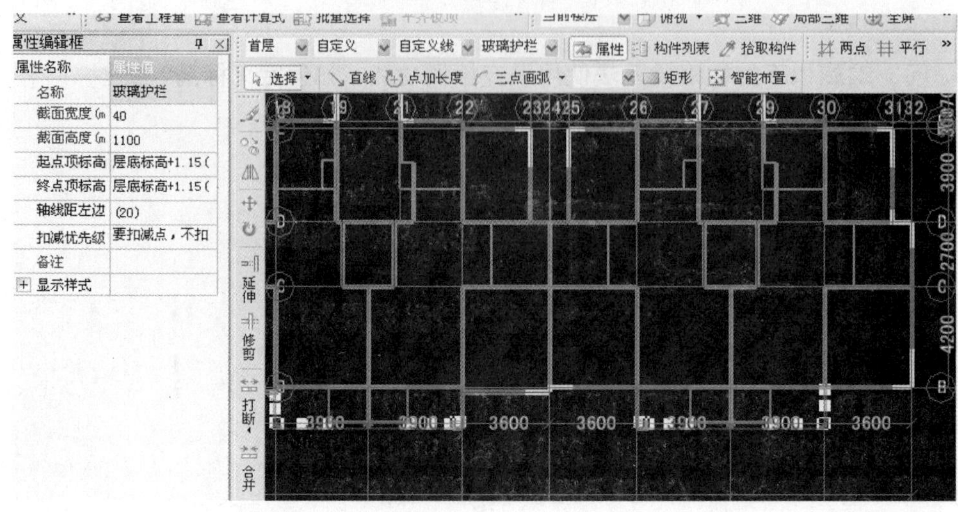

60. 问：集水坑只两边放坡，如何绘制？

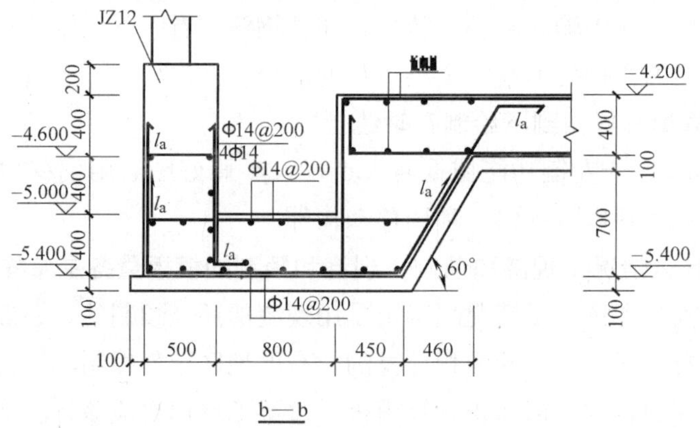

b—b

答：点击调整集水坑放坡，如下图所示即可。

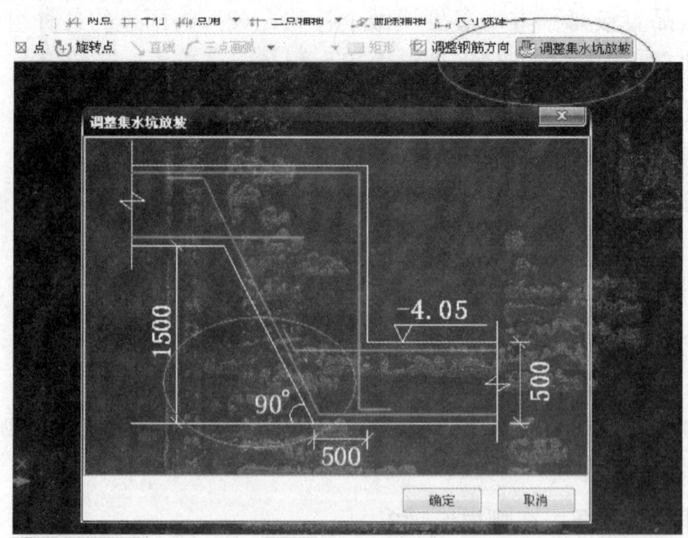

61. 问：广东的工程，什么情况下需要计算过梁？

答：门窗洞口上侧一般都要计算过梁的，一般同墙宽，高度的话图纸都会给的，仔细看一下，两边一般都会深入墙内 250mm。

62. 问：怎样在图形算量软件中添加工程量代码“type=”？

答：定义构件时套上相应的定额子目后，在后面的工程量表达式一栏点击一下，并再点击那个小三角，就出来工程量代码对话框供选择。

63. 问：门高 2.5m，圈梁所在高度 1.75m，门有过梁和门边柱，圈梁在门边处断开，如何简便地绘制圈梁？

答：比较简单的方法是，把圈梁通长绘制好，然后把门窗绘制好，把圈梁在门窗边上的位置打断，门窗布上之后，再点梁打断，在门窗边位置是可以选择打断点的。

64. 问：土方算量中素土回填、灰土回填分别指什么？

答：素土是天然沉积形成的，土层中没有掺杂白灰、河流带来的砂石的土，密度均匀，有一定黏稠度。

在建筑上的具体要求：多用于建筑基础或垫层回填。

（1）素土中不能掺杂有机物等垃圾（包括建筑垃圾）；（2）不含（或者少含）石块或其他杂质，填土颗粒最大粒径不超过 5mm；（3）素土虚铺厚度不超过 250mm，夯实时一夯压半夯。跳步槎宽 100mm 为宜，夯实厚度不超过一步（即 200mm）；（4）每步土按规范取样测试干密度，其下步土干密度合格后方可虚铺上步土方。

灰土是将熟石灰粉和黏土按一定比例拌合均匀，在一定含水率条件下夯实而成。石灰粉用量常为灰土总重的 10％～30％，即一九灰土、二八灰土和三七灰土。由于碱性石灰粉和黏土中的二氧化硅、三氧化二铝之间产生了复杂的化学反应，夯实后的灰土具有很好的强度、耐水性和整体性。

多用于潮湿场所的地面垫层。

65. 问：角上是柱子怎样做到与墙平齐？

答：如果柱向墙对齐就在墙的界面点单对齐，先点墙的边线，再点柱的边线，柱就和墙对齐了，如果是墙向柱对齐，就在柱的界面单对齐，用同样的操作方法即可。

66. 问：某基坑底长、宽为 2m＊2m，挖土深度 2m，放坡系数 0.75，基坑顶的长、宽如何计算？

答：放坡系数＝b/h

所以 b＝h＊0.75＝1.5m

长＝2.2＋2＊1.5＝5.2m

宽＝2.2＋2＊1.5＝5.2m

2.2+1.5+1.5=5.2

67. 问：绘制好楼梯后移动不到正确位置是怎么回事？

答：可以建立虚墙，用点布置上去，也可以用直线画，Shift＋鼠标左键定位。

68. 问：楼梯间踢脚线怎样计算？

答：楼梯间踢脚是按延米计算的，就是计算斜边的长度。

69. 问：房心回填土厚度怎样计取？

答：房心回填土分两种情况：（1）地下室房心回填土，该部分回填土厚度＝地面标高至结构底板高度减去地面做法；（2）没有地下室的首层房心回填土，该部位回填土厚度为室外正负零至首层地面高度减去首层地面做法。

70. 问：下图的集水坑怎样布置？

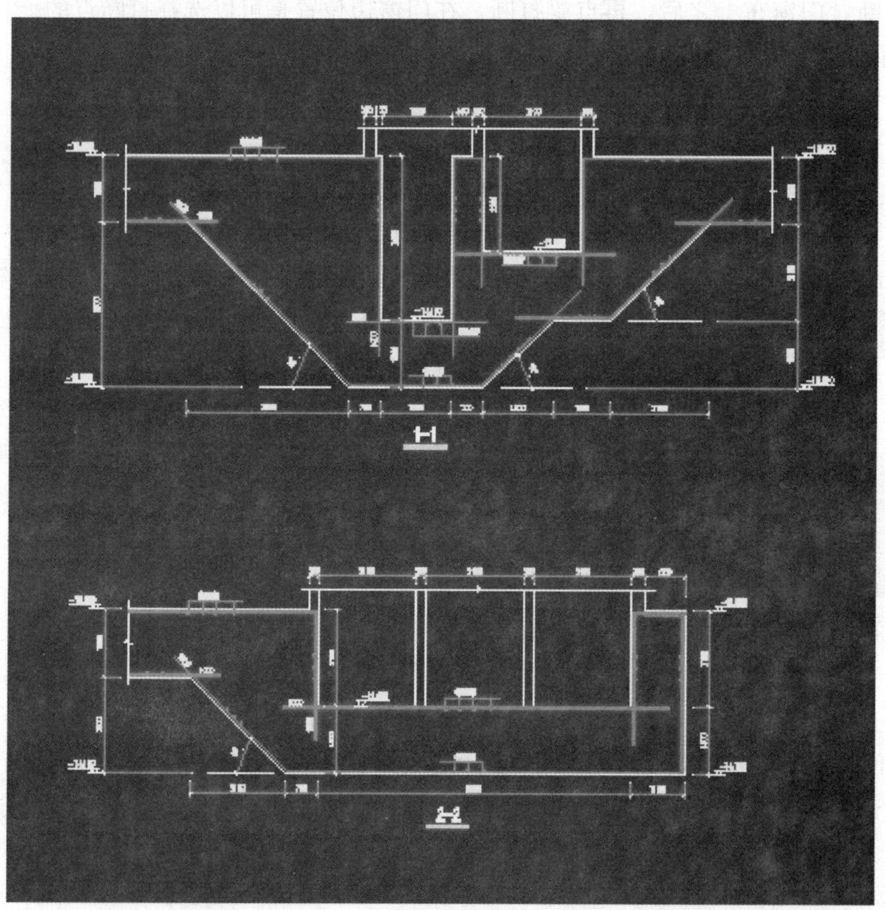

答：在软件中不太好布置，可以用筏板变截面处理，也就是不用集水坑这个构件了，直接用两块筏板处理，不过，导入到图像软件中还需要套集水坑的定额。

71. 问：广联达图形算量和计价怎样一次完成？

答：（1）在图形算量中套定额，汇总计算保存后导入计价软件中。

（2）图形算量中不套定额，在计价软件中套定额，然后根据图形算量中的结果输入工程量。

72. 问：湖南实木地板，门洞口处铜条收口套哪个定额？

答：可以套一些金属线条等子目。

查询

清单指引 | 清单 | 定额 | 人材机 | 价格文件 | 补充人材机　　插入(I)　替换(R)

湖南省建筑装饰装修工程消耗量标准

章节查询 | 条件查询

- 普通木门五金配件表
- 普通木窗五金配件表
- ⊞ 油漆、涂料、裱糊工程
- ⊟ 其他工程
  - 招牌、灯箱基层
  - 招牌、灯箱面层
  - 美术字安装
  - ⊟ 压条、装饰线
    - 金属条
    - 木质装饰线条

	编码	名称	单位	单价
1	B6-60	金属装饰条 压条	100m	230.88
2	B6-61	金属装饰条 角线	100m	1921.23
3	B6-62	金属装饰条 槽线	100m	2253.92
4	B6-63	金属装饰条 铜嵌条 2×15	100m	738.37
5	B6-64	镜面不锈钢装饰线 60mm以内	100m	693.21
6	B6-65	镜面不锈钢装饰线 100mm以内	100m	907.8
7	B6-66	镜面不锈钢装饰线 100mm以外	100m	1445.79

73. 问：钢筋和图形软件中，200mm 厚的剪力墙，高 3.6m，顶部长 15000mm、底部长 12000mm，起点顶、底一致，端点不一致，该如何绘制？

答：正常定义剪力墙，按照设计要求设置墙厚、起点的标高和顶点的标高，绘图就即可。需要注意的是这里应该分成两段墙来绘图，也就是一段 12m 长，另一段 3m 长，定义标高时底标高和顶标高都是相同的。

74. 问：用图形算量画轴网时，两个轴网的旋转点是怎么设定的？

答：点选轴网一拖动，就显示出一个小方框，在小方框中输入角度即可，正角度是逆时针旋转，负角度是顺时针旋转。

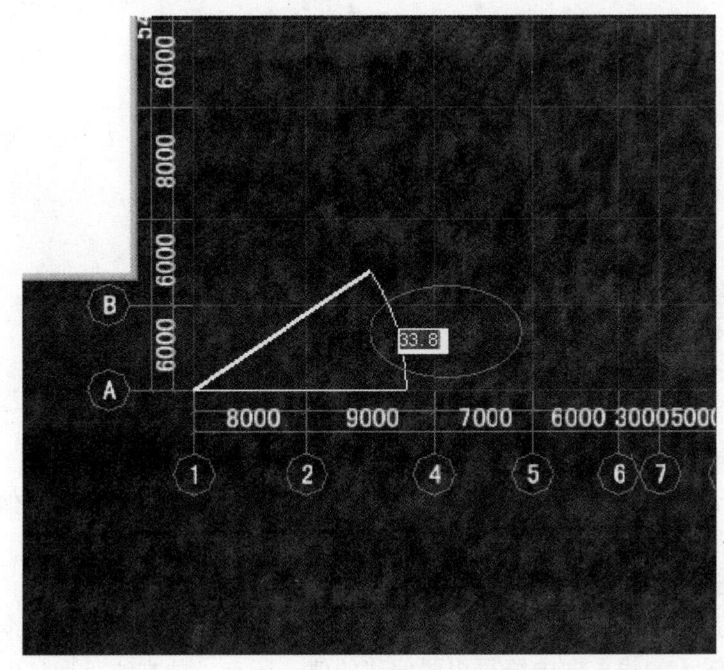

75. 问：钢筋混凝土剪力墙模板采用大钢模板施工，计算模板面积时，门窗洞口的面积是否扣除？

答：钢筋混凝土剪力墙模板采用大钢模板施工时，门窗洞口的模板面积不扣除，实际施工时无法去掉。另外还要看当地定额是如何规定的。

76. 问：下图是某一地下车库的一小部分，其中绿色的是分界线，右侧的为施工区，图中梁给出的是一个大车库的梁的跨数，施工区该怎样确定跨数，图中分界线附近的原位标注怎样处理？

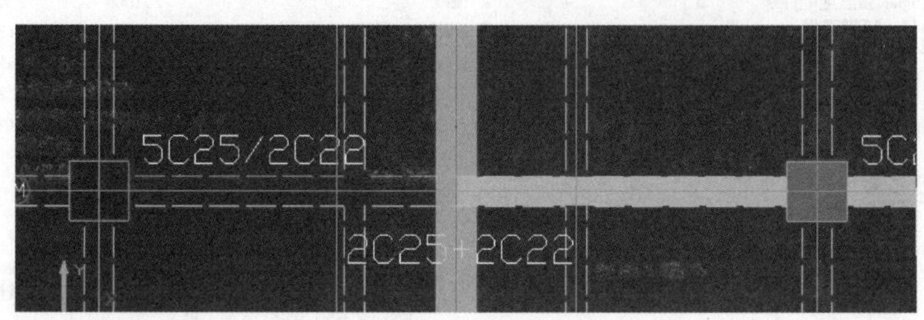

答：分界处的梁要根据实际情况进行处理。如果是先施工，那么梁的纵向钢筋是要预留，预留的长度业主或设计应该要有交代，如果距离到柱相差在3m内，钢筋还可以预留在柱内，超出3m也就不方便预留，预留太长影响施工。梁可以布置到交界线，汇总计算后，钢筋就在“编辑钢筋”中进行实际的调整。

77. 问：偏移属性里只能输整数，不能输小数是怎么回事？

答：可以输入小数的，必须在半角状态下输入，不能是全角输入，具体看截图。

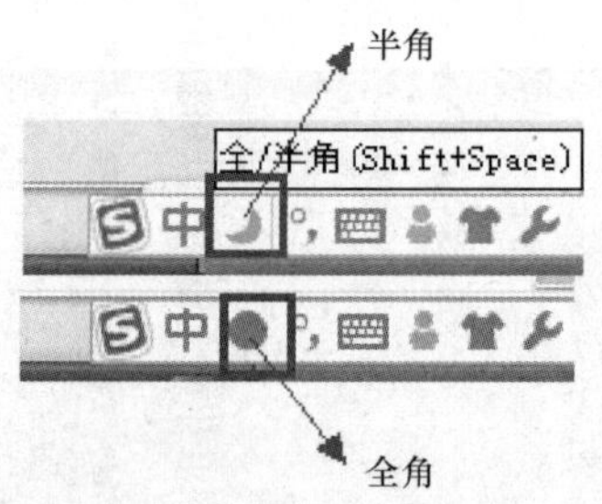

78. 问：什么是造型柱？

答：指异形柱或者构成造型的柱。

79. 问：在计算外墙面保温抹灰时是按结构标高还是建筑标高？

答：一般情况下，在计算外墙抹灰时应该按建筑标高进行计算。

80. 问：墙裙会扣减踢脚的量吗？墙面会扣减墙裙的量吗？

答：墙裙是否扣减踢脚的量，要看什么做法，抹灰、刷漆就不扣，其他装饰面层就要扣除；墙面一定要扣减墙裙的量。这个定额一般是分不同的项。

81. 问：门窗洞口贴近柱子怎样快速绘制出洞口？

答：可以通过工具—选项—绘图输入页签，将动态输入开启，变化门窗洞口的时候就可以直接在动态输入的输入框中填写想要偏移的值。还有一种方法是通过门窗洞口绘制方式中的精确布置来绘制，会要慢一点。

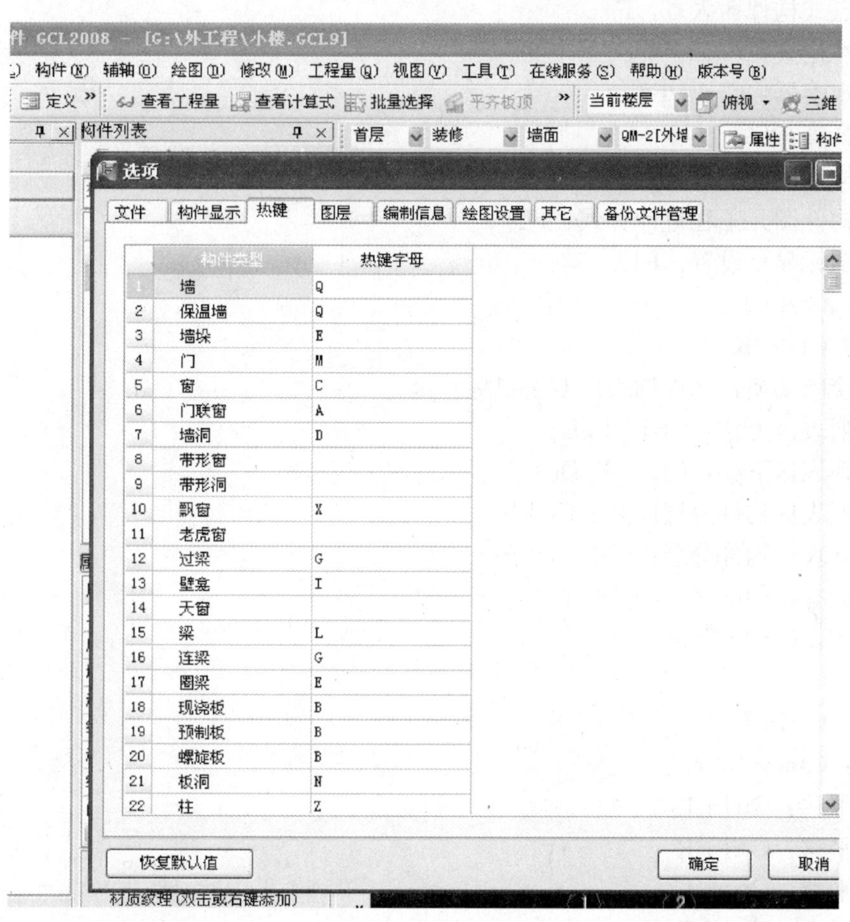

82. 问：某职工食堂主楼为三层框架结构，其中有个一层框架，框架部分为无盖框架结构，是否计算面积？

答： 无顶盖的就不计算建筑面积，如果是大堂性质的话，不管是几层，只计算一层的建筑面积。3.0.7 建筑物的门厅、大厅按一层计算建筑面积。门厅、大厅内设有回廊时，应按其结构底板水平面积计算。层高在 2.20m 及以上者应计算全面积；层高不足 2.20m 者应计算 1/2 面积。

83. 问：上下圆形直径不一样的圆柱体的公式是什么？

答： V=1/3＊π＊(R^2+Rr+r^2)＊h，用上述锥台的体积公式计算。

84. 问：砖混结构中女儿墙的工程量计算方法是什么？

答： 中心线长度＊高度＊厚度－构造柱体积－压顶所占体积。

85. 问：绘图中常用的快捷键有哪些？

答： 工具——选项——热键

帮助文档：F1

批量选择构件图元：F3

绘制点式构件时，水平翻转：F3

绘制点式构件时，上下翻转：Shift+F3

改变点式构件插入点：F4
合法性检查：F5
动态观察器：Ctrl+F7
汇总计算：F9
查看构件图元工程量：F10
查看构件图元工程量计算式：F11
构件图元显示设置：F12
定义：Ctrl+J
绘图：Ctrl+K
定义绘图切换：构件列表区双击鼠标左键
构件列表区上移：Ctrl+PgUp
构件列表区下移：Ctrl+PgDn
构件列表区构件分层展开：Ctrl+=
构件列表区构件分层折叠：Ctrl+-
选择所有构件图元：Ctrl+A
俯视图：Ctrl+Enter
全屏：Ctrl+5
放大：Ctrl+I
缩小：Ctrl+T
向左平移：Ctrl+L
向右平移：Ctrl+R
向上平移：Ctrl+U
向下平移：Ctrl+D
撤销：Ctrl+Z
恢复：Ctrl+Shift+Z
剪切：Ctrl+X
复制：Ctrl+C
粘贴：Ctrl+V
新建：Ctrl+N
打开：Ctrl+O
保存：Ctrl+S
删除：Del
表格输入中添加清单：Ctrl+Ins
表格输入中添加定额：Ins